W0349097

Denis Scheck

Schecks kulinarischer Kompass

Denis Scheck ist nicht nur Deutschlands bekanntester Literaturkritiker, sondern auch begeisterter Koch und Gourmet. In seinem *kulinarischen Kompass* lässt er uns teilhaben an seiner Liebe zu Waldmeistereis, seiner Faszination für Knäckebrot, seinem Ekel vor Weihnachtsmarkglühwein oder seinem Hang zu Nudelneid. Er erklärt, was perfekt zu einem Onsen-Ei passt, verrät uns, wie echte Eierspätzle gelingen und worin das Geheimnis der Consommé double liegt. Ein köstlicher Lesegenuss und eine Achterbahnfahrt für die Geschmacksnerven!

Denis Scheck, geboren 1964 in Stuttgart, lebt heute in Köln. Im Alter von 13 Jahren gründete er nicht nur seine eigene literarische Agentur, sondern ging mittags auch allein in einem Ein-Sternelokal essen. Heute ist er Moderator der Fernsehsendungen *Lesenswert* im SWR und *Druckfrisch* in der ARD.

Torben Kuhlmann, geboren 1982, lebt als freiberuflicher Illustrator und Kinderbuchautor in Hamburg.

Denis Scheck

SCHECKS KULINARISCHER KOMPASS

Köstliches und Kurioses
aus meiner Küche und aller Welt

Mit 17 Schwarz-Weiß-Abbildungen
von Torben Kuhlmann

PIPER

Mehr über unsere Autorinnen, Autoren und Bücher:
www.piper.de

Von Denis Scheck liegen im Piper Verlag vor:
Schecks Kanon
Schecks kulinarischer Kompass

Der Autor dankt Anne Petersen vom Magazin *Salon* im Verlag Gruner und Jahr, wo seit Gründung 2015 seine Kolumne »Schecks kulinarischer Kompass« erscheint. Einzelne Texte dieses Buchs wurden dort, im *Feinschmecker* und in der *Neuen Rundschau* veröffentlicht.

Inhalte fremder Webseiten, auf die in diesem Buch (etwa durch Links) hingewiesen wird, macht sich der Verlag nicht zu eigen. Eine Haftung dafür übernimmt der Verlag nicht.

Unser Versprechen für mehr Nachhaltigkeit
• Klimaneutrales Produkt
• FSC®-zertifiziertes Papier
• Hergestellt in Europa

FSC www.fsc.org MIX Papier | Fördert gute Waldnutzung FSC® C014889

ISBN 978-3-492-07144-4
© Piper Verlag GmbH, München 2022
Umschlaggestaltung: Cornelia Niere
Illustrationen für Umschlag und Vorsatz: Torben Kuhlmann
Satz: psb, Berlin
Gesetzt aus der Dante
Litho: Lorenz & Zeller, Inning am Ammersee
Druck und Bindung: Pustet, Regensburg
Printed in Germany

Ganz anders interessiert mich eine Frage, an der mehr das »Heil der Menschheit« hängt als an irgendeiner Theologen-Kuriosität: die Frage der *Ernährung.*

Friedrich Nietzsche, *Ecce Homo*

Kartoffelbrei und Goethe sind eins, Palatschinken und Mozart, Hamburger und Rihanna.

Doris Dörrie, *Die Welt auf dem Teller*

Die Basis des Satzes »Kochen ist wie Alchemie«? Der Mittelpunkt für die Alchemie als Wissenschaft vom Leben ist der Mensch, er ist das Abbild der Welt, der Mikrokosmos im Makrokosmos. Für die Alchemisten ist der Mensch ein Dreifaches: der Körper, der Wille und das Leben. Die Kochkunst und die Küche dienen der Erhaltung des Körpers, der Befriedigung des Willens und sind Essenz des Lebens. Das bedeutet im übertragenen Sinn: »Kochen ist pure Alchemie.«

Eckart Witzigmann

Vorwort

Warum koche ich?

Es wäre nicht ganz ehrlich, einfach zu antworten: weil ich Hunger habe.

Kochen ist die einzige handwerkliche Tätigkeit, für die ich ein klein wenig Talent zu besitzen glaube und bei der ich mich nicht anstelle wie jemand, der fünf Daumen an der Hand hat. Zudem genieße ich das Einkaufen. Die Sinnlichkeit eines Gemüsestands. Das Ausknobeln eines Menüs. Wenig entspannt mich mehr, als wenn ich Gemüse schnippele, Spargel schäle, das Heu aus Artischocken kratze oder für eine Parmigiana Auberginen mit Salz entwässere und dabei eine Tomatensoße zubereite. Kochen lässt mich Schönheit erfahren.

Ich bin fast die Hälfte des Jahres auf Reisen und verbringe dabei oft nur sehr kurze Zeit an einem Ort. Der Besuch eines Marktes, eines Spezialitätengeschäfts, eines Imbisses oder eines Restaurants ist für mich ein Zugang zur Welt, lässt mich einen Ort erleben, macht ihn mir buchstäblich erfahrbar. Kochen ermöglicht mir zudem, jenseits aller Sprachgrenzen, mit der Welt in Kontakt zu treten: Wie oft habe ich mit meiner Frage nach einer lokalen Spezialität oder Zubereitungsart Stolz und spontane Begeisterung in meinem Gegenüber ausgelöst: *Ach, das kennen Sie? Dafür interessieren Sie sich? Das wissen Sie zu würdigen?*

Am Herd schärfe ich mein Selbst. Gewinne wieder meine Fasson. Meditiere. Trainiere meine Wahrnehmung. Öffne meine Sinne. Lerne, den Blick auf scheinbar Nebensächliches zu lenken und von der unablässigen Priorisierung in meinem Leben abzusehen. In meiner Küche werde ich mir meiner Vergänglichkeit bewusst und erlebe im Alltag jene magische Verwandlung, die mich seit meiner ersten Begegnung mit Ovids *Metamorphosen* fasziniert.

Dass wir in der Lage sind, unser Essen friedlich miteinander zu teilen, ja sogar in fröhlicher Runde Vergnügen daran finden, unterscheidet den Menschen von den meisten Tieren. Das Kochen und Verzehren gemeinsamer Mahlzeiten hat uns nach Ansicht vieler Evolutionsbiologen überhaupt erst zu modernen Menschen gemacht. Mein Hund kann das jedenfalls nicht – so sehr er mir, was seinen Geruchs- und Geschmackssinn anbelangt, auch überlegen ist. Für diese Fähigkeit, unser Essen und Trinken miteinander zu genießen und dabei in Austausch zu treten, können wir nicht dankbar genug sein. Sie steht mit Platons *Symposion* am Beginn der abendländischen Philosophie. Gemeinschaft macht klug – auch und gerade in kulinarischer Hinsicht.

Mit Claude Lévi-Strauss weiß ich zudem: Der Weg vom Rohen zum Gekochten ist das älteste Narrativ der Welt. Kochen ist eine Art, eine Geschichte zu erzählen. Man kann auch den Teller lesen. Jedes Gericht, das man zubereitet, folgt in seiner Struktur einer Heldenreise samt all ihren Stationen: von der Berufung über die Prüfungen, der Begegnung mit der Transzendenz, Versuchung, Versöhnung, Gefahr und Rettung, der Rückkehr nach Hause und dem Versuch, das neu gewonnene Wissen in unseren Alltag zu integrieren. Warum also noch zögern? Lassen Sie uns aufbrechen! Das Abenteuer wartet.

Eigener Herd

Kochen heißt warten. Ich warte gern. Zum Beispiel auf die Reifezeit von Aprikosen oder Birnen. Auf den Beginn der Spargelsaison. Oder auf den ersten Maibock. Auch im Restaurant zähle ich nicht zu den Meckerern, wenn es mal etwas länger dauert, bis das Essen auf den Tisch kommt: Kreatives Kochen mit frischen Zutaten erfordert manchmal eben etwas mehr Zeit als bloße Erwärmungsvorgänge im Konvektomat oder in der Mikrowelle. Anders sieht es hingegen beim Trinken aus: Ein leeres Glas ist ein Verbrechen am Gast und obendrein geschäftsschädigend für jeden Wirt. Leider haben sich diese ebenso menschenfreundlichen wie betriebswirtschaftlich sinnvollen Grundsätze der Gastronomie nicht überall herumgesprochen. So saß ich unlängst im Restaurant eines schmucken Hotels in Mecklenburg über eine geschlagene halbe Stunde auf dem Trockenen, nachdem ich leichtsinnigerweise den als Aperitif angebotenen Champagner ausgeschlagen und um die Weinkarte gebeten hatte. Abgestraft und dürstend fand ich reichlich Zeit, darüber nachzugrübeln, warum die deutsche Sprache mit »satt« zwar ein Wort für den gestillten Hunger besitzt, nicht aber eines für den gelöschten Durst. Das aus einem Wettbewerb der *Duden*-Redaktion Ende der 90er-Jahre als Sieger hervorgegangene Kunstwort »sitt« konnte sich bislang jedenfalls nicht durchsetzen. Bald fiel mir Friedrich Nietzsche ein und dessen tiefsinnige Erkenntnis: »Ein sicheres Mittel, die Leute aufzubringen und ihnen böse Gedanken in den Kopf zu setzen, ist, sie lange warten zu lassen. Dies macht unmoralisch.« Und gerade, als ich heftig nickend am tiefen Grund meiner Unmoral angelangt war, materialisierte sich wie aus dem Nichts doch noch der junge Sommelier, der meine Beschwerde mit einem souveränen Lächeln und der internationalen Zauberformel zur Pazifizierung nörgelnder Männer auskonterte: »Sie haben recht.« Und siehe, alles war gut.

Warten, bis man schwarz wird: Diese schöne bildliche deutsche Redensart stammt aus der Zeit, als im Mittelalter die Pest in Deutschland wütete. Der Schwarze Tod lieferte reichlich Anschauungsmaterial für sich länger hinziehende Verwesungsvorgänge. Mir wurde vor einigen Jahren eine Lektion im Warten erteilt, die sich still und leise in ein spannendes kulinarisches Abenteuer verwandelte.

Im Jahr 2017 habe ich 14 Wochen darauf gewartet, dass mein Herd repariert wird. In Deutschland wird generell viel gejammert, am liebsten aber über unzuverlässige Handwerker. In dieses Klagelied wird nur einstimmen, wer noch nie Klempner in Großbritannien, Elektriker in Italien oder Dachdecker in Frankreich kennengelernt hat. Ein dreifach Hoch auf das deutsche System der dualen Ausbildung, das für Kompetenz und Zuverlässigkeit im Handwerk hierzulande sorgt! Nur leider nicht immer.

Bei einem Besuch in der Küche von Jean-Claude Bourgueil im *Schiffchen* in Düsseldorf-Kaiserswerth hatte ich mich in dessen Lacanche-Herd verliebt. Natürlich entsprang diese Liebe dem klassischen Trugschluss, das Werkzeug mache den Meister. Leider ist das reiner Kokolores. Monsieur Bourgueil könnte wahrscheinlich auch auf einem Puppenherd, einem Campingkocher oder selbst der Flamme eines Einwegfeuerzeugs köstlichere Kreationen zaubern als ich. Dennoch hatte der Lacanche mein Herz erobert: Es war einfach Liebe auf den ersten Blick, so wie sich manche Menschen in ein Riva-Boot, eine Perazzi-Flinte oder einen Jaguar E-Type verlieben. Mein Lacanche ist eine bullige Schönheit in Rot und Messing und

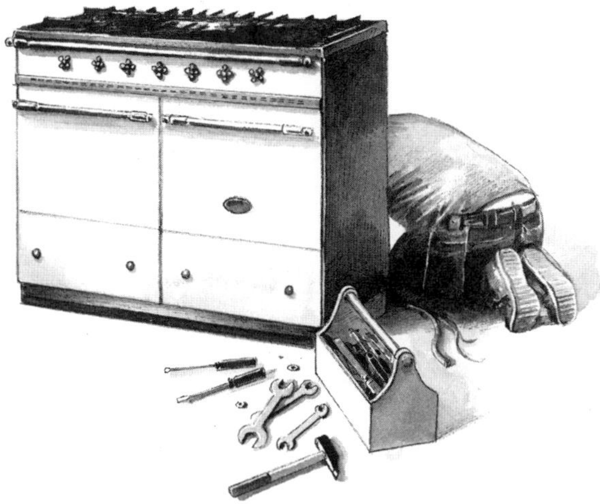

macht schon gute Laune, wenn man morgens in die Küche kommt und das Prachtstück erblickt. Dennoch kann er absolut nichts, was andere Herde nicht auch können. Nur sieht er dabei eben sehr, sehr gut aus. Und das reicht im Leben ja nicht selten schon. Man kann nicht Maria Callas zur Geliebten haben wollen und dann gebügelte Hemden erwarten.

Drei Jahre leistete mir meine französische Schönheit verlässlichen Dienst. Anfangs konnte ich nicht genug bekommen von allem, was sich auf der Edelstahlgrillplatte zubereiten ließ: hauchdünn geschnittene Kartoffelchips in Minutenschnelle frittiert und mit Piment d'Espelette bestreut, glasig gebratene Carabineros, also tiefrote große Wildgarnelen, saftige Auberginenscheiben oder knackiger, mit einer Prise braunem Zucker bestreuter Fenchel. Irgendwann ließ der Reiz des A-la-Plancha-Kochens aber nach, traditionellere Zubereitungsweisen kehrten zurück, und Küchennormalität hielt Einzug.

Bis eines schönen Märztages mit einem Blitz und einem Rauchwölkchen die ganze Herdherrlichkeit zu Ende und der Ofen fürs Erste buchstäblich aus war: Mein Lacanche hatte einen Kurzschluss! Alle Kochfelder, Backofen samt Vorwärmschrank und Stahlgrillplatte ließen sich nicht mehr benutzen. Ich rief kurz vor Ladenschluss beim Händler an, der mir die Nummer des Kundendienstes nannte – und damit nahm das Drama seinen Lauf. Ein schon ab Fabrik defekt geliefertes Ersatzteil, einige falsch zusammengesteckte Kontakte, ein offenbar missinterpretierter Schaltplan sorgten dafür, dass ich über ein Vierteljahr allein auf eine noch am selben Abend erworbene Zweiplatten-Kochstelle angewiesen blieb. Die technischen Einzelheiten dieser Handwerkeroper sind uninteressant, nicht aber die daraus gewonnene Erkenntnis: Manchmal liegt das größte kulinarische Glück in der Abrüstung.

Über Jahrzehntausende hinweg hat der Mensch immer nur auf einer Feuerstelle gekocht. Die Zwangseinschränkung meiner technischen Möglichkeiten führte zur Entdeckung der Langsamkeit in meiner Küche. Aufwendige Schmortöpfe ließen sich auch auf dem Campingkochfeld realisieren. Ob Boeuf bourguignon, ein vegetarisches Stifado, Lamm- und Rinderbraten, Coq au vin oder ein zünftiges Gulasch: Die meisten Schmorgerichte gewinnen durch längere Garzeiten gewaltig an Geschmack. Zum anderen frischte ich meine Bekanntschaft mit der weiten Welt der Rohkost auf. Wie hatte ich nur vergessen können, was für ein Hochgenuss Radieschen, Mairübchen, gestiftelter Stangensellerie oder Möhren mit pfiffigen Dips sein können? Auch der Kosmos der Carpaccios und Sashimis hat sich mir durch mein Herddesaster ganz neu erschlossen. Warum nicht mal ein Carpaccio von Artischocke und Steinpilz, Gurke oder Roter Bete? Oder ein Sashimi von Wolfsbarsch, Schwertfisch oder Makrele? Ganz zu schweigen von mit originellen Zutaten gepimpten Salaten mit Ananas und Birnen, Avocado, Cedri-Zitronen, Fenchel, Nüssen und Sprossen, Granatäpfeln und, wer's denn mag, mit Gänseleber oder Hummer.

Am Ende des Wartens auf meinen Herd begriff ich zum ersten Mal den Sinn der mir bis dahin dunkel gebliebenen Verse meines schwäbischen Landmanns Friedrich Hölderlin aus seiner Hymne *Friedensfeier*. Erst über 150 Jahre nach ihrer Niederschrift wurde 1954 eine vollständige Handschrift des bis dahin lediglich in Fragmenten überlieferten Gedichts bekannt. »Auch wär' uns, sparte der Gebende nicht/Schon längst vom Segen des Herds/Uns Gipfel und Boden entzündet.« Worauf warten wir noch?

Du Lauch!

Lange habe ich Gurken für den vierten Aggregatzustand von Wasser gehalten. Fenchel galt mir als langweilig. Das Überstreifen der Einweghandschuhe erschien mir noch das Spannendste bei der Zubereitung von Schwarzwurzeln oder Roten Beten. Heute denke ich genau umgekehrt, Teltower Rübchen, Mönchsbart oder Topinambur sind aus meiner Küche nicht mehr wegzudenken, immer öfter lasse ich die Sau raus, und es fällt mir wie Schuppen von den Augen: Ich war Opfer einer klassischen Konditionierung. Meine angebliche Geschmacksvorliebe für Fleisch war Ergebnis einer früh einsetzenden Gehirnwäsche namens Erziehung. Als Angehöriger der sogenannten Kriegsenkelgeneration steckten mir dank transgenerationaler Weitergabe die Kriegserlebnisse meiner Eltern und Großeltern tiefer in den Knochen, als ich lange wahrhaben wollte. Und zu diesen traumatischen Erfahrungen zählten eben auch die Hungerwinter im Ersten Weltkrieg, die Armut durch Inflation und Weltwirtschaftskrise in der Weimarer Republik, die Bombennächte im Zweiten Weltkrieg, Flucht und die erneuten Hungerwinter nach 1945. Meiner Mutter und meiner Großmutter gelang es, ihre eigene Ernährung nach der Fresswelle der 50er-Jahre recht bald wieder umzustellen, den Fleisch- und Fischanteil zu reduzieren und insbesondere auf das im Garten selbst gezogene Gemüse zu setzen. Nicht aber den Männern der Familie. Nun gut, von gelernten Metzgern war das auch nicht unbedingt zu erwarten. Ihre Haltung als

Karnivoren bringt recht gut das Gedicht *Auf der Höhe der Zeit* des großen Robert Gernhardt zum Ausdruck:

Auf der Höhe der Zeit

Ich verzehre so gut wie kein Fleisch mehr.
Außer, natürlich, beim Essen.
Aber zwischen den Mahlzeiten
kann ich alles Fleisch glatt vergessen.

Ich trinke so gut wie kein' Wein mehr.
Außer, natürlich, wenn's Spaß macht.
Und mir macht es eigentlich immer Spaß,
wenn der rote Wein in dem Glas lacht.

Ich habe so gut wie kein' Sex mehr.
Außer, natürlich, mit Frauen.
Auf der Basis Steak plus 'ne Flasche Bordeaux
können die schwer auf mich bauen.

Ich kenne fast keine Scham mehr.
Außer, natürlich, beim Schreiben.
Bevor ich den Leser mit mir konfrontier,
lass ich das Schreiben glatt bleiben.

In der Psychologie versteht man unter Selbstwirksamkeit die Annahme, durch Glauben an die eigene Kompetenz Dinge ändern zu können – zum Beispiel mit dem Rauchen aufzuhören oder abzunehmen. Selbstwirksamkeit kann aber auch dazu beitragen, über die eigenen frühkindlichen Prägungen Rechenschaft abzulegen und seinen ach so felsenfest stehenden »persönlichen Geschmack« noch einmal kritisch zu reflektieren. Wie viel von dem, was uns schmeckt oder eben nicht schmeckt, haben wir in Wahrheit buchstäblich mit der Muttermilch eingesogen?

Natürlich gelingt es niemandem, seinen Geschmack durch Reflexion und Selbstanalyse von einem Tag auf den anderen zu verändern. Aber Jürgen Dollase, heute Deutschlands bekanntester Gastrokritiker, ist ein gutes Beispiel dafür, wie viel eine Mischung aus sozialem Druck, persönlichem Leid und Selbstwirksamkeit in einem Menschen bewirken kann. Bis zu seinem 35. Lebensjahr ernährte sich der im Ruhrgebiet aufgewachsene Dollase, der zunächst eine Karriere als Krautrocker in der Band *Wallenstein* und als Maler machte, hauptsächlich von Wiener Schnitzeln, Frikadellen oder Kalbfleisch. Schon der Gedanke, in Frankreich ein feines Restaurant zu betreten, löste Schweißausbrüche in ihm aus: Geflügel, Fisch, insbesondere Meeresfrüchte und Schnecken, aber auch Innereien – all das und noch viel mehr hatte er in seine persönliche Ekelzone verbannt. Und dann kam der Tag, an dem ein befreundeter Maler im Elsass ihn bei einem Atelierfest auf eine knoblauchgeschwängerte Garnelensuppe einlud. Es war für Dollase eine lebensverändernde Erfahrung: »Und hinterher dachte ich mir: Mein Gott, was gibt es denn da alles? Das habe ich ja bislang gar nicht wahrgenommen!«, erzählte er mir einmal im Gespräch. »Das ging blitzschnell. Ich überlegte mir: Da existiert eine ganze Reihe von Dingen, die sind ja wunderbar, und dabei hast du bisher noch nie etwas davon essen wollen. Und jetzt hast du eines davon probiert, und es schmeckt selbst in einer schlechten Fassung noch köstlich!«

Es hat natürlich eine gewisse Zeit gedauert, meine alberne Fleischfixierung zu überwinden. Aber heute freue ich mich über ein Essen im *Seven Swans* in Frankfurt am Main, Deutschlands erstem veganen Sternerestaurant, oder Stephan Hentschels vegetarischem Restaurant *Good Friends* in Berlin weit mehr als über einen Besuch in jedem Steakhaus. Und wenn mich unbedingt jemand ohne Rücksicht aufs Budget zum Essen einladen möchte, wünsche ich mir einen Tisch in Alain Passards Pariser Restaurant *L'Arpège* in der Rue de Varenne, der sich schon 2001 von der fleischlastigen Küche seiner Anfänge lossagte, eigene Gärten anlegte und zum Bauern wurde. Bis heute unvergessen ein säuerliches Rote-Bete-Tartar mit Meerrettich, das ich dort einmal essen durfte, nur getoppt von der Erinnerung an Passards getrüffeltes Zwiebelgratin mit Haselnuss: angenehm schmelzig, perfekt in der Aromenbalance zwischen süßlich und säuerlich!

Einen eigenen Garten haben auch Andree Köthe und Yves Ollech vom *Essigbrätlein* in Nürnberg. In meinen Augen sind sie Deutschlands sensibelste Gemüseköche. Teller wie »Fenchel mit Gurken und Zitrone«, ein Türmchen von in Sahne und Wasser leicht pochierten Fenchelscheiben und Gurkenplatten, Zitronencreme, Gurkensaft und getrockneten Zitronen, begeistern mich immer wieder. Genauso wie »Gurken mit Dillblüten und Salzzitronen«, die herausragenden »Karotten mit Mohn und Orangencreme« oder die nicht nur schiere Augenlust, sondern auch Gaumenkitzel versprechenden »Mit Minze, Kartoffeln und Pistazien gefüllte Kaiserschoten mit Mayonnaise«. Nicht zuletzt hat mich der Brite Nigel Slater auf den Geschmack gebracht. Sein in zwei Bänden erschienenes Gemüsekochbuch *Greenfeast* ist eine nie versagende Inspirationsquelle. Allein für den Tipp, halbe Rosenkohlsprossen mit heller Misopaste zu würzen und dann in heißem Erdnussöl goldbraun zu braten, oder im Frühling eine »Bohnengelage« genannte Suppe aus dicken Bohnen, weißen Bohnen, Zucchini, Lauch, Erbsen und Frühlingszwiebeln zu kochen, lohnt sich die Anschaffung.

»Du Lauch!« war eine Zeitlang eine beliebte Beleidigung in Proll-Deutschland. Wer die Finessen dieses Gemüses im Risotto oder im Mirepoix, als Quiche, im Gratin, als Suppe oder als sensationeller Teamplayer zusammen mit schwarzem Trüffel erfahren hat, wird anders denken. Steuerte ich früher beim Einkaufen oft als Erstes den Metzger an, führt mich heute mein erster Weg zum Gemüsehändler. Allein schon diese kleine Verhaltensänderung bewirkt oft, das Gemüse aus seiner Nebenrolle als »Beilage« zu befreien und zum Star auf dem Teller zu machen. Selten gehe ich dort übrigens heute ohne eine Schlangengurke weg. Denn hielt ich es früher mit dem großen Dr. Samuel Johnson, der für Gurken den berühmten Rezepttipp gab, man möge sie in Scheiben schneiden, mit Pfeffer und Essig würzen und dann wegwerfen, so habe ich heute meinem Gurkenverstand ein Upgrade verordnet. Hat die Welt Köstlicheres hervorgebracht als ein englisches Gurkensandwich?

»Trinken … aber … sehr vorsichtig …«

Manchmal ist mir Äthiopisch, Burmesisch, Chilenisch, Tibetanisch oder Thai einfach nicht exotisch genug. Manchmal möchte ich getreu der alten *Star Trek*-Devise »to boldly go where no man has gone before« einen Schritt weiter hinaus in den kulinarischen Kosmos wagen. Manchmal habe ich Appetit auf extraterrestrische Küche und Durst auf ein Romulanerbräu, einen klingonischen Blutwein, eine Blaumilch oder einen »Vurguzz – nur echt mit dem eingelegten sechsbeinigen Siriusfrosch«. Letztgenannte Drinks finden sich in *Raumschiff Enterprise*, *Star Wars* und *Perry Rhodan*. Den ultimativen Science-Fiction-Drink hat aber Douglas Adams für *Per Anhalter durch die Galaxis* ersonnen: den »Pangalaktischen Donnergurgler«. In seinem Reiseführer zu den Sternen beschreibt Adams die Wirkung eines Pangalaktischen Donnergurglers mit jener unsterblichen Formulierung, die mich schon über manchen Katerschädel hinweggetröstet hat: »als werde einem mit einem riesigen Goldbarren, der in Zitronenscheiben gehüllt ist, das Gehirn aus dem Kopf gedroschen«.

Mehr noch, Douglas Adams enthüllt in *Per Anhalter durch die Galaxis* auch das präzise Rezept für diesen Lieblingsdrink des interstellaren Jetsets: »Man nehme den Inhalt einer Flasche Alten Janx-Geist […]. Man füge einen Teil Wasser aus den Meeren Santraginus V hinzu […]. Man lasse drei Würfel arkturanischen Mega-Gin in der Mischung zergehen (sie muß gut gefroren sein, sonst verfliegt das Benzin darin). Nun lasse man vier Liter fallianisches Sumpfgas hindurchperlen […]. Über einen umgedrehten Silberlöffel lasse man nun ein Teil qualaktinischen Hyperminz-Extrakt tröpfeln, der nach allen dunklen, zu Kopf steigenden qualaktinischen Zonen duftet: zart, süß und mystisch. Man werfe den Zahn eines algolianischen Sonnentigers hinein. Schaue zu, wie er sich auflöst und sich die Feuer der algolianischen Sonne tief im Herzen des Drinks verteilen. Ein Spritzer Zamphuor. Zum Schluss eine Olive. Trinken … aber … sehr vorsichtig …« Danke, Douglas Adams, für die Warnung! Diese hat Bartender weltweit freilich nicht davon abgehalten, ihre irdischen Versionen des Pan Galactic Gargle Blasters auf die Karten zu setzen. Der Pangalaktische Donnergurgler ist so zu einem Pendant der Sachertorte geworden: überall präsent und überall anders.

Der großartig skurrile Kingsley Amis hat mit *New Maps of Hell* nicht nur eines der klügsten Bücher über Science Fiction geschrieben, sondern auch das beste mir bekannte Buch übers Trinken. Inzwischen überstrahlt der literarische Ruhm von Kingsley Amis' Sohn Martin den seines Vaters, mit dem ihn eine von beiderseitigem Neid und Eifersucht bestimmte Beziehung verband. Aber Kingsley Amis hat zeit seines Lebens nie einen langweiligen Satz zu Papier gebracht, und so ist denn sein *On Drink* von 1972 die beste mir bekannte Säuferbibel. Aus ihr lässt sich nicht nur erfahren, dass ein Flug mit einer Propellermaschine, Sex oder Tschaikowskys Sinfonie *Pathétique* gegen einen Kater helfen, sondern auch, dass Trinken, Lachen und das freie Gespräch das Fundament jeder menschlichen Gesellschaft bilden. Die deutsche Übersetzung trägt den ironischen Titel *Anständig trinken*. Allerdings gelang Amis das zunehmend schwerer, sein Alkoholismus nahm so bedenkliche Formen an, dass er Ende der 70er-Jahre angeblich tausend Pfund für Scotch ausgab – im Monat!

Vermutlich liegt es an meiner literarischen Sozialisation mit Märchen, Comics, Science Fiction und Fantasy, dass sich meine kulinarischen Gelüste nicht aufs mundane Hier und

Jetzt beschränken wollen. Wer hat als kleines Kind nicht ab und zu von einem Schlückchen Zaubertrank geträumt? Oder von einem karamelligen Butterbier aus J. K. Rowlings *Harry Potter*-Romanen? Und nie kann ich einen Rucksack für eine Wanderung schnüren, ohne mir etwas Lembasbrot zu wünschen, jene fabelhafte Wegzehrung der Elben aus J. R. R. Tolkiens *Der Herr der Ringe*. »Sie waren aus Mehl gemacht, das beim Backen außen leicht braun geworden war, aber innen die Farbe von Sahne hatte«, beschreibt Tolkien das Wundergebäck und lässt seine Elben erklären: »Wir nennen die Waffeln *lembas* oder Wegbrot, und sie sind stärkender als alle von Menschen gemachten Lebensmittel … Esst wenig davon auf einmal, und nur, wenn es nötig ist. Denn diese Dinge sollen euch dienlich sein, wenn alles andere versagt. Die Kuchen werden viele, viele Tage frisch bleiben, wenn sie nicht angebrochen sind und in ihrer Blätterverpackung bleiben, wie wir sie euch gebracht haben. Einer davon wird einen Wanderer einen anstrengenden Tag lang auf den Beinen halten.« Ich habe mir Lembas immer als eine Art Mittelerde-Knäckebrot vorgestellt, nur eben sehr viel nahrhafter.

Wann immer mein kulinarisches Fernweh unzähmbar wird, greife ich zu *Cooking Out of This World*. 1973 hat die für ihre Drachen-Romane heiß geliebte Anne McCaffrey diese Anthologie mit Lieblingsrezepten von über fünfzig Science-Fiction-Autorinnen und -autoren zusammengestellt. Neben allerlei zeittypischen kulinarischen Bizarrerien wie einer »kosmischen Minestrone« oder einem »Everything«-Hackbraten enthält das Buch auch Rezepte von Ursula K. Le Guin, der bedeutendsten US-amerikanischen Fantasy- und Science-Fiction-Autorin des 20. Jahrhunderts. Die immer wieder für den Literaturnobelpreis gehandelte Le Guin steuert unter anderem ein köstliches Rezept für Dungeness-Krebse mit Tillamook-Cheddar und Wildreis bei. In ihrer Literatur verstand es die 2018 hochbetagt in Oregon verstorbene Le Guin, souverän Feminismus mit

Fantasy zu versöhnen und dem Genre gewitzt allen inhärenten Chauvinismus auszutreiben. Sechs Romane schrieb sie über ihre Archipel-Welt »Erdsee«, die von Menschen und Drachen bevölkert wird und in der alle Zauberei Wortmagie ist – nur wer den wahren Namen eines Dings oder eines Wesens kennt, erhält Macht über es. In einer der eindrücklichsten Szenen fragt die junge Schwester eines Magiers, die Proviant für eine lange Reise zusammenpacken soll: »Eins verstehe ich nicht: Du und mein Bruder, ihr seid beide mächtige Magier, ihr macht eine Handbewegung und murmelt dazu, und fertig ist die Laube. Warum bekommt ihr dann Hunger? Wenn es auf See Zeit zum Abendessen wird, warum sagt ihr dann nicht: Fleischpastete! Und die Fleischpastete erscheint, und ihr esst sie auf?« Le Guin lässt ihren jungen Meistermagier antworten: »Das könnten wir natürlich tun. Aber wir wollen nicht nur Worte essen. Fleischpastete ist schließlich bloß ein Wort … Wir können ihm einen Duft geben und Geschmack, sogar eine Füllung, aber es bleibt ein Wort. Es täuscht den Magen und spendet dem Hungrigen keine Kraft.« Le Guin führt diese kulinarische Reflexion mit dem schönen Dialog zu Ende: »Magier sind also keine Köche«, sagte Lumme (…) »Und Köche sind leider keine Magier.«

Wann immer ich statt Essen ein Narrativ vorgesetzt bekomme, muss ich an diese Passage aus Ursula K. Le Guins *Erdsee*-Romanen denken. Der Mensch lebt nicht vom Wort allein.

Baghwan und Backwahn: Knäcke!

Mindestens so wichtig wie Urvertrauen ist intellektuelles Selbstvertrauen. Früh legt sich der Samen des Genies. Oder zumindest der des gefühlten Genies. Ablehnung, Hohn und Verlachtwerden sind die Regel. Selten aber sind Anerkennung, Ermutigung, Zuspruch – also die Nährstoffe, die das zarte Pflänzchen Selbstvertrauen wachsen lassen. Das macht Souveränität, das Zutrauen in die eigenen geistigen Fähigkeiten, zur kostbarsten Ressource überhaupt. Zugegeben, insbesondere bei Männern kann dieses Selbstvertrauen mitunter übersteigerte, ja fast schon toxische Formen annehmen. Da hilft die Erinnerung an Gerhard Schröders polternden Elefantenrunden-Auftritt 2005 in der Nacht der Wahlschlappe gegen Angela Merkel. Das war der Abend, als sich der Begriff Fremdschämen fürs englische »to cringe« im Deutschen einbürgerte.

Aber ich spreche hier von kulinarischer Souveränität. Jene Fähigkeit, breitbeinig wie Tim Mälzer in *Kitchen Impossible* einem Sternekoch gegenüberzutreten und dabei jenes Selbstbewusstsein auszustrahlen, das der große Robert Gernhardt einmal in einem seiner unnachahmlichen Gedichte so schön auf den Punkt brachte:

»Lieber Gott, nimm es hin,
daß ich was Besond're bin.
Und gib ruhig einmal zu,
daß ich klüger bin als du.

Preise künftig meinen Namen,
denn sonst setzt es etwas. Amen.«

Für den im Deutschen ausschließlich ironisch gebrauchten Begriff *Schnellmerker* kennt das Österreichische das wunderbare Wort *Blitzgneißer*. Ein Blitzgneißer ist ein Mensch, der ein bisschen länger braucht, um das Offensichtliche zu begreifen. Mein Erweckungserlebnis in Sachen kulinarischer Souveränität hatte viel mit einem Blitzgneißermoment und mit Knäckebrot zu tun. Von frühen Kindesbeinen an bestand mein Lieblingsfrühstück aus einem weichen Ei mit einer Scheibe gebuttertem Sesamknäckebrot. Nur war, wenn die Butter morgens direkt aus dem Kühlschrank kam, so ein Sesamknäckebrot für die Hände eines ohnehin eher ungeschickten Achtjährigen höllisch schwer zu buttern. Immer blieb die harte Butter in den Vertiefungen kleben. Und beim Versuch, sie aus diesen fiesen Butterfallen wieder herauszuholen und zu verstreichen, brach die Knäckebrotscheibe entweder unweigerlich entzwei, oder ich blieb mit dem Messer an den aufgestreuten Sesamkörnern hängen, glitt ab und saute mich dabei dermaßen ein, dass ich gleich ein frisches Hemd anziehen musste. Wer beschreibt daher meinen Jubel, als ich irgendwann auf den Trichter kam, dass man, statt der mondoberflächig verkraterten Oberseite der Knäckebrotscheibe auch einfach die relativ glatte Unterseite buttern konnte? Quasi *Knäckebrot invers?* Ich glaube, an dem Morgen, als ich auf diese Idee kam, aß ich zwei Knäckebrotscheiben mehr. Mindestens.

Seit dieser Zeit habe ich eine Schwäche für Knäckebrot. Und keineswegs nur für die eher langweiligen rechteckigen Scheiben in unseren Supermarktregalen. Früher war für mich Knäcke gleichbedeutend mit Wasa; seit die Schweden 1999 an den italienischen Lebensmittelkonzern Barilla verkauft wurden, habe ich mich unter kleineren Produzenten in Schweden umgetan. Und davon gibt es jede Menge. Ich liebe große, kreisrunde und möglichst dünne Brote wie etwa von Pyramid oder

Leksands, und – für mich die besten – die wunderbaren langen, schmalen Knäckestreifen mit Sesam von Vilmas Swedish Organic.

Auf die Idee, Knäckebrot selbst zu backen, bin ich erst in Zeiten der Pandemie gekommen. Zählten Baghwan-Jünger zur Signatur der 70er, prägen die Verkünder des Backwahns unsere Corona-Zeiten. Nie wurden mehr Teige gerührt, Formen gefettet und Kuvertüren conchiert als heute. Der Gipfel war für mich erreicht, als mir ein Freund erzählte, in der Schweiz gäbe es Sauerteighotels, in denen man sein Anstellgut für die Dauer längerer Urlaube oder Geschäftsreisen in Obhut geben könne. Allein schon das Wort: *Anstellgut*. Ich habe nicht überprüft, ob es sich bei den Sauerteighotels um die nackten Realien oder um einen Mythos des Alltags handelt. Die Wirklichkeit macht einem oft die schönsten Geschichten kaputt. Zu schön die Vorstellung, mit Grabesstimme und Leichenbittermiene ein Telefonat in irgendeiner internationalen Hotellobby zu führen, um dann an der Bar einen doppelten Whisky zu bestellen, weil man gerade erfahren hat, dass das jahrzehntelang umhegte Anstellgut es einfach nicht geschafft hatte …

In Teilen Deutschlands heißt so ein potenziell unsterblicher Sauerteigansatz aus unerfindlichen Gründen »Hermann«. Was für Menschen verfallen auf die Idee, ihren Teigen männliche Vornamen zu geben? Offenbar hat sich in den 80er-Jahren im Umfeld der Friedensbewegung der Brauch eingebürgert, einen solchen Teigansatz zusammen mit einem sogenannten »Hermann-Brief«, in dem steht, wie man mit dem Ansatz umgeht und was man daraus backen kann, zu verschenken.

Lange hielt ich mich von allen Öfen fern. Bäcker und Konditorinnen sind für mich hochgradige Spezialisten, in deren Kompetenzbereich mich einzumischen ich ebenso wenig Lust verspüre wie in den von Kernphysikerinnen oder Gehirnchirurgen. Aber dann war ich in Lübeck im Günter-Grass-Haus und knabberte dort in der Teeküche ein wenig von einem unfassbar leckeren Knäckebrot, dünn wie Briefpapier.

Am nächsten Morgen stand ich vor der Tür des *Freibackhauses* um die Ecke, Glockengießerstraße 42, angeblich Deutschlands älteste kontinuierlich betriebene Bäckerei seit 1293. Flugs raffte ich zwei Kilo des köstlichen Körnerknäckes zusammen und saß zu Hause wie der Drache Smaug auf meinem köstlichen Hort. Aber irgendwann war die letzte Scheibe aufgefuttert, in Deutschland regierte das Virus, und ich hatte plötzlich jede Menge Zeit. Also warum nicht einmal selbst Knäckebrot backen?

Es ist viel leichter, als man denkt. Mein Grundteig besteht aus 100 g Mehl, 80 g Haferflocken und 250 ml Wasser. Salzen, pfeffern, zwei, drei Minuten in der Küchenmaschine verrühren und möglichst dünn auf ein Blech mit Backpapier streichen. Nach zehn Minuten bei 180 Grad mit einem Pizzaschneider rändeln, damit man die Scheiben nach weiteren 30 Minuten im Ofen leicht brechen kann. Oder, falls es Ihnen asymmetrisch lieber ist, brechen Sie einfach Stücke ab, gerade so, wie Sie's mögen. Nach dem ersten Erfolg wird sogleich der Wunsch nach Verfeinerung einsetzen. Vielleicht doch ein Anteil Sauerteig? Manche nehmen sogar Hefe. Statt Wasser ganz oder teilweise Buttermilch? Oder Olivenöl? Honig? Saatgut wie Sonnenblumenkerne, Leinsamen, Chiasamen, Mohn, Kürbiskerne oder Nüsse? Warum nicht auch Kräuter und Gewürze – die Schweden sind ganz verrückt danach: Anis, Kümmel, Fenchel, Koriander, Rosmarin, Oregano, Thymian, Chili, Paprika? Die Möglichkeiten sind unbegrenzt. Ich ertappte mich gerade beim Spiel mit dem Gedanken an ein Knäckebrot mit Thunfisch-Bottarga.

Alles eine Frage Ihrer kulinarischen Souveränität.

Arche kakon!

Es sind schon ganze Bibliotheken darüber geschrieben worden, warum der Toast immer mit der gebutterten Seite auf dem Boden landet. Weshalb stets dann ein Küchengast ungefragt die Backofentür aufreißt, wenn ein Soufflé darin sein empfindlichstes Stadium kurz vor der Vollendung erreicht und es jeder Luftzug in sich zusammensacken lässt wie einen Ballon, aus dem die Luft entweicht. Oder wieso es unweigerlich die Flasche alter Bordeaux und nie der günstige junge Spätburgunder ist, der einem beim Rückweg aus dem Weinkeller aus der Armbeuge glitscht und auf den Treppenstufen zerbirst. Aus unserer Zeit im Kindergarten und in der Schule wissen wir alle, dass Gustav Gans und Pechmarie keine Erfindungen sind, sondern Glückspilze und Sonntagskinder ebenso real existieren wie Unglückswürmer und Pechvögel. Und die meisten von uns besitzen mit zunehmendem Alter auch eine intuitive Ahnung, zu welcher Gruppe sie zählen.

Ich bin über 50 und weiß längst, dass ich ein Trottel bin. Das ist nicht weiter schlimm, weder für mich noch für meine Umwelt. Gefährlich sind Trottel für sich und andere nur, wenn sie dieses Stadium der Selbsterkenntnis noch nicht erlangt haben und aus falsch verstandenem Wagemut die Hand heben, wenn eine im Alpenschnee verirrte Wandergruppe einen neuen Führer sucht, der Kapitän beim Atlantiktörn über Bord gegangen ist oder ein neuer CDU-Vorsitzender gebraucht wird. Der erfahrene Trottel weiß, wann der Moment gekommen ist, einfach mal den Mund zu halten. Was nicht gleichbedeutend damit ist, schicksalergeben »Born to loose …« vor sich hin zu summen und es bei der Erkenntnis der eigenen Unzulänglichkeiten zu belassen. Natürlich gilt es, nach wie vor energisch gegen diese anzukämpfen und jeden Tag darum zu ringen, ein besserer Mensch zu werden. Der springende Punkt ist vielmehr die Einsicht, dass große Missgeschicke oft kleine Ursachen haben.

Neulich im Urlaub zum Beispiel. Nach zehn entspannten Tagen voll kulinarischer Hochgenüsse zwischen Sancerre und La Charité-sur-Loire auf dem *canal latéral* an der Loire war der Tag der Bootsrückgabe im Hafen von Briare gekommen. Das Boot war geräumt, ich ging noch einmal zurück, um einen letzten Blick durch ein Bullauge zu werfen, ob auch wirklich alle mitgebrachten scharfen Messer aus der Pantry wieder eingepackt waren, da glitt mir der Autoschlüssel aus der Hand und verschwand mit einem leisen Platschen in der zehn Zentimeter breiten Lücke zwischen Reling und Landungssteg im Hafen. Nur wer einmal das winzige Luftbläschen eines auf Nimmerwiedersehen versinkenden Autoschlüssels auf der Wasseroberfläche zerplatzen sah, weiß, wie sich wahre Verzweiflung anfühlt. Und doch kennt wohl jeder dieses sich langsam vom Magen ausbreitende Gefühl, dass in so einer Sekunde nicht nur etwas Blödes passiert, sondern ein echtes Verhängnis hereinbricht – der *arche kakon*, wie das so schön im Altgriechischen heißt, der Anfang des Schlamassels, der Beginn allen Übels, die Mutter aller Katastrophen. *Arche kakon*, das war Paris' Raub der Helena, in dessen Folge Troja zerstört wurde. Odysseus' Beleidigung des Meergotts Poseidon, die ihm eine zehnjährige Irrfahrt durch alle Winkel der bekannten und unbekannten Welt eintrug. Und mein Autoschlüssel im Schlick des Hafenbeckens von Briare.

In der Küche wie im Leben ist entscheidend, wie man mit dem *arche kakon* umgeht. Helfen kann einem dabei wie gesagt die durch Lebenserfahrung gewonnene Einsicht, ein Trottel zu sein. Inzwischen nehme ich auf längere Reisen immer einen Zweitschlüssel mit. In der Literatur der Antike definiert der Umgang mit dem *arche kakon* den Unterschied zwischen einem normalen Menschen und einem Helden. Odysseus wächst an seinen Aufgaben, seine Gefährten hingegen zerbrechen daran. Der Umgang mit unvorhergesehenen Katastrophen macht auch den Unterschied zwischen einem normalen Restaurant und einem Spitzenrestaurant.

Vor noch gar nicht langer Zeit war ich mit guten Freunden zum Wochenausklang im Kölner Zwei-Sterne-Tempel *Le Moissonnier* verabredet. Ich kam nach einigen Tagen harter Arbeit direkt aus dem Zug, gab dem Patron Vincent Moissonnier meine ziegelschwere Aktentasche und stürzte mich in das verlässliche Vergnügen, das die gleichermaßen verspielte wie felsenfest im Meer verankerte Küche von Eric Menchon in so sublimer Perfektion bietet, dass sie mich jedes Mal aufs Neue befeuert und zu eigenen Küchenabenteuern inspiriert. Muss ich erwähnen, dass wir nach vielen begeisternden Tellern und vielen guten Flaschen die Letzten waren, die das gemütliche Jugendstilbistro in der Krefelder Straße 25 verließen? Am Ausgang stand Vincent Moissonnier mit den Mänteln und einer schwarzen Aktentasche. Nur war es leider nicht meine, sondern die eines anderen Gasts, der im Eifer des Gefechts offenbar unsere zugegeben recht ähnlichen Taschen verwechselt hatte. Bei aller kulinarischen Beseligung war ich schlagartig wieder nüchtern, als mir weit nach Mitternacht klar wurde, dass geschehen war, was nicht geschehen durfte: mein Handy, mein Laptop, mein Terminkalender, das Buch, das ich bis übermorgen lesen musste – und die Kamerakarten mit dem letzten Interview mit Philip Roth –, alles war in der Tasche. Kurz wurde mir schwarz vor Augen: *arche kakon!*

Ich weiß nicht, woher Vincent Moissonnier seine unerschütterliche Seelenruhe in solchen Krisensituationen nimmt. Wahrscheinlich ist ihm schon öfter der Toast auf die gebutterte Seite gefallen, ein Soufflé zusammengestürzt oder ein alter Bordeaux aus der Armbeuge geglitscht. Vielleicht hat er auch nur ein gutes Auge für Trottel. Jedenfalls entließ er mich in die Nacht mit einem Glas wunderbarem alten Calvados und der Versicherung, meine Aktentasche werde morgen in aller Herrgottsfrühe zu Hause bei mir abgeliefert. Und genau so kam es auch.

Wie er das geschafft hat? Keine Ahnung. Wenn ich das wüsste, wäre ich kein Trottel. Wahrscheinlich, weil er genauso zaubern kann wie Eric Menchon in seiner Küche.

Jules Verne

Kleine Geschenke erhalten die Freundschaft. Manchmal lassen sie aber auch Menschen zu Bestien werden – so geschehen in einem Sternelokal in Paris. Das *Jules Verne* ist eines jener Restaurants, das aufgrund seiner Traumlage sämtliche kulinarische Alarmglocken in mir Sturm läuten lässt: Es befindet sich nämlich im zweiten Stock des Eiffelturms und ver-

fügt über eine eigene Sicherheitsschleuse und einen eigenen Aufzug. Diese erlauben es seinen Gästen, selig lächelnd an den insbesondere im Sommer riesigen Touristenschlangen vorbei, direkt zum Eingang des *Jules Verne* in einem der Beine des Turms zu gehen. Noch eindrucksvoller, wenn man mit dem eigenen Auto vorfährt und die Schlüssel lässig dem herbeieilenden Wagenmeister zuwirft. Zugegeben, das *Jules Verne* ist nichts für Freunde des gepflegten Understatements. Im Gegenteil: Das *Jules Verne* hat durchaus etwas von einem Angeberladen und ist folglich eher ein Tummelplatz für protzsüchtige Windbeutel. So wundert es denn auch nicht, dass Emmanuel Macron dort vor einigen Jahren mit Donald und Melania Trump essen ging.

Erstaunlicherweise war die Küche des *Jules Verne* aber nicht so, wie man es in einer Touristenhölle wie dem Eiffelturm erwarten würde. Mir hatte ein Pariser Freund den Tipp gegeben, meine Aversion gegen in Türme gelegene Restaurants zu überwinden. Das *Jules Verne* glänzte mit Gerichten wie geröstetem Blumenkohl mit Kaviar, Kartoffelcreme und

Anchovis, Steinbutt mit gefüllter Zucchiniblüte auf einer Zitronenemulsion oder Seebrassen auf Seegras. Das lag an Alain Ducasse, der sich schon als kleiner Junge in dieses Restaurant verliebt hatte und es, koste es, was es wolle, seinem weltweiten, mit 21 Michelin-Sternen ausgezeichneten Gastronomie-Imperium hinzufügen wollte. 2007 kam Ducasse endlich zum Zug und machte zusammen mit dem Koch Alain Soulard das *Jules Verne* zu einem der angenehmsten Orte in Paris. Umgeben von gerahmten Illustrationen aus der legendären *Voyages extraordinaires*-Buchreihe des Hetzel-Verlags, der im 19. Jahrhundert Jules Vernes berühmte Reiseromane in prächtigen roten Leinenbänden mit Golddruck im Original veröffentlichte, konnte man die ins Lokal integrierten riesigen Schwungräder des Aufzugs bestaunen und sich mit dem herrlichen Blick über die Stadt fühlen, als wäre man Phileas Fogg oder hätte soeben die 500 Millionen der Begum geerbt. Die leichte, ganz auf die Qualität von Meeresfrüchten, Fisch und Gemüse setzende Saisonküche Soulards tat zusammen mit einer guten Flasche

Champagner ein Übriges, um sich hier wie Gott in Frankreich vorzukommen.

Doch wie sagt der Dichter, in diesem Fall Robert Gernhardt: »Das Schöne schwindet, scheidet, flieht,/fast tut es weh, wenn man es sieht.« Zehn Jahre währte die Schönheit des *Jules Verne* im Eiffelturm, dann verlor Alain Ducasse 2018 ein Bietergefecht um die Verlängerung des Mietvertrags und wurde von Frédéric Anton und Thierry Marx aus dem *Jules Verne* verdrängt. Nun sind Anton und Marx ebenfalls Sterneköche, und das Mittagsmenü für 105 Euro angesichts des exklusiven Zugangs zum Eiffelturm und der atemberaubenden Aussicht immer noch ein Schnäppchen. Außerdem wusste Ducasse sich durch die Eröffnung von *Ducasse sur Seine*, eines schwimmenden Restaurants am Port Debilly vor dem Trocadéro mit Blick auf den Eiffelturm, zu trösten.

Unvergesslich geblieben ist mir Alain Ducasses *Jules Verne*

aber nicht wegen seiner genialen Küche – obwohl: Der marinierte Froschschenkel, den ich dort einmal als *amuse bouche* verzehren durfte, war sicher der beste Froschschenkel meines Lebens … – und auch nicht wegen seines einmaligen Paris-Panoramas. Unauslöschlich in mein Gedächtnis eingeprägt hat sich das *Jules Verne* wegen eines hässlichen und fast bis in eine Schlägerei eskalierenden Streits, eines echten Küchendramas, einer fast schon opernreifen Darbietung nackter menschlicher Emotion, aufwallenden Bluts, geballter Fäuste und aus den Augen funkelnder Mordlust, begleitet von einer Symphonie aus Geschrei, wüsten Beschimpfungen und derben Flüchen. Großes Kino in jeder Beziehung also. Auslöser war ein Tütchen Madeleines.

Nun wissen wir seit Marcel Prousts *Auf der Suche nach der verlorenen Zeit*, dass eine Madeleine ein ganz besonderes Gebäck ist und in Menschen mitunter wahre Wunder auszulösen vermag. Die Madeleines, die im *Jules Verne* für Streit sorgten, waren echte Kunstwerke aus Eiern, Mandeln, Vanille, Mehl, Unmengen Butter und Zucker und rochen in ihrem Tütchen aus orangem Seidenstoff in der Tat recht verlockend. Doch so verlockend, dass deshalb der dünne Firnis der Zivilisation einen klaffenden Riss erhielt und eben noch Jovialität und Bonhomie ausstrahlende, wohlgesättigte erwachsene Menschen sich stritten wie die Kesselflicker? Was war geschehen?

Im *Jules Verne* unter Alain Ducasse gab es noch Damenkarten ohne Preise, und jeder weibliche Gast erhielt beim Verlassen des Restaurants so ein Seidenstofftütchen mit frisch gebackenen Madeleines. Aber wohlgemerkt eben nur jeder weibliche Gast. Ein schwules amerikanisches Ehepaar, sportliche Endfünfziger, wollte das nicht einsehen und bestürmte die französische Garderobiere, auch ihnen ein Madeleines-Tütchen zum Abschied zu überreichen, wie sie es bei der Verabschiedung der beiden gemischtgeschlechtlichen Paare vor ihnen beobachtet hatten. Aber die Garderobiere weigerte sich, schaltete allen auf Englisch vorgebrachten Argumenten des Paares, man habe hier seinen Hochzeitstag gefeiert und fühle sich diskriminiert, zum Trotz auf stur und wiederholte immer wieder den Satz: »Seulement pour les dames.«

Meine Lieblingsfigur aus *Asterix* war immer Tullius Destructivus aus *Streit um Asterix*. Tullius Destructivus ist ein hässliches kleines Männlein mit einem unfassbar großen Talent, nämlich der Begabung, dank seines Intrigantentums selbst in der harmonischsten Gruppe Streit ausbrechen zu lassen. Albert Uderzo hat sich dafür die schöne zeichnerische Idee einfallen lassen, dass sich die Sprechblasen umso grüner färben, je stärker den Beteiligten der Zorneskamm schwillt. Die Sprechblasen der beiden Amerikaner und der Garderobiere im *Jules Verne* waren bereits mindestens giftgrün, als unser Tisch ebenfalls aufbrach und zum Aufzug strebte, inmitten eines Crescendos aus »That's not fair!«, »Seulement pour les dames!« und »That's outrageous!«.

Seit Aristophanes schildert jede gute klassische Komödie den Zusammenprall zweier Wertordnungen. Genau das war vor unseren Augen im *Jules Verne* geschehen. Mir war binnen

Sekunden klar, dass Yasmina Reza für ihren nächsten internationalen Bühnenhit lediglich ein paar Madeleines als Requisite benötigte. Schilderte der holländische Verhaltensforscher Frans de Waal nicht ein Experiment mit Kapuzineräffchen, in dem diese Spielsteine gegen ein Stück Gurke eintauschen konnten, dies aber empört verweigerten, nachdem sie beobachtet hatten, dass andere Kapuzineräffchen für ihre Spielsteine unter Kapuzineräffchen viel begehrtere Trauben erhielten? Ich war mit Freunden im *Jules Verne*, um den 75. Geburtstag meiner Mutter zu feiern. Zu den schönsten Erinnerungen an meine inzwischen verstorbene Mutter zählt, dass sie sich während der langen Aufzugfahrt im Eiffelturm an einen der Amerikaner wandte, ihm ihr Seidentütchen mit den *Jules Verne*-Madeleines überreichte und in tadellosem Englisch sagte: »For you!«

Ein Tisch für sich allein

Die Angst ist eine alte Bekannte. Es gab Zeiten, da legte sie sich wie eine kalte Hand um mein Herz. Sie schnürte mir am Telefon die Luft ab. Sie zwang mich, den Hörer zitternd wieder aufzulegen, noch ehe abgenommen wurde. Was war nur so schwer daran, diesen einen verdammten Satz auszusprechen: »Ich hätte gern einen Tisch für mich allein.«?

Meine Angst hat gute Gründe. Als Alleinesser ist meine Leidensgeschichte lang und schmerzensreich. Dabei begann alles durchaus ermutigend. Als 13-, 14-jähriger Schüler reservierte ich gern mittags einen Tisch für mich allein in einem Ein-Sternelokal einer schwäbischen Kleinstadt. Natürlich musste ich dafür meine Schüchternheit überwinden und meine Unsicherheit überspielen. Ich weiß noch, wie mir buchstäblich die Knie zitterten, als mir der livrierte Kellner zum ersten Mal den Stuhl heranrückte. Bei dieser Mutprobe ging es mir gar nicht so sehr ums Essen – das übrigens ausgezeichnet war, ich erinnere mich an Flusskrebse, eingemachtes Kalbfleisch mit Morcheln und Spätzle, Wachteln auf Linsen und Zimteis mit Pflaumen. Diese Restaurantbesuche waren vielmehr ein stiller Protest gegen den schleichenden sozialen Abstieg meiner Familie, den ich als Kind miterlebte. Die Firma meiner Mutter hatte Konkurs anmelden müssen. Das Geld war weg, stattdessen war ein neuer Mann da, den ich hasste. Und gegen den ich auf meine Art rebellierte. Der neue Lebensgefährte meiner Mutter hatte uns aufs schwäbische Land verschleppt, in ein blödes kleines Dorf, wo man nur dem Nichts beim Nichten zuschauen konnte. Gegen seine Versuche, mich als Stallknecht einzuspannen, lehnte ich mich auf, indem ich die dreiteiligen Anzüge meines Großvaters anzog, mir einen Gehstock mit Silberknauf zulegte wie Dagobert Duck – und mir eben gelegentlich einen Ausflug in die Welt höherer kulinarischer Weihen gönnte. Man muss kein Psychologiestudium absolviert haben, um mein spleeniges Verhalten zu deuten. In der Rückschau erkenne ich darin den alten Märchenglauben der kulinarischen Anverwandlung, demzufolge man ist, was man isst. Tatsächlich behandelte man mich als allein essenden Schüler damals in dem Restaurant genauso zuvorkommend wie einen erwachsenen Gast, ja vielleicht mit Rücksicht auf mein Alter sogar noch freundlicher. Erst als eines Tages ausgerechnet der Direktor meines Gymnasiums am Nebentisch platziert wurde und überaus verdrossen die Anwesenheit eines seiner Schüler zur Kenntnis nahm, der um diese Zeit eigentlich Unterricht hatte, wurde ich aus meinem kulinarischen Paradies vertrieben.

Meine folgenden Jahrzehnte als Alleinesser waren dann aber alles andere als ein Zuckerschlecken. Das liegt an der langen Zeit, die ich in den Vereinigten Staaten von Amerika zugebracht habe. Dort ist ein Mensch, der allein in einem Restaurant essen möchte, ein betrübliches Hemmnis im Betriebsablauf. Die Fliege in der Suppe. Ja mehr noch: »a loser«, ein Verlierer, wie man Anthony Bourdain zufolge im amerikanischen Lunchcounter-Slang den Alleinspeisenden nennt. Und genau so wird man auch behandelt. Wer sich nicht mit einem Platz an der Bar abspeisen lässt, sorgt für schlechte Laune. Die Kellnerin verzieht das Gesicht, wenn der Maître den Solisten an einen »ihrer« Tische geleitet, denn ihr Lohn besteht zu einem wesentlichen Teil aus dem Trinkgeld, das wiederum vom Umsatz abhängt, und einer allein konsumiert natürlich weniger als zwei. Und die miese Stimmung im Service schlägt natürlich aufs eigene Gemüt. So wird das Alleinessen zur Qual: Was ist bloß verkehrt an mir, fragt sich der verzagte Gast, dass ich mutterseelenallein hier hocke, während sich der Rest der Welt wie vorgesehen mindestens paarweise durch die Welt bewegt? In der westlichen Welt herrscht ein mir von Jugendjahren an suspekter und unangenehmer Pärchenzwang. Ist einen Tisch für sich allein zu reklamieren nicht ein doppelter Offenbarungseid? Zum einen in kapitalistischer Hinsicht, weil man die Umsatzziele des Restaurants durchkreuzt. Zum anderen in erotischer, bedeutet es doch das Eingeständnis, an diesem Abend niemanden gefunden zu haben, der Tisch, geschweige denn Lager mit einem teilt. Aber ich bin über 150 Tage im Jahr unterwegs. Und sosehr ich mir bewusst bin, welch starke Triebfedern Kapitalismus wie Erotik für das Verhalten von uns Menschen sind: An den meisten Tagen, an denen ich *on the road* bin, ist mir beides egal (na ja, jedenfalls so gut wie …), und ich habe keine Lust, in der Fremde am Ende eines Arbeitstages ausgerechnet auf die Freude eines guten Essens zu verzichten.

Neulich aß ich allein bei Tim Raue in Berlin. Eine sehr kluge und sehr schöne Frau, mit der ich verabredet war, hatte mich in letzter Minute versetzt, weil sich ihr sehr kluges und sehr schönes Kind die Seele aus dem Leib kotzte. So was kommt in den besten Familien vor. Die Restaurantleiterin Marie-Anne Raue begrüßte mich mit ausgesuchter Aufmerksamkeit, nahm mir von der ersten Minute jede Beklommenheit über die Absage meiner Begleitung und vermittelte mir die folgenden dreieinhalb Stunden lang das Gefühl, im Mittelpunkt einer großen Show zu stehen, die einzig und allein für mich veranstaltet wurde. Und genau das wurde sie ja auch. Ich bin mir nicht sicher, ob ich den Aromenwirbel der erfreulich mutig und markant gewürzten und dennoch perfekt harmonisierenden Speisenfolge so aufmerksam und mit analytischem Vergnügen genossen hätte, wenn ich nicht allein gewesen wäre. So erschloss sich mir die spannende Kombination des mit Sangohachi-Reispaste fermentierten Zanders mit der Sake-Beurre blanc, das hinreißend mit japanischen Akzenten wie einem Dashi-Gelee in die Gegenwart transportierte knusprige Eisbein mit Püree von gelben Erbsen oder das geniale Zusammenspiel einer mit zweierlei Szechuanpfeffer marinierten Taubenbrust mit einem Blutwurstjus und Kastaniencreme, ein Teller, der tatsächlich Himmel und Erde aufs Raffinierteste vereint. In einer ruhigen Minute kam Frau Raue an meinen Tisch und erzählte, dass sie seit ihrer Scheidung vor fünf Jahren als Alleinreisende im Urlaub zum Beispiel in Portugal oder auf Mallorca auch oft allein essen ginge. Inzwischen habe sie das so schätzen gelernt, dass sie sogar, wenn sie sich zu einer gemeinsamen Reise verabrede, extra einige Tage vorher anreise, um den Urlaubsort erst einmal allein genießen zu können.

Allein essen gehen will gelernt sein. Mein Vorbild dafür ist Vincent Klink. Der Patron der *Wielandshöhe* in Stuttgart hat mir vor Jahren in derart glühenden Farben und mit so überzeugendem rhetorischem Furor die Vorzüge des Alleinessens geschildert, dass ich seither mehr Mut habe, zum Telefon zu greifen und einen Tisch für mich allein zu bestellen. Ob ich ihm denn nicht die Bilanz verhagele, wenn ich allein einen Tisch bei ihm bestelle? Ach, Quatsch, erwiderte Klink: »Gerade an solchen Gästen haben wir Freude – die kommen nämlich wirklich wegen des Essens. Und ich mach das doch auch.«

Wir bewundern Virginia Woolf für ihren Essay *A Room of One's Own*. In diesem Meilenstein der Frauenbewegung erklärt Woolf 1929, von Frauenliteratur könne erst dann wirklich die Rede sein, wenn Frauen wenigstens hundert Jahre lang die gleichen Privilegien wie viele Männer genössen: ein Zimmer für sich allein und ein Grundeinkommen von 500 Pfund im Jahr – nach heutiger Kaufkraft immerhin etwa 30.000 Euro. Was für ein einleuchtender Gedanke: Kunst hängt von ökonomischer Freiheit ab, braucht einen Rückzugsort, eine Gedankenwerkstatt, buchstäblich einen Freiraum. Ich glaube, es ist höchste Zeit für einen neuen Essay: *A Table of One's Own.*

Die Freundlichkeit Fremder

Wann immer mich jemand um einen Tipp für ein Restaurant bittet, muss ich an meine Begegnung mit Andrea Camilleri in Rom denken. Der durch seine seit Mitte der 90er-Jahre geschriebenen Kriminalromane um den Commissario Salvo Montalbano international berühmt gewordene Camilleri lebte hier seit 1949 und arbeitete schon in jungen Jahren als umtriebiger Drehbuchautor und Regisseur hauptsächlich für die RAI. Er saß über Jahrzehnte wie die Spinne im Netz des italienischen Literaturbetriebs und Filmbusiness und kannte buchstäblich jede und jeden. Ich besuchte Andrea Camilleri 2010 in seiner Privatwohnung in der via Asiago 8, der via televisione, wie sie umgangssprachlich auch genannt wird, denn hier residiert auch der öffentlich-rechtliche Rundfunk Italiens. Camilleri war zeit seines Lebens – er verstarb 2019 – ein Freund kurzer Wege.

Das Interview am Nachmittag verlief erfreulich und kurzweilig. Etliche von Camilleris Ehefrau Rosetta kredenzte Espressi und Tassen Tee wurden konsumiert, Camilleri rauchte wie ein Schlot und gab witzige Antworten, und natürlich fragte auch ich den extrem facettenreichen, erst spät zu Bestsellerehren gekommenen Autor, warum er seinen berühmten Commissario Montalbano nach dem etwas jüngeren spanischen Schriftsteller Manuel Vázquez Montalbán benannt hatte. Und natürlich gab mir Camilleri dieselbe Antwort, die er seit gut 15 Jahren allen gab: Weil er und sein Commissario Montalbano die Verfressenheit mit seinem katalanischen Kollegen Montalbán und dessen in Barcelona ermittelnden Privatdetektiv Pepe Carvalho teile.

In einem Montalbano-Kochbuch, das meine Freunde Martina Meuth und Bernd Neuner-Duttenhofer mit Billigung des Autors für Camilleris deutschen Verlag entwickelten, bekannte Camilleri im Vorwort: »Montalbano und ich verstehen uns aufs Essen, was auch nicht jedem gegeben ist, aber kochen können wir nicht, ganz im Gegensatz zu meinem Freund Manuel Vázquez Montalbán und seinem Detektiv Pepe Carvalho. (…) Ich muss etwas gestehen: Dass Montalbano fast süchtig ist nach fangfrischem Fisch, rührt von einer Kindheitserinnerung, die ich auf ihn zu übertragen versucht habe. Mein Vater fischte in mondlosen Nächten gern mit einer Art Harpune, der *traffinera*, einem drei Meter langen Wurfspieß mit fünf Widerhaken. (…) Wenn Papà einen großen Fisch entdeckte, schleuderte er seine tödliche Harpune und spießte ihn auf. Er traf immer, millimetergenau berechnete er die aufgrund der Lichtbrechung abweichende Bahn. Vor der Rückkehr in den Hafen frühstückten wir bei Tagesanbruch im Boot. Papà hatte einen Primus (den Vorläufer des Camping-Gaskochers, nur funktionierte der Primus mit Petroleum), Salz, eine Handvoll Mehl, ein Fläschchen Öl und eine Pfanne mitgenommen. Der Ruderer zündete den Kocher an, säuberte den Fisch, bereitete ihn vor und briet ihn. Die Meerbarben oder Seebarsche waren so frisch, dass sie sich aufrollten und man sie kaum braten konnte. Wenn sie gar waren, aßen wir sie mit den Fingern. Darum geht es: um diesen Geschmack, von dem ich weiß, dass ich ihn nie wieder schmecken werde, den ich eifersüchtig in meiner Erinnerung hüte und der als blasses Echo aufscheint, wenn ich zu beschreiben versuche, was Montalbano empfindet. Freilich ernährt sich mein Commissario zwar hauptsächlich, aber nicht allein von Fisch.«

Commissario Montalbano ermittelt in Vigata – einer dürftig verbrämten literarischen Fiktion von Camilleris Heimatstadt, dem unweit von Agrigent auf Sizilien gelegenen Porto Empedocle. Dort wohnt Montalbano in einem Haus direkt am Meer, und dort verzehrt er seine legendären Mahlzeiten, bekocht von seiner Haushälterin Adelina. Selten unter drei Gängen, meist allein und schweigend, hoch konzentriert in absoluter Selbstvergessenheit aufs Essen: Neonati, also Glasfischchen mit Zitrone, Seehecht aus dem Ofen, Calamari alla Griglia, Pasta con le sarde, Spaghetti alle vongole, Coniglio alla Cacciatora, Auberginenröllchen … Camilleri-Lektüre empfiehlt sich nicht für Menschen auf Diät. Als seine Montalbano-Romane international fast so erfolgreich wurden wie Rowlings *Harry Potter*-Bücher, benannte sich Porto Empedocle in der Hoffnung auf einen Tourismusboom sogar kurzzeitig in Vigata um. Natürlich liebe ich es als Literaturkritiker, wenn Romane so auf die Wirklichkeit einwirken.

Muss ich angesichts dieser Vorgeschichte bekennen, dass mein Interview mit Andrea Camilleri eigentlich ein Vorwand war? Eine Rochade, veranstaltet einzig und allein, um die eine entscheidende Frage zu stellen: Wo, bitte schön, Meister Camilleri, wo kann ich, wo soll ich, wo muss ich in Rom essen gehen? Meine Kameraleute erstarrten beim Zusammenpacken in ihren Bewegungen, als ich die für die weitere Gestaltung des Abends folgenschweren Worte endlich ausgesprochen hatte. Selbst der notorisch unterbezahlte Assistent starrte gebannt auf Camilleris Lippen, um sich nur ja keine Silbe seiner Antwort entgehen zu lassen. Und was sagte Camilleri? »Essen gehen? In Rom? Ausgeschlossen! In dieser Stadt bekommen Sie nichts Vernünftiges zu essen. Hätten Sie mich gefragt, wo Sie in Porto Empedocle, in Agrigent oder in Palermo hingehen müssen – gar kein Problem. Aber hier in Rom? Hier kann man nicht essen gehen!« So was nennt man eine Antiklimax. Mir fehlten die Worte. So ein Scheusal! Da wohnt dieser Mann seit über sechzig Jahren in der Ewigen Stadt und behauptet doch glatt, in all diesen Jahren nie ein gutes Restaurant in Rom kennengelernt zu haben. Verschanzt sich einfach hinter seinem sizilianischen Lokalpatriotismus!

Auch in der Welt der Tiere gibt es solche, die auf Kooperation eingestellt sind, etwa Wölfe und Kolkraben, ein echtes Dream-Team der Natur, und solche, die eher auf Konfrontation setzen wie Rhinozerosse, Flusspferde oder Stechmücken. Andrea Camilleri erwies sich im Nachgespräch zu unserem Interview als das, wofür die kölsche Mundart das schöne Idiom geprägt hat: »Wat 'ne fiese Möpp!« Das tut seiner literarischen Bedeutung keinerlei Abbruch. Man muss kein guter Mensch sein, um gute Bücher zu schreiben. Und Andrea Camilleri schrieb sehr gute Bücher. Aber um den Witz zu reißen, dass man in Rom nirgendwo essen gehen könne – einen Witz, den er im Lauf seines Lebens garantiert schon tausendmal gemacht hatte –, ließ er die blöden Deutschen gnadenlos auflaufen. Kein schöner Zug.

Ich denke deshalb so oft an diese Begegnung, weil es in Wirklichkeit in der Literatur und in der Kulinarik genau anders zugeht. »I have always depended on the kindness of strangers«, lässt Tennessee Williams Blanche Dubois in *Endstation Sehnsucht* sagen. Im Stück transportiert dieser Satz die fatale Einsicht, dass Blanche nicht einmal gemerkt hat, wie oft sie im Lauf ihres Lebens ausgenutzt wurde, wie man sie nicht nur sexuell immer wieder missbraucht und ausgebeutet hat. In meiner Wirklichkeit, und keineswegs nur in meiner kulinarischen Wirklichkeit, möchte ich aber betonen, wie viel Gutes mir überall auf der Welt begegnet ist, wenn ich blöd gefragt habe. Ich lebe bis heute tatsächlich zu einem nicht geringen Teil von der Freundlichkeit Fremder.

San Francisco ist dafür ein gutes Beispiel. Kölner Freunde, die TV-Moderatorin Christine Westermann, die lange in San Francisco gewohnt hatte, und der Gastrokritiker Helmut Gote, gaben mir den Tipp, bei meinem nächsten Besuch in der Stadt unbedingt das *Swan Oyster Depot* auf der Polk Street zu besuchen. Die sehr lange Schlange vor dem Eingang war ein Beleg für die Popularität des Restaurants. Ich stellte mich nachmittags um drei zu den etwa vierzig Wartenden, kurz darauf kam ein Angestellter aus dem Lokal und drückte mir ein Schild in die Hand, auf dem stand, dass nach mir Schluss sei. Ich musste fast eine Dreiviertelstunde warten und war froh, dass ich so gut wie nie ohne Buch aus dem Haus gehe. Schließlich bekam ich einen Platz an der Bar mit ihrem Marmortresen – und war binnen Minuten schlicht im Himmel. Viele Einheimische halten das *Swan Oyster Depot* für das beste Seafood-Restaurant der Stadt; ich halte es für eines der besten Seafood-Restaurants des Planeten. Der Laden hat unglaublichen Stil, und sein gelassenes, extrem gut gelauntes Personal atmet aus jeder Pore enormes Fachwissen, was den Umgang mit Fisch und Meeresfrüchten angeht. Gegründet 1912 von vier dänischen Brüdern, die ihre Fische und Meeresfrüchte noch mit Pferdewagen in der Stadt ausfuhren, übernahm Anfang der 70er-Jahre Sal Sancimino mit drei Vettern das Ladengeschäft auf der Polk Street 1517, heute betreiben es seine Kinder.

Ich legte mit einem Chardonnay und einem Dutzend gemischter Austern los, darunter Blue Point, Olympia und japanische Miyagi. Dann servierte man mir in einem gigantischen Seeigel die Gonaden von mindestens zehn Tieren: ein Fest zu dem köstlichen Sauerteigbrot, das ofenwarm dazu gereicht wurde. Es folgte ein kleines Tässchen Clam Chowder – eine köstliche Muschelsuppe, an der ich auch außerhalb von Boston nur schwer vorbeikomme –, schließlich ein Taschenkrebs mit hausgemachter Mayonnaise und als erinnerungswürdiges Finale ein italienisches Crudo von Thunfischbauch, Wildlachs, Mahi-Mahi und Red Snapper mit Olivenöl und Kapern. Man sitzt eng an eng am Tresen des *Swan Oyster Depot*, und so kam ich bald mit einer neben mir schmausenden asiatischstämmigen Einheimischen ins Gespräch: Joanna Tong. Wir waren uns im Lob der einmaligen Atmosphäre und des köstlichen Essens im *Swan Oyster Depot* schnell einig, erzählten einander, wo wir es uns sonst auf der Welt gern gut gehen ließen, und tauschten beim Abschied unsere E-Mail-Adressen aus. Ich staunte nicht schlecht, als ich noch am Abend in meinem Account eine Nachricht von Joanna Tong vorfand: »Herr Scheck, hope you enjoyed your seafood at *Swan's Oyster Depot* and thank you for giving me your business card. I love to travel myself so I just wanted to suggest several places for you to eat the next time you are in San Francisco. I am a ›foodie‹, which means in English that, basically, I love food. All kinds of food. I am also a native born San Franciscan. Here are a few suggestions: *Burma Superstar* on Clement Street in the Inner Richmond District. Burmese is a mix of Indian, Thai, and Chinese with exotic spices and flavors. Highly recommend the tea leaf salad and samosas: http://www.burmasuperstar.com/. *Kin Khao* – supposedly the best Thai food in San Francisco (!) located very close to Union Square area: http://kinkhao.com/. *Crustacean/Thanh Long/House of An Group* – this restaurant has long been in San Francisco with 2 locations (one upscale near *Swan's* and one more local in the Sunset district). They are most famous for their roasted crab and garlic noodles: http://houseofan.com/wp/. Bon Voyage and I hope you enjoy a pleasant journey home. Joanna Tong San Francisco – native of Nob Hill.«

Ich habe Joanna Tong nie wieder gesehen, bin aber tags darauf tatsächlich ins *Crustacean* und entdeckte eine wunderbare vietnamesisch inspirierte Fusionküche, die mit Knoblauchnudeln und Royal Tiger Shrimps sowie einem unwiderstehlich gewürzten Taschenkrebs vom Grill überzeugte. Es sind Menschen wie Joanna Tong, die dafür sorgen, dass sich Qualität in der Küche herumspricht und belohnt wird. Im internationalen Literaturbetrieb geht es nicht anders zu. Die Begeisterung über eine Entdeckung will geteilt werden. Wir sind allein schon durch unsere Genetik darauf geeicht, als soziale, kooperierende Wesen zu interagieren. Was könnte also selbstverständlicher sein, als die Antwort nicht schuldig zu bleiben, wenn jemand die Frage stellt: Wo kann man hier gut essen?

Woke kochen!

»Gebt das Raubgut zurück!« Immer öfter, schärfer und dringlicher wird dieser Appell im Zusammenhang mit der beschämenden europäischen Kolonialgeschichte an unsere Museen gerichtet. Wer ein Anschauungsbeispiel für die schöne Formulierung »sich streiten wie die Waschweiber« sucht, braucht nur eine Konferenz internationaler Kunsthistoriker über die Rückgabe kolonialer Raubkunst zu besuchen. Restitutionsforderungen werden keineswegs nur für Ausstellungsobjekte des Humboldt-Forums im rekonstruierten Berliner Stadtschloss erhoben. Und sie werden, die Wette gilt, bald nicht nur auf Kulturgüter beschränkt bleiben. Auch unsere Kochtöpfe könnten ins Visier der Dekolonisierer geraten.

Dort schmurgelt so einiges, was lediglich dreiste kulturelle Appropriation in den Topf brachte. Chilies zum Beispiel. Pfeffer. Tomaten. Auberginen. Die Liste ist lang. Fast so lang wie die Liste unserer Kolonialverbrechen. Eines ist gewiss: Der Reichtum Portugals, Spaniens, der Niederlande, Großbritanniens, Frankreichs und Belgiens gründet nicht allein auf heimischen Bodenschätzen, Fleiß und Ingenium ihrer Bürgerinnen und Bürger. Auch nicht ihr kulinarischer Reichtum. Die brutale Ausbeutung ihrer Kolonien leitete über Jahrhunderte Ströme aus Gold, Silber und Elfenbein in diese Länder und finanzierte die bis heute Staunen auslösende Pracht ihrer Handelsstädte. Aber an Bord der Handelsschiffe kamen eben auch Topinambur und Bohnen, Maniok, Piment, Quinoa und die Erdnuss.

Und wie sieht es mit Deutschland aus? Beschämenderweise erzählen uns einige Romane des Literaturnobelpreisträgers Abdulrazak Gurnah darüber mehr als die deutschsprachige Literatur – wenn auch Uwe Timm zum Beispiel in *Morenga* sich schon in den 70ern dieses Themas annahm. Die Kolonialgeschichte des deutschen Kaiserreichs in Afrika, Neuguinea und Mikronesien ist zwar deutlich kürzer als die anderer europäischer Länder. Aber erstens ist das ja nun weiß Gott nicht unser Verdienst, sondern liegt am verlorenen Ersten Weltkrieg. Und zweitens ist deshalb das Bewusstsein für die Folgen kolonialer Ausbeutung in Deutschland auch deutlich weniger ausgeprägt als etwa bei unseren französischen und britischen Nachbarn.

Welche Konsequenzen also daraus ziehen in einer Zeit, deren moralisches Empfinden ihre intellektuellen Kapazitäten oftmals übersteigt? In der gefühlte Wahrheiten so oft den Sieg über empirische Wahrheiten davontragen? Und in der der *spirit of free enterprise* der Nation der seelenzerfieselnden Stimmung auf einem Evangelischen Kirchentag gleicht?

Die Lösung kann nur lauten: *woke* kochen.

Unter *woke* versteht man seit den späten 2010er-Jahren in der politischen Arena eine erhöhte Sensibilität für strukturellen Rassismus, ein offenes Ohr für die Anliegen der Identitätspolitik und ein geschärftes Auge für die eigenen gesellschaftlichen Privilegien. Alles gut und richtig. *Woke* kochen heißt deshalb zunächst einmal ein überfälliges Upgrade fürs eigene Bewusstsein. Es gilt, eine neue Stufe der Rücksichtnahme im Denken und Sprechen zu entwickeln. Das schadet in einer so männerlastigen Sphäre wie der internationalen Spitzenküche sowieso nie. Mit der Etablierung der sogenannten Flugmeilenscham im Zusammenhang mit von weit her importierten Lebensmitteln hat das doch schon recht gut geklappt. Auch wird niemand rassistischen Küchennamen und Werbefiguren wie dem »Negerkuss«, dem »Zigeunerschnitzel«, dem Sarotti-Mohr, Aunt Jemima oder Uncle Ben eine Träne nachweinen.

Kochen ist inzwischen längst Teil einer internationalen protestantisch-pietistischen Verzichtskultur geworden, in der es viel wichtiger ist, was alles *nicht* auf den Teller kommt – Stichwort Quälfleisch, Fisch aus nicht nachhaltigem Fischfang, Kinderarbeit-Kakao, Transfette –, als das, was tatsächlich daraufliegt.
Das angesagte Berliner Sternerestaurant *Nobelhart & Schmutzig* kocht unter dem Motto »brutal lokal« ohne Olivenöl, Pfeffer und Zitrone, dafür ausschließlich mit Ökostrom und schreibt auf seiner Website: »Essen ist immer auch ein politischer Akt, und Politik wird heute nun mal mit dem Einkaufszettel gemacht.«

Klingt einleuchtend. »We want culinary justice, and we want it now!« Macht endlich Schluss mit der kulinarischen Appropriation! Aber muss dies im Zusammenhang mit kulinarischem Kolonialismus wirklich bedeuten, all jene Produkte von unserem Speisezettel zu streichen, die im Zuge imperialistischer Ausbeutung und Unterdrückung Europa erreichten? Eines steht fest: Auf Eroberung, Unterjochung und Gewinn geeichte Seefahrer setzten den sogenannten »Kolumbianischen Austausch« in Gang, der zahlreiche Spezies der Tier- und Pflanzenwelt zwischen der Alten und Neuen Welt umsiedelte. Vereinfacht gesagt, erhielten wir Europäer wohlschmeckende Dinge wie Kartoffel, Paprika und Mais. Außerdem auch Leckereien wie Ananas, Truthahn, Avocado, Kakao, Vanille, Kürbis, die Papaya und noch etwa eine Million weitere Köstlichkeiten. Im Gegenzug revanchierten wir uns mit der Beulenpest, Cholera, Masern, Tuberkulose und Pocken. Zugegeben, auch Weizen, Reis und Pferd, Rind, Schwein und Ziege waren in der Neuen Welt unbekannt; aber wir wollen jetzt nicht anfangen, kleinlich zu werden und schnöde aufzurechnen. Noch der eurozentristischste Betrachter wird nicht umhinkönnen, in der Bilanz des »Kolumbianischen Austauschs« eine schreiende Ungerechtigkeit wahrzunehmen.

Wann immer Gerechtigkeitsfanatiker und Besitzstandsbewahrer sich erhitzt gegenübersitzen und mit zornroten Köpfen ihre Argumente um die Ohren hauen, muss ich an meinen Lieblingsdialog aus Monty Pythons *Das Leben des Brian* denken. »Also gut«, sagt da ein empörungsbereiter judäischer Aufständischer gegen die Römerherrschaft. »Mal abgesehen von der

Medizin, den sanitären Einrichtungen, dem Schulwesen, Wein, der öffentlichen Ordnung, der Bewässerung, Straßen, der Wasseraufbereitung und den allgemeinen Krankenkassen, was, frage ich euch, haben die Römer je für uns getan?« Einer seiner Mitverschwörer antwortet: »Den Frieden gebracht.« Worauf der sich in Rage Redende sagt: »Ach, Frieden? Halt die Klappe!«

Vielleicht gehört zum Zustand der *Wokeness* auch das Bewusstsein, dass niemand auf diesem Planeten lebt, der nicht das Produkt einer ekelerregenden, nicht enden wollenden Kette von Privilegien ist. Das bringt der Prozess der Evolution zwangsläufig so mit sich. Die anderen, die weniger glücklichen Unterprivilegierten wurden nämlich schlicht aufgefressen oder sind ausgestorben. Zum Beispiel im Massensterben an der Grenze zwischen Kreidezeit und Paläogen vor gut 65 Millionen Jahren, dem sage und schreibe 75 Prozent aller damals lebenden Tierarten zum Opfer fielen, darunter auch die Dinosaurier. Seien wir uns also im Klaren darüber, dass wir heute auf diesem Planeten Lebenden allesamt über alle Maßen privilegiert sind. Und machen wir das Beste draus.

Speisekartenprosa

Warum nur ernte ich immer wieder schallendes Gelächter mit meinem Bekenntnis, dass ich gern Speisekarten lese? Da hilft kein Hinweis auf die Relevanz solcher kulinarischen Paratexte als gastrokulturelle Zeitkapseln (wofür hat man schließlich Komparatistik studiert ...). Kein Argument, dass so eine Speisekarte immer zugleich auch die Visitenkarte eines Restaurants ist. Vergebens nicht zuletzt die Einladung, so eine Karte doch auch mal als Seelenkartografie von Köchin und Patron zu interpretieren. Wann immer ich mich als passionierter Speisekartenleser oute, ernte ich die erwartbare Reaktion in Form stereotyper Onomatopöien (wofür hat man schließlich Komparatistik ..., aber das hatten wir schon): »Kicher! – Wieher! – Prust! – der Mann liest gern Spei-se-kar-ten – und sieht auch noch genauso aus!«

Zugegeben, im Internet blühen einige merkwürdige Sumpfblüten rund um Speisekarten. Der Deutsche macht mit Speisekarten das, was er leidenschaftlich gern macht und besonders gut kann: Er sucht Fehler – bei anderen. Die fotografiert er, stellt sie ins Netz und beömmelt sich darüber. Mich verdrießt diese Schadenfreude über fehlerhafte Orthografie auf mehrsprachigen Speisekarten ja eher. In meinen Ohren hat dieses Sichlustigmachen über die schlechten Deutschkenntnisse von Italienern, Spaniern, Thailändern und Vietnamesen einen unschönen Beiklang von schwäbischem Kehrwochenterror 2.0 – nicht zuletzt, weil ich weiß, wie unfähig ich wäre, eine halbwegs entzifferbare Speisekarte in irgendeiner dieser Sprachen zu formulieren. Aber natürlich stiftet die Erstbegegnung mit dem »Pudelzucker«, dem »Bartapfel« und den »feurigen Kackfleischbällchen« ein kindlich anarchisches Sprachvergnügen. Genauso wie der »Tonfisch« und der »Tittenfisch«, die »Pilzpanne« und die »Schnupfnudelpfanne«, das »gefühlte Brötchen« und die »gefüllten Oberschienen«. Eher gemischte Gefühle hinterlässt hingegen ein als »Nazi Goreng« avisiertes Gericht. Doch bei allem Horror vor Rechtschreibfetischismus: Eigentlich habe ich noch nie in einem Lokal gut gegessen, das einen falschen Apostroph im Namen trug.

Eine ganz andere Qualität als solche orthografischen Fauxpas besitzen Aufschriften auf Schildern in der Gastronomie, die das Zeug zu politischen Slogans und emanzipativen Parolen haben. Mein Lieblingsspruch – gesehen in Berlin-Kreuzberg: »Hab heute coffee to go im Sitzen getrunken – fuck the

system!« Zeugt es nicht von Kreativität und Sprachwitz, wenn eine Kölner Metzgerei ihre Mettbrötchen als »German Sushi« bewirbt? Und sind es nur meine Erinnerungen an vergangene Räusche, gescheiterte Beziehungen und andere Lebenskatastrophen, die mir die krakelige Kreideschrift auf einem Schild in Hamburg St. Georg so unauslöschlich ins Gedächtnis eingeprägt hat: »Heute wegen gestern geschlossen«?

Zurück zur Speisekarte unserer Tage. Deutlich erkennbar sind zwei Schulen. Da gibt's zum einen die kleine Minderheit der Prahler und Schwafler, die vor lauter Stolz auf die Qualität ihrer Produkte, die Brillanz ihres Könnens und die Innovationskraft ihrer Küche noch Herkunft und Transportweg jedes Körnchens Himalajasalzes kundgeben, extra darauf hinweisen, mittels welcher Schwenktechnik das Pfannengemüse zum Garpunkt gebracht wurde, und Speisekarten produzieren, die sich lesen wie eine Mischung aus dem *c't Magazin* und *Wild und Hund*. Als Ahnherr dieser Schule darf der inzwischen verstorbene amerikanische Koch Homaro Cantu gelten. Mittels eines leistungsstarken Lasers und eines modifizierten Tintenstrahldruckers schaffte es der auf Molekularküche spezialisierte Cantu, die 20 Gänge des Degustationsmenüs seines Chicagoer Restaurants *Moto* auf ein essbares Papier aus Maisstärke und Sojamehl zu drucken. Der Witz an der *Moto*-Speisekarte: Jeder mit Spezialtinte gedruckte Gang schmeckte so wie das Gericht, das er bezeichnete – der »Schnee von Ziegenkäse mit Balsamico« genauso wie das »Surf and Turf mit M. C. Escher«. Für Semiotiker ein Traum: der Zusammenfall von Zeichen und Bezeichnetem. Ich erinnere den Besuch in Cantus Laborküche eher als Inszenierung, wie ein unendlicher Kindergeburtstag, eine Art Sackhüpfen, Würstchenschnappen und Topfschlagen für Erwachsene.

Die in Deutschland derzeit tonangebende Mehrheit aller Autoren von Speisekarten befleißigt sich hingegen puristischer Bauhaus-Kargheit und extremer Reduktion. Da werden Gerichte annonciert wie »Rosenkohl · Reh · Walnuss«, sodass völlig offen bleibt, welche Teile vom Reh da wohl wie zubereitet auf dem Teller landen. So angenehm entschlackt sich solche Karten lesen, so haftet ihnen in meinen Augen doch auch etwas Eitles, Prätentiöses an, wie der Dichtung Stefan Georges, mit der sie ihr orthografisches Kennzeichen, den allgegenwärtigen Hoch- oder Mittelpunkt teilen (O-Ton George: »Ihr jauchzet · entzückt von dem teuflischen schein · /Verprasset was blieb von dem früheren seim · /Und fühlt erst die not vor dem ende«). Irgendeines nicht mehr fernen Tages werde ich ein Wiener Schnitzel auf einer Karte beschrieben finden als: »Kalb · Ei · Semmelmehl«. Im schlimmsten Fall bewegt sich der Informationsgehalt solcher Karten auf dem Niveau von Speisekartenprosa der 80er-Jahre, als die »Sinfonie von Edelfischen« darüber hinwegtäuschen sollte, dass man auch in der Küche keine belastbaren Angaben über die Herkunft der Produkte zu machen gewillt war.

In Ferran Adriàs mittlerweile geschlossenem *El Bulli* an der Costa Brava, das fünfmal zum besten Restaurant der Welt gewählt wurde, gab es gar keine Speisekarte. Als ich Adrià einmal darauf ansprach, erwiderte er knapp: »Schön, ab morgen werde ich das ändern. Aber nur unter einer Bedingung: Wenn Sie mich zu sich zum Essen einladen, dann möchte ich bei Ihnen zu Hause bitte auch eine Speisekarte bekommen. Das *El Bulli* ist unser Zuhause, und wir wollen unseren Gästen einfach das Beste auftischen. Deshalb gibt es keine Speisekarten.«

»Dich will ich loben, Häßliches«

Haltet alle Uhren an. Löscht die Herdfeuer. Zerbrecht Teller und Gläser: Meine Lieblingsbäckerei macht zu! Nur wer weiß, was eine Laugenbrezel zu einem Kleinod der Backkunst macht, kann ermessen, was jener Schwarze Samstag, der 4. August 2018, für mich bedeutet, an dem die Bäckerei Schurr am Daimlerplatz in Stuttgart-Bad Cannstatt schloss: Götterdämmerung. Skyfall. Armageddon. »Bäckerei Schurr sagt Ade – wir bedanken uns für Ihre Treue« stand mit Kreide auf ein schwarzes Schild geschrieben. Ade ist ein sehr zartes Wort. Es passt genau für den Abschied von den köstlich knusprigen Ärmchen der Schurr'schen Brezeln, die mit einem unnachahmlichen Prasseln am Gaumen im Mund zerbarsten, während das Laugengebäck des runden Unterleibs der Brezel in brötchenhafter Weiche der Butter vollkommene Unterlage bot. Verhängt die Spiegel, pustet die Kerzen aus, haltet die Hunde mit saftigen Knochen vom Bellen ab: Nie, nie mehr wird eine schurrsche Brezel über meine Lippen kommen!

Vor einigen Jahren musste ich einmal die Woche nach Stuttgart, meine hässliche Geburtsstadt. Damit kann ich gut leben, denn wer sich ein wenig auskennt, kann Wege finden, auf denen einem die Hässlichkeit Stuttgarts nicht ganz so krass ins Gesicht springt. Außerdem kenne ich das von Köln, einer noch hässlicheren Stadt, in der ich heute wohne und wo solche ästhetischen Überlebensstrategien längst in die DNA ihrer Bewohner übergegangen sind. Der schon häufiger erwähnte

Robert Gernhardt brachte die Ataraxie, die Seelenruhe, die ein regelmäßiger Aufenthalt an solchen öden Orten erfordert, sehr schön auf den Punkt in seinem Gedicht *Nachdem er durch Metzingen gegangen war.* Stuttgart, das sich durch seinen Versuch, einen neuen Hauptbahnhof zu bauen, gerade ein zweites Mal das Leben nimmt, ist ein Metzingen in XXL, und nie fahre ich vom Hauptbahnhof nach Bad Cannstatt, ohne still vor mich hin die gernhardtschen Verse zu zitieren: »Dich will ich loben: Häßliches,/du hast so was Verläßliches./Das Schöne schwindet, scheidet, flieht –/fast tut es weh, wenn man es sieht./Wer Schönes anschaut, spürt die Zeit,/und Zeit meint stets: Bald ist's so weit./Das Schöne gibt uns Grund zur Trauer./Das Häßliche erfreut durch Dauer.« Stuttgarts Dauer ist jedenfalls gesichert. Und nun gibt es eine Oase weniger in seiner Wüste.

Bekanntlich ist Altwerden großer Mist – es sei denn, man bedenkt die Alternative. Niemand altert, ohne Verlusterfahrungen ohne Ende anzuhäufen: von der aus den Augen verlorenen Sandkastenliebe bis zum Tod von Großeltern und Eltern, und wenn es ganz bitter kommt, dem Tod der Lebensgefährten oder der Kinder. Aber so ist nun einmal des Menschen Schicksal: Der Tod kappt Familienbindungen, Beziehungen zerbrechen, Freundschaften leben sich auseinander, Herzeleid, wohin man blickt … Zu den seltener erörterten Nebenwirkungen des Älterwerdens gehört, dass man auch kulinarisch eine gehörige Verlustrechnung aufmacht: Was habe ich nicht alles im Verlauf meiner Lebensjahre ein für alle Mal unwiederbringlich verschwinden sehen. Zum Beispiel den Birnenmost meiner Kindheit. Birnenmost ist ein Getränk herrlichster Säure mit einem Alkoholgehalt von je nach Erntejahr 3 oder 4 Prozent, das zudem meist mit reichlich Wasser verdünnt wurde. Ein idealer Durstlöscher an heißen Sommertagen bei der Heuernte. Dieser Birnenmost war natürlich den Erwachsenen vorbehalten. Aber wer als Kind findig war, bekam ab und zu einen Schluck davon ab und erhielt so einen Vorgeschmack auf das Glück, das einen später erwartete. Und wo ist mein Birnenmost heute? Da, wo immer mehr Gutes, Wahres und Schönes ist! Birnenmost war ein Alltagsgetränk im Schwaben meiner Kindheit. Heute nicht für Geld und gute Worte zu bekommen. Ausgestorben. Einfach weg – für immer.

Aber, ich gestehe es, ich vermisse zwar den guten Most – nicht aber die Fronarbeit der Birnenernte, wenn es galt, die Mostbirnen mit krummem Rücken aufzuklauben oder vom Baum zu holen, diese in sauschweren Körben zum Hänger des Traktors zu tragen, zur Mosterei zu fahren, abzuladen, schließlich das eingeschlagene Fass in den Keller zu rollen und was an mühseliger Arbeit für das strohgelbe Getränk sonst noch verbunden war, bis es endlich im Glas strahlte und perlte. Mir ist Sentimentalität im Grunde zuwider. Erst recht die der Generation Pelikan-Geha, die ihren auf dem Schulhof genossenen Ahoi-Brausen, Schaumwaffeln, Eiskonfekt, und was es an kulinarischen Grauslichkeiten damals mehr gab, hinterhertrauert.

Natürlich weiß ich, wem ich es zu verdanken habe, dass man selbst in Stuttgart keinen ordentlichen Birnenmost mehr bekommt und keine richtigen Laugenbrezeln. Dass man die einst selbstverständlichen Spezialitäten der Regionalküche wie Leberspätzle, Ofenschlupfer, Gaisburger Marsch oder Saure Rädle inzwischen mit der Lupe suchen muss, dafür aber jede zweite Garküche in der Stuttgarter Fußgängerzone Frozen Yogurt oder Wraps anbietet. Schuld sind wir. Wir kindisch aufs Neue fixierte Esser und Trinker, die die Industrie eben nur noch als »Verbraucher« kennt. Ich will kein »Verbraucher« sein.

In der inzwischen auch schon wieder geschlossenen *Weinbar Kreis* am Schillerplatz, eröffnet vom früheren *Wielandshöhe*-Sommelier Bernd Kreis, die eher nach Barcelona als nach Stuttgart gehörte, trank ich einmal einen grandiosen Poiré von Eric Bordelet aus der Normandie. Natürlich schmeckte dieser *Poiré Authentique* (es gibt auch noch die edlere Variante *Granit*) nicht so wie der Birnenmost meiner Kindheit, sondern offen gestanden viel feiner und komplexer. Aber in der Sonne an diesem Stuttgarter Platz sitzend, war ich einen Moment lang versöhnt.

Mit dem Verschwinden meiner Lieblingsbäckerei und den besten Brezeln Stuttgarts. Mit dem ausgestorbenen Birnenmost. Nicht aber mit dem Stuttgarter Bahnhof und meiner eigenen Sterblichkeit. Sicher, Altes muss verschwinden, damit Neues Platz findet. Und: Es wird ja nicht alles schlechter. Aber wahr ist auch: Das Gute, Schöne, Wahre weicht, der Scheiß bleibt.

Tandaradei!

Das Grauen hat einen Namen. Es heißt »Ich hab Dich lieb«, »I mog Di« oder »Mein absolutes Superhasi«. Es hat die Gestalt eines Herzes. Und es besteht aus Lebkuchen. Angeblich.

Doch was auf Weihnachtsmärkten und Rummelplätzen als Lebkuchenherzen angeboten wird, hat zu 99 Prozent ebenso wenig mit der echten Nürnberger Spezialität zu tun wie die Ramschware in deutschen Supermärkten. Bestenfalls sind es maschinell gefertigte Teigfladen, deren ordinäre Süße beim ersten Bissen den Mundraum schlagartig auskleidet wie ein Spritzguss und deren grieseliger Pamps noch Stunden nach Verzehr klitschig am Gaumen zu kleben scheint, so pappig-fad und geschmacklos wie ihr Dekor und ihre Spruchweisheiten.

Dabei ist kaum ein deutsches Lebensmittel so eng verbunden mit den Wonnen der Kindheit, mit segenbringender Weihnachtszeit und Märchenglück pur. Gut gemachte Lebkuchen sind ein Ticket für eine Zeitreise. Schon ein kleiner Bissen vermag einen Rücksturz in die Vergangenheit auszulösen, der uns direkten Wegs ins Mittelalter entführt. Lebkuchen ist Luxus und war es immer schon. Aber ein Luxus aus der Zeit der Spielleute, Ritter und Minnesänger, Gilden und Zünfte. Als Schalmei, Krummhorn und Drehleier den Takt vorgaben und die göttliche Ordnung der Welt noch so unangefochten war wie der Papst in Rom und der Kaiser in Prag.

Schon die Antike besaß ein Faible für Honigkuchen, die bereits ägyptische Pharaonen verzehrten. Der mittelalterliche

Lebkuchen entstand jedoch an Orten, die nicht nur Zugriff auf üppige Honigressourcen hatten wie etwa Nürnberg durch die Imker im nahen Reichswald, sondern auch an den großen Handelsrouten lagen, über die Gewürze aus damals unvorstellbar exotischen Ländern wie Madagaskar, Ceylon, Indien und China nach Europa gelangten. Dass der ursprünglich aus Honig und viel Mehl gebackene braune Honigkuchen eine Verfeinerung zum Lebkuchen durch Mönche und Nonnen erfahren hat, die ihn wegen seiner langen Haltbarkeit schätzten, verrät noch die Oblate, auf der sein Teig aus Honig, Mandeln und Nüssen sowie möglichst wenig Mehl ruht: Die Hostienbäckereien der Klöster lieferten sie im Überfluss. Reiche Handelsstädte wie Augsburg, Aachen, Köln, München und Basel entwickelten eigene Rezepttraditionen, die in Spezialitäten wie den Aachener Printen oder den Basler Läckerli fortleben. Heute besitzt Nürnberg die meisten Lebküchner, deren Erzeugnisse seit 1996 unter dem regionalen Herkunftsschutz der Europäischen Union stehen.

Über 82.000 Tonnen Lebkuchen werden in Deutschland jedes Jahr produziert. Der allergeringste Teil davon in kleinen, unabhängigen Betrieben wie dem des Lebküchners Düll in der Mathildenstraße in Nürnberg, der für meine Lebkuchen-Offen-

barung sorgte. Eine Buchhändlerin der Nürnberger Buchhandlung Jakob hatte mir nach einer Lesung eine Packung mit sechs Düll-Lebkuchen geschenkt. Als ich tags darauf die Schleife löste und einen Lebkuchen herausnahm, schlug mir als Erstes eine Aromawelle entgegen. Echter Lebkuchen wird nicht dominiert von Süße. Echter Lebkuchen ist Gewürz: Zimt, Nelken, Koriander, Macis, Kardamom, Muskat, Fenchel, Piment, Ingwer und Anis – sowie einige Geheimnisse, die die eifersüchtigen unabhängigen Lebküchner Nürnbergs auch dem neugierigsten Journalisten nicht auf die Nase binden. Niemand, der von einem der aufgrund ihres geringen Mehlgehalts überraschend schweren düllschen Lebkuchen gekostet hat, wird je wieder auch nur einen Blick auf die industrielle Massenware in den Supermärkten werfen. Auch wenn *Düll* Dutzende Varianten anbietet, sind mir die drei klassischen – natur, mit Zuckerguss und mit hochwertiger dunkler Kuvertüre aus belgischer Schokolade – die liebsten. Ein Biss, und man will mit allen mittelalterlichen Minnesängern jubeln: »Wes Brot ich ess, des Lied ich sing: tandaradei!«

Immer der Nase nach!

Was sind wir nicht stolz auf unseren Geschmack. Wir halten ihn für den höchsten Ausdruck unserer Individualität. Unbestechlich und über Jahrzehnte verfeinert, ausgebildet, ach was: trainiert und kultiviert. Doch schon ein klitzekleiner Schnupfen reicht aus, uns die Freude an einer Mahlzeit selbst in einem Sternerestaurant zu vergällen: Vorbei ist es dann mit der subtilen Herrlichkeit des über Kamille gedämpften Hummers. Stocktaub sind wir für das Duett von Salbei und Leber. Und von der Symphonie von Sellerie, pochiertem Eigelb und Weißem Trüffel erreicht uns kaum noch ein Hauch. Ganz zu schweigen von den Horrorgeschichten über Long Covid und den dabei unter Umständen auftretenden langfristigen Beeinträchtigungen unseres Geschmacksinns.

Geschmack ist Geruch. Gut 80 Prozent dessen, was wir auf der Zunge wahrzunehmen glauben, findet in Wahrheit in unserer Nase statt. Einer in acht verschiedenen Ländern durchgeführten Untersuchung zufolge würden dennoch über die Hälfte der 16- bis 22-Jährigen lieber auf ihren Geruchssinn verzichten als auf ihren Laptop oder ihr Handy. Die Studie stammt aus dem Jahr 2011. Ich habe den Verdacht, dass die Zahlen heute eher noch höher lägen. Wir lernen Kitesurfen und über Glasscherben laufen, meistern die Tuba oder das Rhönrad, aber wir bekommen einfach nicht in unser Hirn, dass beim Essen und Trinken unser Geruchssinn viel wichtiger ist als unser Sehsinn. Bei uns sind immer die Augen größer als der Magen, nie die Nase. Dass wir uns kulinarisch hinters Licht führen lassen, indem wir unserem Augenschein mehr vertrauen als dem, was wir in der Nase haben, hat zur Züchtung optischer Blender geführt, denen wir beim Einkaufen dutzendfach begegnen – und zur Ausbildung einer undurchschaubaren Vielzahl von Labels, Gütesiegeln und vermeintlichen Qualitätsgaranten, die uns schwarz auf weiß jener Produktinformationen versichern, die wir durch einfaches Schnüffeln an Birne, Aprikose oder Mango doch viel einfacher selbst herausfinden könnten.

Darüber, wie wir schmecken und wie wir riechen, wissen die meisten Menschen so gut wie nichts. Jahrzehntelang geisterte zum Beispiel weltweit selbst durch biologische Lehrbücher eine Modellvorstellung von »Geschmacksfeldern« auf unseren Zungen, die auf einem schlichten Übersetzungsfehler basierte. Weder gibt es lediglich die vier Geschmacksrichtungen Bitter, Sauer, Salzig und Süß, noch existieren auf unseren Zungen für die Wahrnehmungen bestimmter Geschmäcker spezialisierte Areale. Inzwischen geht die Forschung davon aus, dass es neben dem fünften Geschmack »Umami«, der für das Vollmundig-Herzhafte steht, vermutlich auch noch die Geschmacksrichtung »Fett« gibt, die wir buchstäblich mit der Muttermilch schätzen lernen.

Hirnforscher wissen längst, dass der Geruchssinn zu den ältesten und wichtigsten Sinnen zählt und direkt ins Stammhirn führt. Das lässt Menschen selbst dann noch auf Gerüche ansprechen, wenn sie für Sprache, etwa aufgrund einer Demenzerkrankung, gar nicht mehr erreichbar sind. Hier lägen auch die Aufgaben für die Küchen von Alten- und Pflegeheimen. Geradezu paradox mutet es an, dass dort besonders aromenarm und gewürzlos gekocht wird. Eine besonders perverse Art gastronomischer Grausamkeit, die wir uns selbst und unseren Lieben zufügen.

Das Elend, wissen die Evolutionsbiologen, begann mit dem aufrechten Gang. Unsere Nase ist schlicht zu weit vom Boden entfernt, um noch, wie etwa bei Hunden oder Elefanten, einen wesentlichen Beitrag dazu zu liefern, wie wir uns in der Welt zurechtfinden. Frauen waren olfaktorisch lange gegenüber Männern glasklar im Vorteil. Über Jahrhunderte spielten in der traditionellen Mädchenerziehung Düfte eine größere Rolle, sowohl wegen Parfums als auch beim Kochenlernen. Doch Männerdüfte werden immer beliebter, und immer mehr Kindergärten und Schulen wissen um die Bedeutung einer fundierten sensorischen Schulung.

Erst vor wenigen Jahren wurde eines der größten kulinarischen Mysterien der Menschheit wissenschaftlich geklärt: Warum trinken so viele Menschen im Flugzeug Tomatensaft, nicht aber am Boden? Eine Aromachemikerin des Fraunhofer-Instituts fand mithilfe eines in einer Niederdruck-Hülle steckenden Rumpfs eines Airbus A310 heraus, dass wir Menschen ab Höhen von 2500 Metern sozusagen verblöden, was unser Geruchs- und Geschmacksempfinden anbelangt. Die

geringere Sauerstoffsättigung unseres Bluts lässt unsere olfaktorischen und gustatorischen Rezeptoren deutlich unempfindlicher werden. Das führt dazu, dass Menschen, denen Tomatensaft am Boden eher zu scharf und muffig anmutet, dasselbe Getränk in 10.000 Metern Höhe als angenehm fruchtig und aromatisch empfinden. Zu erklären, warum ausgerechnet auf der Strecke Hamburg–Düsseldorf am meisten Tomatensaft konsumiert wird, bleibt freilich späteren Forschergenerationen vorbehalten. Ebenso gibt eine weitere Frage der Wissenschaft Rätsel auf: Warum funktioniert unser Geruchssinn nicht, wenn wir schlafen?

Viel Rauch um nichts

Es ist ein offenes Geheimnis: Auf vielen deutschen Frühstücksbüffets existieren No-go-Areas. Aus guten Gründen mit meist kanzerös angelaufenen Plexiglaskuppeln vom genießbaren Rest isoliert gammeln dort auf Marmorplatten Scheiben von schlierigem, durch Beta-Carotin-Zufütterung quietschorangenem Räucherlachs vor sich hin, mitunter ergänzt durch geräucherte Forellenfilets und Stückchen vom Räucheraal.
Dieses diabolische Trio begleitet in der Regel ein Töpfchen mit angegrautem Sahnemeerrettich wie zur letzten Ölung. Auch Rollmöpse, Heringshappen und Pfeffermakrelen gesellen sich gern zu diesem kulinarischen Schiffbruch. Frühstückswillige mit kunstgeschulten Augen mögen an einen unbekannten Mark Rothko denken: Wer hat Angst vor Rot, Gelb, Grau?

Diese deutschen Frühstücksfische dienen offenbar als Weihegaben für heimische Quellnymphen oder unbekannte Götter aus fernen Meerestiefen. Für den menschlichen Verzehr lassen sie ihre seimige Fadheit oder mundhöhlenmaltrātierende Penetranz ganz und gar ungeeignet erscheinen. Unter den Einheimischen hat sich das seit Generationen herumgesprochen. Die Einzigen, die man noch gelegentlich in die Fischfalle auf unseren Frühstückbüffets laufen und sich in den Stellnetzen des perfiden deutschen Pseudoposeidons verheddern sieht, sind Japaner auf Geschäftsreise oder Familienurlaub in Deutschland. Ihr unbedachter Griff zum Fisch führt dann meist zu schamhaften Kicherattacken und der prompten Entsorgung des kulinarischen Gefahrenguts im Tischmülleimer – einer weiteren Frühstücks-Grauslichkeit, untrüglicher Indikator echten deutschen Hotelhorrors.

Zwei Reiseerfahrungen haben mich von meinem ichthyologischen Trauma kuriert und von einem Nichträucher-Saulus in einen Selbsträucher-Paulus verwandelt. Ein Ausflug nach Gotland zum Sommerdomizil des schwedischen Krimigotts Håkan Nesser führte mich in einen kleinen Jachthafen an der Nordwestküste, wo ich auf Empfehlung des Erfinders von Kommissar van Veeteren eine Tranche warm geräucherten Wildlachs in einer direkt an der Mole errichteten Räucherkate aß. Welch Offenbarung! Dieser lediglich mit einer halben Zitrone servierte Fisch besaß keine Spur stumpfer Tranigkeit und perfiden Moders, sondern schmeckte leicht, saftig und fein aromatisch. Und welche Köstlichkeit eine frisch geräucherte Schwarzwaldforelle sein kann, durfte ich letzten Sommer in

einem Privathaus in Sulz am Neckar erleben. Dort hängte ein passionierter Freizeitangler vor meinen Augen frisch gefangene Forellen in seinen Tonnenofen und räucherte sie bei etwas niedrigeren Temperaturen als den sonst empfohlenen 60 Grad. Dies verlieh dem Filet der Fische ein ungewohnt feines, leicht nussiges Aroma – im Zusammenklang mit einem Rote-Bete-Carpaccio und frischem Meerrettich unbedingt einer meiner kulinarischen Höhepunkte des Jahres!

Solche formativen, das heißt lange nachhallenden Geschmackserlebnisse führen im Gedankenhaushalt eines Hobbykochs ja verlässlich zur immer gleichen Eskalation: Könnte ich vielleicht auch – Möchte ich schon gern – Will ich unbedingt – *Muss* ich *sofort* haben! Nur, wie?

Ich hatte mir Räuchern immer als eine aufwendige und vor allem mit viel kulinarischen Kollateralschäden verbundene Küchenaktivität vorgestellt. Von diesem Irrtum kurierte mich das sehenswerte YouTube-Video eines Fernsehauftritts Jamie Olivers bei *Kochen bei Kerner* selig. Der große Kommunikator der Cuisine demonstriert darin, wie man mithilfe einer schlichten durchlöcherten Keksdose im Handumdrehen einen Lachs heiß räuchert (eine überfällige Abbitte: Diese Sendung war für die Vermittlung von Küchen-Know-how nicht halb so schlecht, wie ihre Kritiker behaupteten – und zudem lässt sich in diesem Video eine Küchen-Rampensau in *action* wunderbar studieren …).

Dergestalt motiviert entschied ich mich zum Kauf einer Räucherpfanne, die mit erstaunlich wenig Aufwand das Räuchern in den eigenen vier Wänden ermöglicht. Mein derzeitiges Lieblingsrezept ist vom Gedankengut der kulinarischen Dekonstruktion inspiriert: Isländischer Skrei auf Kartoffelpüree, wobei der Witz darin besteht, dass nicht das saftige Kabeljaufilet geräuchert wird, sondern die gekochten und halbierten mehligen Kartoffeln gute fünf Minuten in den Rauch von Apfelholzchips gestellt werden. Das Ergebnis ist ebenso wohlschmeckend wie verblüffend: Der nach wenigen Minuten im Dampfgarer perfekt glasige Fisch wird von einem so vollmundigen und gleichzeitig buttrigen Raucharoma des Pürees eingehüllt, dass selbst erfahrene Zungen bei der Zuordnung der Quelle des Räuchergeschmacks ins Stolpern geraten.

Ob man sich beim Räuchern für Buchenchips oder Holzsorten wie Esche, Mesquite, Kastanie, Pekan oder Wacholder entscheidet, bleibt den individuellen Geschmacksvorlieben überlassen. Nur sollte man sich über die Herkunft des Holzes informieren – die in der industriellen Landwirtschaft eingesetzten Fungizide und Pestizide hinterlassen Spuren. Auch besitzt meine Räucherpfanne einen Gummiring am Deckel, der das Räucheraroma besonders stark annimmt; sie muss deshalb leider draußen bleiben und steht, wenn sie nicht benutzt wird, neben meinem Grill auf der Terrasse. Besonders gern räuchere ich zurzeit Gemüse und Obst. Zugegeben: Natürlich auch wegen des Verblüffungseffekts. Aber ein geräuchertes Auberginenmus, ein Kürbis oder Rotkohl aus der Räucherpfanne überzeugen genauso wie geräucherte Ananas, Melonen oder Kirschen. Seit einigen Jahren der letzte Schrei: geräuchertes Eis für Cocktails. *Was für ein unnötiges Chichi!,* mögen viele aufschreien. Ich finde: Neue Nuancen, Komplexität und Differenzierung sind in meiner Küche immer willkommen. Das Gute wird bleiben, der modische Schnickschnack bald verschwinden.

Die Diva

Der Bratapfel ist der Anarchist der Küche. Mit ihm ist kein Staat zu machen. Er fügt sich nicht ein. Er ordnet sich nicht unter. Als Bestandteil eines Menüs ist er ebenso wenig geeignet wie als Hauptmahlzeit. Und doch lasse ich für einen guten Bratapfel alles stehen und liegen. Verantwortlich dafür sind – wie so oft bei unseren Geschmacksvorlieben – die Prägungen in unserer Kindheit. Vom Schlittenfahren erschöpft nach Hause kommen und beim Öffnen der Haustür in die Aromawolken eines im Ofen brutzelnden Bratapfels eintauchen: Kann es eine kürzere Chiffre für das vollkommene kulinarische Glück geben?

Der Bratapfel ist eine Diva. Das Zusammenspiel von Süß und Sauer, von mürbem Fruchtfleisch und rauer Schale, das große Orchester der Aromen in der Füllung will erst einmal gemeistert werden. Das beginnt schon bei der Auswahl des Apfels.

Alles begann in Zentralasien. Aus den riesigen Wäldern des Altai-Gebirges verbreiteten sich vor rund zehntausend Jahren die Urformen jenes Rosengewächses, das wir Apfel nennen. Die Kernobstsorte der Äpfel genannten Bäume und Sträucher aus der Familie der Rosengewächse umfasst rund 55 Arten. Durch Einkreuzungen gewann der Baum rasch an Sortenvielfalt, im 19. Jahrhundert wurden allein in Deutschland Tausende von Apfelsorten angebaut, eine heute kaum für möglich gehaltene Vielfalt, deren Namen einem buchstäblich das Wasser im Mund zusammenlaufen lassen: Wie mag Prinz Eitel Fritz geschmeckt haben? Wie der Gewürzluikenapfel? Wie die Karminkarville, Langtons Sondergleichen, Mädchenrot oder Morgenduft, der Pfannkuchenapfel und die Rote Schafsnase? Bischofsmütze, Erdbeerapfel, der Neue Berner Rosenapfel, der Große Weinapfel und der Zitronenapfel? Das Standardwerk über deutsche Apfelsorten zu Beginn des 19. Jahrhunderts stammt von August Friedrich Adrian Diel, umfasst sage und schreibe 26 Bände und liest sich wie ein Kochbuch aus einem Feenreich, in dem man Blumensaurer, Ledersüßling, Mönchsapfel oder Buntes Sommerröschen speist. Mich machte der deutsche Schriftsteller und Verleger Michael Krüger auf diesen Sprachschatz aufmerksam, wofür ich ihm bis heute dankbar bin.

Was Apfelsorten angeht, haben wir in der zweiten Hälfte des 20. Jahrhunderts eine ungeheure Verarmung erlebt. Das liegt daran, dass das Auge nicht nur mitisst, sondern buchstäblich entscheidet, was wir essen. Im Wettstreit zwischen Auge und Zunge bleiben Geschmack und Geruch fast immer auf der Strecke. Das fade, aber visuell ansprechendere Produkt setzt sich im Vergleich zum aromatischeren, wohlschmeckenderen leider so gut wie immer durch. Deshalb liegen in unseren Supermärkten heute meist die üblichen fünf, sechs Langweiler Golden Delicious, Jonagold, Fuji, Gala, Pink Lady oder Elstar – Äpfel, die sich weniger durch ihren Geschmack als durch ihre Lagerfähigkeit auszeichnen. Diese Sorten sind für Bratäpfel, wie ich sie mag, alle nicht zu gebrauchen.

Feinsäuerlich herb muss ein Bratapfel schmecken. Ein Boskop, ein Cox oder ein Braeburn sollte es daher schon sein. Für eine Fernsehsendung sollte ich einmal Jamie Oliver interviewen und zusammen mit ihm dabei etwas kochen. In solchen Situationen geht man gern auf Nummer sicher, deshalb schlug ich vor, Bratäpfel zuzubereiten. Unsere Rezepte waren gar nicht so verschieden – die Äpfel werden entkernt und mit gehackten Mandeln und Nüssen, Rosinen und Rohrzucker, Butter, den ganz wichtigen Lorbeerblättern und Gewürznelken sowie etwas Lebkuchengewürz gefüllt, um dann je nach Größe ca. 35 Minuten im auf 180 ° Grad vorgeheizten Ofen gebacken zu werden. Zwei Zutaten verleihen Olivers Bratäpfel jedoch einen besonderen Pfiff: Er würzt seine Füllung noch mit Zesten von Orangen- und Zitronenschalen und arbeitet in das Gemisch schließlich noch einen kräftigen Schluck Single Malt Whisky ein. Nur sollten Sie anders als ich, als ich es zum ersten Mal selbst ausprobierte, keinen torfigen Whisky dafür nehmen – die Raucharomen stören den süßsäuerlichen Apfelgeschmack doch erheblich. Perfekt passt hingegen ein großzügiger Klacks guter Crème fraîche.

Zugegeben: Durch den Whisky verliert der Bratapfel seine kindliche Naivität. Aber wie schrieb schon Rainer Maria Rilke 1912 an seine Mäzenin Marie von Thurn und Taxis: »Ich habe, zu verschiedenen Zeiten, die Erfahrung gemacht, daß sich Äpfel mehr als sonst etwas, kaum verzehrt, oft noch während des Essens, in Geist umsetzen.«

Ice Ice Baby!

Zu den Küchengeräten, die kein Mensch braucht, jeder Mann aber unbedingt und um jeden Preis haben will, zählt neben einem Big-Green-Egg-Keramikgrill und Pacojet, mit dem sich Tiefgefrorenes zu einer feincremigen Mousse verarbeiten lässt, Julabo-Temperierer, Rotationsverdampfer und Sous-vide-Garer auch die elektrische Eismaschine.

Ein Mann mit einer Eismaschine ist eine gefährliche Sache. Ihm geht es wie dem berühmten Mann mit dem Hammer in der Hand, dem die Welt bald nur noch aus Nägeln besteht. Einem Mann mit einer Eismaschine wird die Welt zu Eis. Meist fängt es ganz harmlos an: Schokolade und Vanille, Erdbeer und Himbeer. Bald aber folgen Eissorten in der Geschmacksrichtung Bacon und Blauschimmel, Kartoffel und Koriander, Petersilie und Pumpernickel.

Ich brauche eine Eismaschine für eine Eissorte aus einer zehn bis fünfzig Zentimeter hohen Pflanze, nach der ich süchtig bin wie andere nach Crystal Meth. Diese Pflanze wächst in den gemäßigten Zonen und in subtropischen Gebirgen Euroasiens und wird als *Galium odoratum*, früher als *Asperula odorata* klassifiziert. Ihr glatter, dünner vierkantiger Stängel trägt längliche, in eine kurze Spitze mündende Blätter mit lanzettförmigen Nebenblättern, die in Quirlen angeordnet sind, je Stängel bis zu acht oder neun. Ihre Blüte ist reinweiß und wächst in rispigen Blütenständen. Die Blütenkrone besitzt eine deutliche Röhre, ausgebreitete Kreuzzipfel und wird sechs bis sieben Millimeter lang. Ihre Samen fassen sich an wie ein Klettverschluss, hakig-borstig nennen das die botanischen Lexika.

Gliedkraut, Herzfreund, Tabakskraut, Möösch oder Leberkraut heißen die Regionalnamen dieser zur Familie der Rötegewächse *Rubiaceae* zählenden Pflanze; geläufig ist *Galium odoratum* aber unter dem Namen Waldmeister. Im Englischen nennt man sie woodruff, im Französischen aspérule, Reine des Bois, Belle Etoile, in sehr alten Texten auch Muge-de-boys, Wälderduft. Doch Waldmeister ist eine deutsche Angelegenheit.

Man findet Waldmeister von der Niederung bis ins Gebirge meist im Unterholz von Buchenwäldern, und wie alles wirklich Wichtige lässt sich auch das aus der deutschen Literatur erfahren: »Hast du deinen Waldmeister schon?«, fragt etwa Melchior Gabor in Wedekinds *Frühlings Erwachen*, und Wendla Bergmann antwortet: »Den ganzen Korb voll. Drüben unter den Buchen steht er dicht wie Mattenklee.«

Waldmeister ist die magische Zutat der Maibowle, ein Getränk deutscher noch als Kalte Ente und ebenso simpel anzusetzen, denn man gibt einfach frischen oder getrockneten Waldmeister in weißen Rheinwein und lässt ihn darin kurze Zeit auslaugen. Auch zur richtigen Zubereitung der Maibowle hält der große Wissensspeicher namens deutsche Literatur alles Relevante parat: »Und nicht lange ziehen lassen«, schreibt Theodor Fontane im *Schach von Wuthenow*, »Waldmeister ist nicht Kamillentee«.

Doch seit den Zeiten Fontanes ist dem Rheinwein Schreckliches geschehen, und noch viel Schrecklicheres der deutschen Literatur, und deshalb ist es vielleicht doch nicht schade, dass sich die Maibowle anschickt, den gleichen Weg wie Dodo zu gehen, deren deutsche Bezeichnung Dronte mit ihr ausgestorben zu sein scheint.

Wirklich schade, jammerschade sogar, ist es allerdings um das Waldmeistereis. Es ist das beste Eis der Welt. Und doch will die Welt nichts mehr von ihm wissen, genauer gesagt: Die Welt hat es nie entdeckt. Es ist nämlich wie die Maibowle eine urdeutsche Angelegenheit und drang als unsichtbare Schmuggelware in den Eisenbahnabteilen, Bussen, Isettas und VW-Käfern in den 50er-Jahren mit der ersten Touristenwelle gerade mal bis nach Norditalien vor. Heimisch wurde es dort freilich nie, aber die Verbindung italienischer Eismacherkunst und deutscher Waldmeisterliebe sorgte in den 60er- und 70er-Jahren für ungezählte Beseligungsmomente in deutschen, aber eben nur deutschen Kindheiten. Unter den 57 Varieties der H.J. Heinz Company sucht man Waldmeister ebenso vergeblich wie unter den 31 Flavours von Baskin-Robbins.

Der Niedergang des Waldmeistereises hat mit dem in seinen Blättern enthaltenden Cumarin zu tun und mit seinem Regionalnamen Leberkraut oder Sternleberkraut. Cumarin war früher als Rattengift bekannt. Der Hauptaromastoff des Waldmeisters steht im Verdacht, mutagene oder sogar krebserregende Wirkung auszuüben, in jedem Fall wurde bei wiederholter Einnahme von Cumarin klinisch eine Leberschädigung festgestellt. Längst gibt es für die Lebensmittelindustrie eine synthetische Alternative, Dihydro-Cumarin, die ihren Geschmack dem Wackelpudding im Supermarkt verleiht.

Niemand hat es je geschafft, durch Verdrücken noch so vieler Kugeln Waldmeistereis seine Leber zu schädigen. Dennoch besiegelten einige pseudowissenschaftliche Artikel in der deutschen Boulevardpresse Mitte der 70er-Jahre das Schicksal von Waldmeistereis: Es verschwand von den Angebotstafeln in immer mehr Eisdielen und schließlich aus der Erinnerung der meisten Eisesser selbst. Mag sein, dass man das Paradies erst zu schätzen weiß, wenn man daraus vertrieben wurde. Mit meiner Eismaschine, einem Bund Waldmeister, einem halben Liter Sahne, sechs Eigelb, etwas Zucker und einem Spritzer Zitronensaft besitze ich eine Rückfahrkarte, die zum jederzeitigen Fahrtantritt berechtigt.

Gegengift

Barcelona ist die Welthauptstadt der Gourmandise. Mögen die internationalen Rankinglisten noch so sehr auf New York, Rio, Tokio insistieren. Mögen die Gewaltigen der Gastrokritik mal Paris oder London, mal Kopenhagen, Rom oder Shanghai zur Kapitale der Kochkunst krönen: Der Plumpsack liegt zurzeit in Barcelona und nirgendwo sonst.

Woran das liegt? Zum einen ganz sicher an den unzähligen Schülerinnen und Schülern der im letzten Jahrhundert weidlich hochgejazzten spanischen Kochlegenden Ferran und Albert Adrià, den Gebrüdern Roca und Juan Mari und Elena Arzak, die sich mittlerweile mit innovativen Restaurants und Tapasbars in Barcelona selbstständig gemacht haben (besonders empfehlenswert: das auf Küche aus Fernost spezialisierte *Dos Palillos* des einstigen *El Bulli*-Küchenchefs Albert Raurich in der calle elisabets 9). Zum anderen aber auch an der einfach ohnehin schon unglaublich reichen und überraschenden Gastroszene Barcelonas, die darüber nachgrübeln lässt, ob nicht doch jenseits der rein landsmannschaftlichen Verwandtschaft ein Funke der Kreativität eines Gaudís, Picassos und Dalís auf die Köche Barcelonas übergesprungen ist und deren Fantasie entzündet hat. Grundlage für das Küchenwunder Barcelonas ist das sensationelle Angebot an Gemüse und Obst, Meeresfrüchten und Fisch, Kräutern und Gewürzen in der Stadt. Wer auch nur einmal ein, zwei Stunden Zeit investiert für einen Rundgang über den Markt Boqueria an den Ramblas, dem werden die Augen überquellen angesichts der Opulenz von sensationell reifen Pimientos, Melonen und Tomaten, Auberginen und Paprika und natürlich optimal gereiftem Ibérico-Schinken in einer Auswahl und Qualität, von der man anderswo nur träumen kann.

Wie aber eröffnet man in einem solch überhitzten kulinarischen Klima wie dem Barcelonas ein neues Restaurant? Abrüstung ist da manchmal die klügste Entscheidung. Als der Schriftsteller und passionierte Hobbykoch Mathias Énard mit seinem Freund Imad El Haddad das *Karakala* (Carrer del Torrent de l'Olla, 136) aus der Taufe hob, wussten sie eines: Kein Chichi, keine Molekularküche, keine Gänseleber-auf-Rinderfilet-Tapas, davon gibt es in Barcelona wahrlich schon genug. Stattdessen schwebte Énard, der mehrere Jahre in Teheran, Damaskus und in Beirut gelebt hat, eine klassisch-klare Libanon-Küche vor: Mezze mit Hummus und Taboulé-Salat. Falafel. Jene wunderbaren Gemüsefrikadellen namens Kebbe. Baba Ganoush (Sesam- und Auberginenmus) und Gemüsecouscous. Tomate und Granatapfel zu Hackbällchen vom Lamm. Und natürlich der gute Labneh-Yoghurtkäse mit einem großen See feinen Olivenöls in der Mitte, das alles durchaus subtil gewürzt mit Minze, Koriander und der geheimnisvoll duftenden Gewürzmischung Za'atar. Unter den Hauptgerichten ragen die aromatischen Schmorgerichte heraus, sowohl die vegetarischen als auch die aus Lamm, die herrlich sämige Linsensuppe, der Oktopus »Biblos« – gegrillter Tintenfisch mit schwarzem Reis in einer säuerlichen Sumachsoße – und die perfekt saftigen Langostinos.

Gelegentlich steht Mathias Énard, der für seinen Roman *Kompass* mit dem Prix Goncourt, dem prestigeträchtigsten aller Literaturpreise seines Heimatlandes Frankreich, ausgezeichnet wurde, auch selbst in seinem Restaurant in der Küche. »Das Kochen, überhaupt der handwerkliche Umgang mit Lebensmitteln ist ein wunderbar sinnlicher Gegenpol zur abstrakten Arbeit am Schreibtisch«, verriet mir der stupend gebildete Endvierziger, der neben seinen Muttersprachen Französisch und Arabisch auch noch perfekt Spanisch und dank eines mehrjährigen Berlinaufenthalts überdies auch sehr gut Deutsch spricht.

Warme Brauntöne dominieren die Inneneinrichtung des *Karakala*. Aus den Bienenwabengittern der Lampen fällt sanftes bernsteinfarbenes Licht auf die großzügig gestellten Tische. An den Wänden verbreiten alte Reiseplakate Orientromantik. Als ich ihn nach seinem Lieblingsgericht frage, sagt Mathias Énard wie aus der Pistole geschossen: »Laban Ommo!«, Lammfleisch in Yoghurtsoße. In solchen Momenten wirkt er wie ein glücklicher Hobbit auf dem 111. Geburtstagsfest von Bilbo Beutlin.

So wie Énard im *Karakala* in Barcelona eine Küche bietet, in der sich Orient und Okzident begegnen, so prallen in Énards Romanen die verschiedensten Kulturen aufeinander. In *Erzähl ihnen von Schlachten, Königen und Elefanten* lässt er Michelangelo

Anfang des 16. Jahrhunderts nach Konstantinopel reisen, um dort auf Einladung des Sultans eine Brücke über das Goldene Horn zu bauen. Und im preisgekrönten *Kompass* wird Énard selbst zum Brückenbauer, indem er die Geschichte zwischen Orient und Okzident als wissenspralle Liebesgeschichte erzählt und mit lockerer Hand nachweist, wie tief sich Orient und Okzident über Jahrhunderte hinweg durchdrungen haben.

Wir leben in politisch interessanten Zeiten, in denen immer wieder auf die Unterschiede zwischen christlichem Abendland und islamischem Orient hingewiesen wird, nicht selten in plumper »Wir-gegen-die«-Rhetorik. Énards Roman *Kompass* und ein Besuch in seinem Restaurant *Karakala* in Barcelona sind ein notwendiges Gegengift gegen Verblödung durch kulinarische oder politische Indoktrination.

Geheimtipps

Eigentlich wollte ich über Meyer-Zitronen schreiben. In den USA gibt's diese Früchte an jeder Ecke oder zumindest in jedem besser sortierten Supermarkt. Meyer-Zitronen haben eine sehr dünne Schale, die man gut mitessen kann, ihr Saft besitzt einen an Mandarinen erinnernden Geschmack und ist süßlicher als der anderer Zitronen. Auf dem Höhepunkt ihrer Saison im Januar, Februar kann man Meyer-Zitronen zumindest in Kalifornien seit der Jahrtausendwende kaum noch entgehen. Ihre Ubiquität auf den Tellern ist fast schon so übertrieben wie hierzulande der Kult um den Bärlauch. Wobei die Meyer-Zitrone, von der kein Mensch weiß, ob sie nun aus einer Kreuzung herkömmlicher Zitronen mit Mandarinen oder Orangen hervorgegangen ist, tatsächlich sehr vielseitig verwendbar ist und sowohl Salaten wie auch Pasta und Fisch ein kulinarisches Glanzlicht aufzusetzen versteht. Im Aroma kann sie es mit Yuzu-Zitronen nicht aufnehmen. Ich esse sie am liebsten dünn gehobelt als Salat mit Fenchel, frittierten Kapern und rohen Artischocken. Benannt ist die Meyer-Zitrone nach einem modernen Abenteurer und Botaniker, dem Hollywood irgendwann gewiss ein Biopic widmen wird: dem aus Holland stammenden Pflanzensammler Frank Nicholas Meyer, der die Zitronenart 1908 aus China in die USA einführte. Meyer kam übrigens zehn Jahre später auf einem japanischen Flussdampfer auf dem Jangtse unter ungeklärten Umständen ums Leben.

Doch Meyer-Zitronen sind hierzulande so schwer aufzutreiben, dass Rezepte dafür zu schreiben im Grunde so sinnlos ist, wie wenn ich Tipps für die Aufstallung von Einhörnern oder den Aufbau einer Van-Gogh-Sammlung aufschriebe. Der deutsche Obsthandel mag die Meyer-Zitrone nicht. Ihre empfindliche dünne Schale macht sie für längere Transport- und Lagerzeiten ungeeignet, und deshalb sind und bleiben Meyer-Zitronen in Deutschland ein Geheimtipp.

Schreibe ich also über Geheimtipps, auch wenn das bedeutet, in anderer Hinsicht mit Zitronen zu handeln. Ich hasse mich jetzt schon dafür, was ich im Begriff stehe zu tun. Ein Geheimtipp ist ein tolles Restaurant an einem Ort, wo man kein tolles Restaurant zu finden erwartet. Wenn man über einen Geheimtipp schreibt oder auch nur in der Öffentlichkeit darüber spricht, hat dies zur Folge, dass ein Run auf dieses Restaurant einsetzt, sodass man am Ende selbst keinen Tisch mehr bekommt. Also schwört man sich jedes Mal, nie wieder, wirklich nie wieder über Geheimtipps wie das *Da Michele* in Baden-Baden oder das *Klösterle* in Stuttgart-Bad Cannstatt zu schreiben. Beide Restaurants verbindet eine erstaunliche kulinarische Camouflage: das *Klösterle* (Marktstraße 71, 70372 Stuttgart), eine der urigsten Weinkneipen Stuttgarts, liegt versteckt im ersten Stock des ältesten Wohnhauses Bad Cannstatts von 1463, dessen schöne Fachwerkfassade nichts zu erkennen gibt von den bodenständig zubereiteten Klassikern der schwäbischen Küche, die den Gast im gemütlichen Innenraum erwarten. Noch weiter treibt den Willen zur Tarnung das *Da Michele* (Sinzheimer Straße 4, 76532 Baden-Baden) im Stadtteil Baden-Oos: Im typischen Dekor eines Pizza-Pasta-Italieners findet man hier, einen Steinwurf vom Baden-Badener Bahnhof entfernt, große italienische Küche. Nur, wer käme inmitten der Kulisse kulinarischer Tristesse wie etwa des Bergs Pappschachteln am Eingang für die belegten Teigfladen zum Mitnehmen schon auf die Idee, diese hier zu suchen?

Baden-Baden ist für Gastronomen ein sehr gutes, für Gourmets hingegen ein sehr heikles Pflaster. Wie lässt sich, ohne in

Klischees zu verfallen, der Sachverhalt ausdrücken, dass eine aus Rentnern und Spielcasinobesuchern, Touristen, Schweizer-Franken-Freibeutern und den immer noch zahlreichen russischen Gästen bestehende Klientel zur Herausbildung einer ambitionierten Gastroszene offenbar wenig fruchtbar ist? Sondern dass eine solche Gäste-Gemengelage im Gegenteil ein ideales Biotop für zynische Abzockläden bildet? Vermutlich lässt sich dieser Gedanke in politisch korrektem Deutsch heute gar nicht mehr formulieren. Halten wir dennoch fest: Nur in Baden-Baden lässt sich erleben, dass selbst Champagner und Kaviar deprimieren können. Man muss schon die Höllenkreise der Promi-Italiener und Medien-Hotspots, der Trüffelöl-Nudeln und der tranigen Lachs-Sashimi ganz durchmessen haben, um würdigen zu können, was das *Da Michele* für Baden-Baden leistet: nichts weniger als eine kulinarische Offenbarung.

Als Vorspeisen auf der Zunge schmelzende Calameretti, ein ungewöhnlich raffiniertes Lachstartar oder eine hinreißende Kombination aus Pulpo, Cozze und Venusmuscheln in einem raffinierten leichten Tomatenfond, anschließend Pappardelle mit Rappe und Salsiccia, ein sublim gegarter Wolfsbarsch, ein gegrillter Krakenarm oder eine zarte Kalbsleber mit Kapern: Derlei Köstlichkeiten verzeichnet die handschriftlich in einem DIN-A6-Heftchen festgehaltene Speisekarte, die einem die Wirtin Ellen und Tochter Pierina mit herzerwärmender Freundlichkeit gerne erläutern. In der Küche arbeitet Vater Michele Romano mit dem im Freiburger *Colombi* ausgebildeten Sohn Vincenzo, der weiter auf den Ausbau der feinen Gemüsegerichte wie der himmlischen Parmigiana sowie der Meeresfrüchte setzt und etwa dafür sorgt, dass *Da Michele* exquisite Austern im Angebot hat, mit denen man eine Mahlzeit dort beginnen sollte. Ja, es ist möglich, sagt dieses Lokal, in dieser korrumpierten, verhurten und dekadenten Stadt Baden-Baden gut zu essen. Habe ich übrigens erwähnt, dass ich Baden-Baden liebe? Korrumpiert, verhurt und dekadent sind auch Rom, Paris und New York. Erwachsensein heißt Komplexität aushalten. Ich liebe Baden-Baden. Und ich liebe diese Stadt nicht zuletzt wegen *Da Michele*.

Baden-Baden ist eine mit den Jahren gewachsene Liebe, Stuttgart hingegen muss ich lieben, denn in dieser Stadt bin ich geboren. Auch Stuttgart macht es Ausgehwilligen nicht leicht: Jahrhunderte an Pietismus streift man nicht einfach so ab. Es ist noch nicht lange her, da verriet mir der Wirt einer Honoratiorenkneipe, er habe bestimmten Stammkunden dort den Champagner immer im Viertelesglas servieren müssen – »wege de Leut!«. Vollkommen vergessen lässt sich dieser Sozialneid auf der Terrasse der weißen Villa von Vincent Klinks *Wielandshöhe* in der für Stuttgart so begehrten Halbhöhenlage mit dem sensationellen Blick über die Stadt im Kessel. Aber weil man dort ja auch nicht die ganze Woche sitzen kann, lohnt ein Abstieg in die Stadt in die *Weinstube Vetter* in der Bopserstraße mit ihrer wunderbaren Außengastronomie

(probieren Sie die hausgemachte Tafelspitzsülze!) oder in die einige Stäffele weiter unten im Bohnenviertel gelegene *Weinstube Basta*, in den *Goldenen Adler* in der Böheimstraße, wo es eine ordentliche Flädlesuppe gibt, hausgemachte Maultaschen und ein Kalbsrahmgulasch mit Krautspätzle. An Stelle der früheren *Weinbar Kreis* am Schillerplatz hat nun die *Brothandlung Grau* eröffnet und mit Mark Stichler einen kompetenten Mann für die angegliederte wunderbar relaxte Bar gefunden. Mit Stichler kann man nicht nur über Wein fachsimpeln, er ist auch Schrifsteller und hat packende Krimis und historische Romane veröffentlicht. Wer bei einem Glas hier ganz unverhüllt servierten Champagner die Schillerstatue von Bertel Thorvaldsen betrachtet, das erste Dichterdenkmal Deutschlands überhaupt, über das sich der württembergische König damals mehr als geärgert hat, dem zeigt sich Stuttgart von seiner angenehmsten Seite.

Der erste Bundespräsidenten Theodor Heuss sagte einmal: »Es gibt kein dichterfreies Oberamt in Schwaben.« Das stimmt, aber Schwaben ist insofern eine ganz besondere

Region Deutschlands, als hier zwar jede Menge bedeutender Menschen geboren wurden, aber kaum einer gestorben ist. Anders der heute unterschätzte Thaddäus Troll, wahrlich kein harmloser Heimatdichter, sondern ein rasiermesserscharfer Analytiker des schwäbischen Wesens und des städtebaulichen Grauens der Nachkriegszeit in Schwaben (man lese etwa seine Tiraden über die Verschandelung der Ortsdurchfahrt von Winnenden). Troll entdeckte lakonischen Humor im Charakter der Schwaben – nie besser dokumentiert als in seinem Witz der schwäbischen Ehefrau, die ihren Mann zur Rede stellt: »Du, se saget, s' Pfunderers Aschtrid dät a Kend kriage.« – »Dees isch ihr Sach!« – »Se saget aber, dees Kend sei von dir.« – »Dees isch mei Sach!« – »Wenn dees wohr isch, gang e en de Necker.« – »Dees isch dei Sach!« Thaddäus Troll entschied sich im Alter von 66 Jahren ganz bewusst für Stuttgart als Sterbeort und ließ in der Manier eines schwäbischen Seneca an seinem Grab einen selbst geschriebenen Nachruf verlesen sowie einen Umtrunk mit Trollinger aus Bad Cannstatt veranstalten.

Heute sitzt der *Entaklemmer*, Thaddäus Trolls berühmteste Figur aus seiner von Molières *Geizigem* inspirierten Theaterstück, in Bronze auf einem Bänklein auf einem kleinen nach ihm benannten Platz in Trolls Geburtsort Bad Cannstatt. Unmittelbar dahinter liegt das *Klösterle*. Im Sommer, wenn man unter den Linden im Hof sitzen und exquisite Weine von lokalen Winzern wie Wöhrwag, Aldinger, Dautel, Schnaitmann oder Zaiß trinken kann und dazu bodenständige und preiswerte Spezialitäten wie Saure Nierle, zarte Kutteln, den obligatorischen Zwiebelrostbraten mit den selbstverständlich handgeschabten Spätzle oder einfach Wurstsalat essen kann, befindet man sich mitten in einer jener schwäbischen Idyllen, deren systematische Zerstörung Troll betrauerte.

Zaubertrank

Wir kochenden Männer sind manchmal lustig. Da genügt ein Restaurantbesuch, und schon wissen wir, dass wir ohne nicht mehr leben können. Ohne eine *Cona 33717 Traditional Table Model A – Made in West Germany*. Es handelt sich um eine sogenannte Kolbenkanne, auch Vakuumbereiter genannt: Eine sehr schick aussehende Maschine bestehend aus zwei kindskopfgroßen Glaskolben, verbunden durch ein Steigrohr, das von einer Gummimanschette ummantelt wird. Ein Spiritusbrenner am unteren Glaskolben sorgt für Hitze. Gedacht war die Cona- oder Kolbenkanne ursprünglich als Kaffeemaschine – mit der aparten Pointe, dass in der Cona-Kanne das Wasser von unten nach oben zum Kaffeepulver steigt, statt wie beim konventionell aufgebrühten Filterkaffee seinen Weg von oben nach unten durch den Kaffeefilter anzutreten.

Was aber, wenn eine solche, übrigens ätherisch schön aussehende Maschine – habe ich das nicht schon erwähnt? –, in die Hände eines kreativen Kochs fällt? So geschehen im *Chalet 18*, einem inzwischen leider geschlossenen Bistro in Frankfurt-Bockenheim mit nur 18 Plätzen, in dem Christian Poulter und seine für den Service zuständige Frau Valerie Wagner eigentlich französische Küche anboten. Auf der Karte stand allerdings auch eine Pekingente, die es in sich hatte. Und bei dieser Pekingente kommt die Cona-Kanne ins Spiel. Poulter ließ nämlich eine dunkelbraune Entenbrühe in dem Zauberkessel servieren und bei Tisch erhitzen. Nach kaum einer halben Minute blubberte die Suppe unter der Flamme des Spiritusbrenners in den oberen Glaskolben, wo sie Nelken, Pfefferkörner, Kaffirlimettenblätter, Muskatblüten und Zimtstangen sowie einige andere Gewürze in ein heißes Bad tauchte. Bald sammelte sich die solcherart aromatisierte Flüssigkeit der Schwerkraft gehorchend wieder im unteren Kolben und wurde in die wartenden Suppenschalen gegossen. Poulters Entenbrühe war mehr als ein spektakulärer Auftakt zu einer von A bis Z köstlichen Mahlzeit. Die in der eigentümlichen Kaffeekanne verfeinerte Consommé besaß eine solche Geschmacksdichte, dass sie buchstäblich wie die Essenz der Ente wirkte. Die Brühe erinnerte daran, was solch flüssige Speise sein kann: wärmende Verlockung und Magenschmeichler, Appetitanreger und Trostessen schlechthin.

An der richtigen Zubereitungsweise solcher Brühen bin ich viele Jahre gescheitert. Ihr Geheimnis blieb mir so hartnäckig verborgen wie den Römern das Rezept für Miraculix' Zaubertrank, für dessen Wirkung Erdbeeren bekanntermaßen nicht unbedingt notwendig sind, wohl aber für dessen Geschmack. Lange saß ich beim Kochen von Suppen und Fonds einem Fehler auf. Ich dachte, entscheidend für den Geschmack seien neben erstklassigen Zutaten lange Kochzeiten und die entsprechende Reduktion der Flüssigkeit. Im Kopf machte ich die Milchmädchenrechnung auf: Je weniger Wasser am Ende übrig blieb, desto mehr Geschmack musste der Sud enthalten. Und doch stand ich immer wieder vor einem kulinarischen Rätsel, denn selbst wenn ich meine Suppen bis auf einen kleinen Bodensatz eindampfte, kam ich an das befriedigend volle Umami-Geschmacksbild von Suppen wie der im *Chalet 18* verkosteten Entenbrühe auch nicht annähernd heran.

Das Geheimnis ist die Consommé double. Wie hatte ich Trottel die nur vergessen können? Zum Glück tauchte irgendwann in meinen Kindheitserinnerungen an meine kochende Großmutter wieder auf, dass diese bei großen Gästeessen, die in Schwaben selbstverständlich mit einer Suppe begannen, ja ganz anders vorgegangen war. Eben mit der Zubereitung einer Consommé double. Hierbei wird die herkömmlich hergestellte Brühe – also die mit kaltem Wasser aufgegossenen, angeschmorten Knochen und Gemüse und Gewürze – nach dem Erkalten entfettet und dann ein zweites Mal aufgekocht – diesmal aber mit einer Mischung aus durch den Wolf gelassenem Fleisch, Gemüse und Eiweiß. Nicht nur führt der bald zur Oberfläche aufsteigende Fleisch-Gemüse-Kuchen zur erwünschten Klärung der Brühe, nach etwa zwanzigminütigem Köcheln verleiht er der Suppe eine Geschmacksintensität, die auf andere Weise nicht zu erreichen ist. Am Ende wird die Suppe langsam durch ein Mulltuch filtriert, wobei man auf das Ausdrücken des Klärfleischs verzichten sollte, um ein erneutes Eintrüben der Brühe zu vermeiden. Ob Suppen aus Gemüsen, Fisch oder Fleisch: Die Vorgehensweise bleibt immer dieselbe und liefert ein Produkt, das ich liebevoll meine Ursuppe nenne

und die entweder als verheißungsvoller Menüauftakt als heiße Brühe serviert wird oder als Grundlage feiner Soßen dient.

Das Wort Ursuppe hat in doppelter Hinsicht seine Berechtigung. Tatsächlich ist der Küchenanthropologie zufolge die Suppe vermutlich die älteste Mahlzeit des Menschen. Bei ausbleibendem Jagderfolg ermöglichte die aus den Resten früherer Mahlzeiten und allerlei Gesammeltem hergestellte Suppe eine nahezu beliebig streckbare Verköstigung. Der Harvard-Primatenforscher Richard Wrangham vertritt sogar die These, dass erst das Kochen mit Feuer und die dadurch mögliche bessere Proteinausnutzung uns zu Menschen gemacht hat. In jedem Fall stand die Suppe ein zweites Mal am Anfang: In den ersten Restaurants, die in der Folge der Französischen Revolution von den entlassenen Köchen des Adels gegründet wurden, standen hauptsächlich »restaurative« Brühen auf der Karte.

Als Beef tea, Consommé oder Knochenbrühe (bio etwa im Netz bei *Brox*: https://shop.bonebrox.com/) haben heiße Brühen derzeit international Konjunktur. Insbesondere an Wintertagen lässt sich kaum ein besserer Start in den Tag denken als eine Tasse dampfender Rinderbrühe oder die für das japanische Frühstück *Asagohan* obligate Misosuppe. Und wenn in meiner Kölner Wohnung nach zehn Stunden geduldigen Köchelns die satten Aromawölkchen einer Consommé double durch den Flur ziehen, bin ich von der Primogenitur der Suppe als älteste aller Speisen vollkommen überzeugt: Große Suppe unser, wir loben dich, wir schlürfen dich, wir lieben dich!

Mundpropaganda

Beim Essen gilt wie in der Literatur: Die wirkungsvollste Werbung für ein Restaurant oder für ein Buch ist die persönliche Empfehlung. Rätselhafterweise nennen das viele Menschen wohl in Anlehnung an die Mund-zu-Mund-Beatmung Mund-zu-Mund-Propaganda statt Mundpropaganda, genau wie manche lieber von einer Tri*o*logie sprechen als von einer Trilogie. Man könnte darüber achselzuckend hinweggehen, nur ist Ungenauigkeit in der Küche genau wie in der Literatur eine Todsünde, weshalb Sven Regener von *Element of Crime* ja auch sehr einleuchtend singt: »Sprache ist, das wissen wir, das allerhöchste Gut, und ohne Klarheit in der Sprache ist der Mensch nur ein Gartenzwerg.«

Irgendwann gerät jeder in die Situation, in einer fremden Stadt essen gehen zu wollen und dafür auf einen der einschlägigen Führer zurückgreifen zu müssen. Bei mir war das zuletzt in der Weihnachtszeit in Hamburg der Fall. Gern wäre ich in Kevin Fehlings *The Table*, ins *Seven Seas* oder in *Jacobs Restaurant* gegangen, allein: Alles, was in Hamburg in diesen Tagen kulinarisches Renommee aufzuweisen hatte, war von weihnachtsfeiernden Firmen ausgebucht. Also telefonierte ich die Liste der vom Michelin-Führer besternten Lokale einfach durch und landete schließlich im *Se7en Oceans*, wo ich zwar keinen Tisch im Restaurant mehr ergatterte, dafür aber einen Platz an der Sushi-Bar. Ballindamm 40 lautete die Adresse, die in meinen süddeutschen Ohren mächtig vornehm klang, und so machte ich mich denn frohgemut und erwartungsvoll vom *Hotel Atlantic* aus zu Fuß auf den Weg und ließ meine Schritte von Google Maps leiten. Wer beschreibt mein Entsetzen, als ich statt vor der erhofften weißen Villa in einer Shopping Mall an der Binnenalster landete, die sich Europa-Passage nannte und mir alles an Hässlichem und Abgeschmacktem feilbot, was Einkaufzentren zu Anfang des 21. Jahrhunderts zur Weihnachtszeit eben so im Angebot haben? Die kulinarische Hölle hat einen Namen. Sie heißt Food Court und ist eine endlose Aneinanderreihung von Burger-Bratern, Döner-Brutzlern und Pizza-Knetern, Schnitzel-Klopfern und Wok-Schüttlern, Smoothie-Mixern und Paella-Rührern, Pommes-Frittierern und Hähnchen-Grillern. Ein ganzes Stockwerk nimmt die Ansammlung der Fast-Food-Buden in der Europa-Passage ein, allesamt mit Zwergenmöbeln ausgestattet, wie man sie früher nur in Kindergärten fand. Zur optimierten Platzausnutzung im Kapitalismus werden diese Miniaturen immer öfter aber auch Erwachsenen zugemutet, die sich in der Europa-Passage nun wie Gulliver im Lande Liliput mit ihren Einkaufstüten in die Bänkchen, auf die Höckerchen und an die Tischchen zwängten und dabei so grotesk missgestaltet wirkten, dass man hätte lachen könnten, wenn die von fettigen Miasmen der Brutzelbuden, aufdringlichen Parfums und Adventskerzenrauch geschwängerte Luft einem dies nicht verleidet hätte. Die Sushi-Bar des *Se7en Oceans* befand sich an einem Ende dieses lukullischen Tals der Tränen. Zugegeben: Das Sashimi dort war gar nicht übel. Der Service mustergültig freundlich. Aber die Fallhöhe zwischen meinen Erwartungen und der tristen Realität ringsum war so groß, dass reichlich Champagner fließen musste, um sich diese Shopping Mall schönzusaufen. In Tokio, in Hongkong oder auch in Dubai oder Dallas hätte ich damit gerechnet. Nicht aber in der schönsten Stadt der Welt (wenn es nicht regnet …). Das Auge isst schließlich mit. Aber hätte ich nicht vorgewarnt sein müssen, dachte ich mir, als ich traurig einen Klacks Wasabi in der Sojasauce verrührte. Trägt ein Restaurant, das sich den enorm hässlichen Namen *Se7en Oceans* gibt, die Warnung nicht schon im Namen?

Doch so ein Reinfall kann mein Vertrauen in die Gastroführer nicht erschüttern. Insbesondere der seit 1997 verliehene *Bib Gourmand* für Restaurants mit besonders gutem Preis-Leistungs-Verhältnis ist ein guter Ratgeber für den kulinarischen Alltag. Die letzte Entdeckung, die ich dem *Bib Gourmand* verdanke, ist das spektakuläre *Kochu Karu* in Prenzlauer Berg (Eberswalder Str. 35, 10437 Berlin), wo der spanische Koch José Miranda Morillo und die koreanische Opernsängerin Bini Lee eine asiatische Tapas-Küche anbieten, die auch verwöhnten Zungen Neues bietet und genau die richtige Balance zwischen vertrautem Comfort Food und innovativen Paarungen hält. Etwa das Ibérico-Schwein mit Edamame, Königs-Farn und Süßholz-Sancho-Jus oder die sehr leckeren Sepia-Dumplings mit Mojo verde, eine aufregende Variante der buddhistischen

Tempelspeise mit Chicorée, Buchweizen und Wildorange sowie eine geniale Adobo-Makrele, erst gebeizt, dann kurz gegrillt, die im Zusammenspiel mit Gerste und eingelegter Aprikose einen veritablen Aromentanz auf der Zunge vollführt. Neben dem souverän zwischen koreanischen und spanischen Elementen navigierenden Koch ist der größte Trumpf des *Kochu Karu* die Serviceleiterin Bini Lee, die einmal im Monat zum »Sing-Mahl« lädt und die Kreationen ihres Ehemanns mit geschmetterten Opernarien begleitet. Ein großer Spaß – für ungewöhnlich kleine Münze.

Sein und Zeit

Gelegentlich werde ich gefragt, ob ich zur Bewältigung meines Lesepensums eine sogenannte Speed-Reading-Technik benutze, also eine Art Querlesen praktiziere. Ich antworte dann immer, das wäre in etwa so, als bäte ich als Gastrokritiker einen Koch, mir doch sein Degustationsmenü zu pürieren, damit ich es auf einen Gulp konsumieren kann. Ein solcher Smoothie aus der Hölle würde dann zwar alle Ingredienzen des Menüs enthalten. Eine wie auch immer geartete ästhetische Erfahrung, und die ist ja stets mit sinnlichem Genuss verbunden, lässt sich auf diese Weise aber sicherlich nicht machen.

Dennoch: Timing ist alles. Wenn in meiner Küche etwas schiefläuft, hat das meist mit Zeit zu tun. Entweder habe ich mir nicht genug Zeit für die Vorbereitungen genommen – das von Küchenprofis etwas hochtrabend *Mise en Place* genannte Bereitstellen von Geräten und Zutaten, Gewürzen und Geschirr –, oder ich habe den Garpunkt meiner Speisen nicht im Griff. Wie oft habe ich mich innerlich geohrfeigt, weil mein Fischfilet nicht mehr schön glasig, mein Rehrücken nicht mehr rosa und mein Spargel nicht mehr knackig, sondern latschig war? Und das nur, weil das Plappermaul von Koch sich mal wieder auf sein Gefühl verließ und lieber noch am Tisch mit den Gästen eine Anekdote zelebrierte, statt sich ums Essen zu kümmern. Dabei weiß man doch spätestens durch den Loriot-Sketch vom Frühstücksei, dass mit dem Gefühl vielleicht mit-

 unter etwas nicht stimmt – und sei es bei der Zubereitung eines Viereinhalb-Minuten-Eis. Inzwischen habe ich meine Lektion in Demut gelernt und vertraue gnadenlos meinem Küchenwecker. Gewiss, das Piepsen nervt – aber noch mehr nervt, erstklassige Produkte durch Unachtsamkeit zu verhunzen.

Im grimmschen Märchen macht die Bereitschaft, auf den Hilfeschrei der im Backofen verbrennenden Brote oder der reif am Baum hängenden Äpfel zu achten, den Unterschied zwischen Goldmarie und Pechmarie aus. In der Küche ist es nicht anders. Zum Glück hat sich durch die Entdeckung der Regionalität als kulinarisches Leitprinzip in den letzten Jahren auch ein Umdenken ereignet, was Saisonalität angeht: das Bewusstsein, dass jedem Produkt ein *peak* innewohnt, ein kurzer Moment der optimalen Reife und des höchsten Genusses. Inzwischen wissen immer mehr Menschen, dass Himbeeren, Melonen oder Erdbeeren nicht das ganze Jahr über Sommer auf unsere Zungen zaubern. Und doch erleben wir oft mit unseren frischen Einkäufen Frust: Statt prachtvoll aromatisch schmeckt der Apfel mehlig und nach nichts. Die Banane pelzig fade. Das Kabeljaufilet muffelt. Die Birne ist ein faseriges Nonevent. Die Steinpilze erweisen sich als aromenlos und moderig. Der Camembert liegt wie ein Stück Plastik auf der Zunge. Der Mangold taugt höchstens als Tapete. Die Stachelbeere ist stumpf. Selbst der weiße Spargel schmeckt holzig und bloß nach Wasser. Und das alles nur, weil wir den richtigen Zeitpunkt verpasst haben! Unsere Einkäufe hatten entweder nie die Chance, reif zu werden, weil sie zu jung geerntet und in sonnenlosen Lagerhallen mittels künstlicher Temperaturen und Atmosphären »nachgereift« wurden. Oder sie wurden falsch gelagert und haben den Zenit ihres besten Geschmacks längst überschritten. Die Kunst, ein Auge für den richtigen Zeitpunkt zu haben, zählt zu den ältesten Überlebenstricks der Menschheit.

Zeit ist aber auch in noch anderer Hinsicht entscheidend. Ich bestelle in Restaurants gern Gerichte, von denen ich weiß, dass ihre Zubereitung viel Aufwand bedeutet. Das schiere Gegenteil von Fast Food sind oft altmodische Gerichte wie Hechtklößchen auf Spinat, ein Ragout fin mit Morcheln, Baeckeoffe, Bouillabaisse, eine portugiesische Cataplana oder gern auch Schmorgerichte wie Ochsenschwanzragout. So essen ist das Gegenteil dessen, was ich als kulinarische Horrorvorstellung aus New York in Erinnerung behalten habe: die *Hourglass Tavern*. In diesem auf Musicalbesucher spezialisierten Restaurant in Hell's Kitchen auf der Westside Manhattans drehte der Kellner eine Sanduhr um, sobald man sich zu Tisch setzte, und es blieben dem gestressten Gast exakt 60 Minuten, um das Dreigangmenü zu verzehren …

Time is on my side … Anders, als die Rolling Stones sangen, ist im Restaurant die Zeit oft schlicht gegen uns. Neulich erging es mir im Gourmetrestaurant eines Grandhotels an der Ostsee so. Schon bei der Anreise lief alles schief: Der Flug landete verspätet, das Navigationssystem des Mietwagens erwies sich als intuitiv schlecht erfassbar, und statt wie angekündigt um 20 Uhr 45 trafen wir erst um 21 Uhr 30 ein. Wir beschränkten uns auf zwei Gänge, bestellten eine Flasche Champagner und freuten uns auf das avisierte Kaviarmenü. Zu allem Unglück war meine Begleitung jedoch eine extrem langsame Esserin. In Verbindung mit unserer Verspätung löste das im offenbar überarbeiteten Oberkellner nach dem ersten Gang eine Mischung aus Nervenzusammenbruch und Wutanfall aus. Im schrillen Ton eines »Heulers« aus Rowlings *Harry Potter*-Romanen prasselte ein Erguss von Vorwürfen auf uns nieder. Von Rücksichtslosigkeit und Egoismus war die Rede, von Personalverantwortung und Gewerkschaften sowie von unterschiedlichen Essenszeiten auf dem Land und in der Stadt. Zehn Minuten vor Mitternacht verließen wir wie begossene Pudel den ungastlichen Ort und zogen Richtung Bar. Die Zeche lag bei knapp unter 500 Euro, und ich gebe zu, ich war nach diesem missglückten Abend recht verdrossen. Inzwischen finde ich es eher amüsant, so einen *meltdown* im Service einmal am eigenen Leib erlebt zu haben. Und vor allem ist mir am Ostseestrand die Weisheit der englischen Redensart klar geworden: *time and tide wait for no man*, die Zeit und die Flut warten auf niemanden. Es wäre angesichts der sich abzeichnenden Verspätung vernünftiger gewesen, die Reservierung abzusagen und sich mit einem Happen an der Bar zu bescheiden. Aber wer ist schon immer vernünftig?

»Rübe, Rübe, Weiße Rübe …«

Nirgendwo finde ich mehr Heimat in der deutschsprachigen Literatur als in den weit ausschwingenden Satzperioden Theodor Fontanes. Der Autor von *Der Stechlin*, *Effi Briest* und *L'Adultera* ist mir weit mehr als der Chronist der deutschen Industrialisierung, der Wanderer durch die Mark Brandenburg oder der Spezialist für Eifersucht, Ehebruch und den Ehrenkodex preußischer Adliger. Seit vierzig Jahren bedeutet mir Fontane in meiner Muttersprache das, was Jane Austen mir im Englischen bedeutet: ein nie versiegender Quell von Vergnügen, Anregung, ja Beseligung. Und wie das so ist mit Lieblingsdichtern, im Lauf eines langen Leserlebens beginnt man sich noch für die absonderlichsten Nebensächlichkeiten in Leben und Werk desjenigen zu interessieren, der einem so viele glückliche Stunden beschert hat. Zum Beispiel: Was hat Theodor Fontane eigentlich gegessen und getrunken?

Aber was heißt hier Nebensächlichkeiten? Stammt von Fontane nicht der Satz: »Wenn man die Wahl hat zwischen Austern und Champagner, so pflegt man sich in der Regel für beides zu entscheiden.« Mit den Romanen Fontanes kann man nicht nur lesen, sondern auch leben lernen. Doch kann man aus ihnen auch kochen lernen?

Zugegeben, ein ziemlicher Suppenkasper war er schon – oder sagen wir lieber ein Suppenfreak, denn Fontane hat die Suppe nicht verweigert, sondern liebte Suppe über alles. So sehr, dass er acht Suppen binnen sieben Tagen aß: erst Kartoffelsuppe, dann Linsensuppe, Wirsingsuppe, Weißkohlsuppe, Erbsensuppe, Bohnensuppe, Kerbelsuppe und schließlich eine Bouillon mit Ei. Wer macht so was? Nur um sogleich, wie ein kürzlich aufgefundener Wochenspeiseplan belegt, den sehr geschätzten Schinken auffahren zu lassen, Hammel- oder Rinderbraten, seltener auch Schweinekarbonaden oder Entenklein. An hohen Fest- und Feiertagen kamen auch mal Rebhühner, Fasan, Hirsch oder Reh auf den Tisch, in Begleitung jeweils wechselnder Soßen, etwa Kapern-, Zwiebel-, Pickle-, Mostrich- oder Kümmelsoße. Als Beilagen geschälte Kartoffeln, Bratkartoffeln, Quetschkartoffeln, grüne Kartoffeln, saure Kartoffeln, Apfelreis, Rosinenreis oder Reis mit Maccaroni(!). Dazu Möhren oder Bohnen, Spargel und Schoten, Dillgurken, Pfeffergurken, Rote Rüben oder Selleriesalat. Zum Dessert dann Windbeutel, Apfel- oder Pflaumenkuchen, Schlagsahne und Pumpernickel, englische Tarts und Roly Poly (ein Wickelbiskuit mit Marmeladenfüllung).

Dass er einen Suppentick hatte, war Theodor Fontane selbst nur zu bewusst. In einer wunderbaren Stilparodie auf den Auftritt der drei Hexen in Shakespeares *Macbeth* schrieb er 1867 ein Gelegenheitsgedicht über die von ihm heiß geliebte Weiße-Rüben-Suppe:

»Rindfleisch schlage, stampfe, klopfe,
Brüh es ab im irdnen Topfe,
Spargelschnitzel, Portulacke
Nimm aus sauberm Sommersacke,

Morcheln, eine ganze Sippe,
Ziehe von der Fensterstrippe,
Petersilie, Kohl vom Wirsich,
Sellerie (den ›Bowlenpfirsich‹),

Gelbe Möhren, große, runde,
Laß sie kochen eine Stunde,

Laß sie kochen, bis die Trübe
Klar sich schäumt, – dann Rübe, Rübe,
Weiße Rübe schnell hinein,
Und so wird's gelungen sein.

(Macbeth, Koch)«

Theodor Fontane muss einen gusseisernen Magen besessen haben, sollte man meinen. Doch das Gegenteil war der Fall. Fontane, hypersensibel und immer auf dem Quivive sowohl in seinen Jahren als Festangestellter wie als Freiberufler, litt zeit seines Lebens unter »totalen Nervenpleiten«, und die schlugen ihm auf die Verdauung. Kein Wunder, darf man mit Blick auf seine Ernährungsgewohnheiten feststellen. Ehefrau Emilie, seiner Sandkastenliebe, oblag es dann, ihn wieder aufzupäppeln – sofern ihr die vier Kinder und ihre Tätigkeit als Managerin des »Romanschriftstellerladens« Theodor Fontanes dazu Zeit ließen. Es bedarf keines Ökotrophologen, um zu erkennen, dass nur wahre Rossnaturen so eine Fontane-Diät auf die Dauer aushalten. Doch nichts, was der Dichter zu Lebzeiten zu sich genommen haben mag, hält einem Vergleich stand mit dem, was man ihm heute zumutet.

In seiner Geburtsstadt Neuruppin, wo im Mai 2019 in Anwesenheit des Bundespräsidenten eine sehenswerte Leitausstellung zum Zweihundertsten des Dichters eröffnet wurde, treibt der Fontane-Kult schaurige Blüten. Ein *Fontane-Döner* hält allerlei fettige Scheußlichkeiten (»Schnitzeldöner«) bereit, *Fontane's Grill und Curry* warnt immerhin schon durch den falschen Apostroph im Namen vor seinem Angebot (»Bulette mit Nudelsalat«). Aber nur, wer das »Fontane Menü« in der *Seewirtschaft* der Fontane-Therme durchlitten hat, weiß, was man im Land der Dichter und Denker seinen großen Söhnen und Töchtern anzutun in der Lage ist. Die »Süßwasser-Bouillabaisse unter der Blätterteighaube« enthält zwar tatsächlich Spuren des angekündigten Flusskrebses, auch von Zander, Hecht, Wels und

Forelle, doch statt eines Blätterteigs deckt die Suppenschüssel ein an ein indisches Papadam erinnernder Teigfladen, der wohl eher als Grabstein für das fade Süpplein gedacht war. Auch das aromenfreie »Perlhuhn und Gemüse aus der Kokotte« hätte man lieber in dem Schmortopf belassen, und »Mutter Fontanes Brotpudding« war so drüsch wie die in Portwein pochierte Birne faserig.

Und doch bin ich trotz dieses Neuruppiner Gastroattentats von einem felsenfest überzeugt: In Theodor Fontanes Werk lässt sich die Basis finden für eine neue preußische Küche jenseits von Solei und Bulette. Allein das im vierten Kapitel von Fontanes letztem und bestem Roman beschriebene Paradegericht im Stammsitz des alten Stechlin regt meine kulinarische Fantasie stets aufs Neue an: »Das Mahl war inzwischen vorgeschritten und bei einem Gange angelangt, der eine Spezialität von Schloß Stechlin war und jedesmal die Bewunde-

rung seiner Gäste: losgelöste Krammetsvögelbrüste, mit einer dunklen Kraftbrühe angerichtet, die, wenn die Herbst- und Ebereschentage da waren, als eine höhere Form von Schwarzsauer auf den Tisch zu kommen pflegten. Engelke präsentierte Burgunder dazu, der schon lange lag, noch aus alten, besseren Tagen her, und als jeder davon genommen, erhob sich Dubslav, um erst kurz seine lieben Gäste zu begrüßen, dann aber die Damen leben zu lassen.«

Ließen sich die inzwischen als Wacholderdrosseln unter Naturschutz stehenden Krammetsvögel gegebenenfalls durch Wachteln ersetzen? Und wie muss man sich diese »höhere Form von Schwarzsauer« vorstellen? Wirklich als Blutsuppe mit Essigsud? Ich weiß jedenfalls, was ich kommende Weihnachten in meiner Küche ausprobiere. Schließlich gilt es, spätestens zu Fontanes 250. eine kulinarische Scharte auszuwetzen.

»Conditum Paradoxum«: Eine unbequeme Wahrheit über Glühwein

Die Hölle ist heiß. Die Hölle ist klebrig. Die Hölle ist süß. Die Hölle heißt Glühwein. Alle Jahre wieder verwandeln sich von Rostock bis Konstanz, an Isar, Donau und Main und auch an Rhein und Ruhr, an Alster und Spree deutsche Innenstädte in ein flächendeckendes Elend namens Weihnachtsmarkt. Wie das Christentum Europa in tausend Jahre Dunkelheit stürzte, so legen sich die Weihnachtsmärkte wie ein Leichentuch des kulinarischen Stumpfsinns über das Land. Bude an Bude haben sie unfassbare Hässlichkeiten im Angebot: den leider nicht mit der DDR untergegangenen Weihnachtskitsch aus dem Erzgebirge. Minderwertige Textilien, in denen man keinen Hund begraben möchte. In ranzigem Öl gebackene Fertigteigkringel. Schlechte Würste aus Quälfleisch. Allerlei vermutlich in Kinderarbeit gefertigten Tand, falsche Perlen, Spiegelscherben, bunte Glasstückchen, in früheren Jahrhunderten allenfalls tauglich, arglose Indigene in unfairem Handel himmelschreiend zu übervorteilen. In Brandmalereitechnik auf Holzbrettchen aufgebrachte »Klo-Ordnungen« und »Toiletten-Regeln« mit skatologischen Lebensweisheiten à la »Wenn's Arschl brummt, ist's Herzl gsund« oder »Siehst du die Reste deiner Würste, sei so nett und nimm die Bürste«, die Deutschland als einig »Pipi-Kaka-Land« erscheinen lassen und mir einen der peinlichsten Momente meines Lebens bereiteten, als mich eine englische Studienfreundin einmal darum bat, ihr doch die seltsamen Aufschriften auf diesen Holztäfelchen zu übersetzen. Bach, Goethe, Beethoven, Thomas Mann, Hannah Arendt, Loriot, der deutsche Riesling, das deutsche Brot, die deutsche Wurst, der FC Bayern oder Alice Schwarzer: Es gibt wahrlich viele gute Gründe, stolz auf Deutschland zu sein. Der Weihnachtsmarkt gehört nicht dazu.

Niemand hat jemals auf einem Weihnachtsmarkt irgendetwas erworben, was irgendein Mensch braucht. Es geht auf einem Weihnachtsmarkt nicht darum, Hungrige und Durstige zu sättigen oder irgendwelche nützlichen Produkte anzubieten. Es geht um ein Brandopfer. Wie die Götter des antiken Griechenlands sich angeblich am Geruch des verbrannten Fetts der Opfertiere labten, sodass die edleren Fleischteile praktischerweise zum privaten Verbrauch unter den Priestern und Gläubigen verteilt werden konnten, so liegt der Hauptzweck eines Weihnachtsmarkts in der Erzeugung eines alles penetrierenden Geruchs, an dem sich Besucher und Anwohner gleichermaßen über viele Wochen erfreuen können. Gebrannte Mandeln und Nüsse, Zuckerwatte, Lebkuchen, kandierte und glasierte Früchte, Kräuterbonbons, Waffeln und gebackene Bananen bilden die Kopfnote. Unmittelbar danach dringt die Herznote in die Nase: ein komplexes Bouquet aus Backfisch und Bratwurst, Magenbrot, Schwenkbraten und Flammkuchen. Die Basisnote eines jeden anständigen deutschen Weihnachtsmarktgeruchs besteht aber immer aus Glühwein. Allerdings, und dies ist der springende Punkt, Glühwein in mindestens drei Aggregatzuständen: der in großen Kesseln auf offenem Herd kochende Glühwein. Der ausgeschiedene Glühwein in Form von Urin, bevorzugt an Budenwänden, Laternenpfählen oder Marktbäumen verteilt. Und nicht zuletzt der erbrochene Glühwein, im Lauf des Marktgeschehens zunehmend ubiquitär.

2020 blieben uns, Corona sei Dank, die Miasmen der Weihnachtsmärkte erspart. Jauchzet. Frohlocket! Auf, preiset die Tage! Das muss gefeiert werden. Wie wär's mit eine Runde Glühwein? Denn bei allen Einwänden gegen Weihnachtsmärkte: Eigentlich mag ich Glühwein ganz gern. Nur nicht das,

was unter diesem Namen in Tetrapacks und mancherorts selbst als Winzerglühwein angeboten wird, meist in dickwandigen, wie von grobmotorischen Neandertalern geformten Gefäßen, für die das Wort potthässlich zu Recht erfunden wurde. Ich weiß nicht, wie oft ich schon auf einen Weihnachtsmarkt gelockt wurde mit dem Versprechen, endlich habe man eine Bude mit einem annehmbaren Glühwein gefunden. Sogar in Bio-Qualität. Aber die deutsche Sparfuchsmentalität lässt es einfach nicht zu, die unbequeme Wahrheit zu akzeptieren, dass für Glühwein derselbe unbestechliche Maßstab gilt wie fürs Kochen: Die Qualität liegt im Produkt. Es ist ein Kinderglaube, dass man durch Erwärmen und Würzen eines Weins über dessen Geschmacksfehler hinwegtäuschen kann. Was kalt ein schlechter Wein ist, wird warm nicht besser.

Also besiegen wir den deutschen Geizhals in uns. Gehen wir in den Keller und holen an einem kalten Wintertag eine gute, nein, eine sehr gute Flasche Wein. Das muss nicht zwingend ein Rotwein sein, auch weißer Glühwein kann köstlich schmecken. In jedem Fall sollten wir darauf achten, den Wein mit Zimt, Gewürznelken und frischem Ingwer, Zitronen und Orangenzesten, Sternanis, Lorbeer und Kardamom zu aromatisieren. Bedenken wir, wie kostbar diese Gewürze in der Antike und im Mittelalter waren und gehen entsprechend sparsam mit ihnen um. Vor allem aber halten wir beim Erwärmen des Suds die Temperatur im Griff. Ab 78 Grad Celsius baut sich der Alkohol ab, und jenseits dieser Grenze verabschieden sich auch die feineren Gewürzaromen.

Nun kommt die Gretchenfrage beim Glühwein: Wie hältst du's mit dem Zucker? Mir persönlich ist die Süßstufe des für unsere Weihnachtsmärkte hergestellten Glühweins ein Grauen. Genau wie bei Industrieeis, Fertigpuddings oder Softdrinks macht mein Gaumen die Überzuckerung des Seins nicht mit. Deshalb komme ich meist mit einem Fünftel der in den landläufigen Glühweinrezepten vorgeschlagenen Zuckermengen aus, die ich zudem gern durch Honig ersetze. Und damit sind wir bei einem meiner liebsten Zeitvertreibe, der experimentellen kulinarischen Archäologie. Das älteste Kochbuch der Antike, die dem römischen Gourmet Apicius zugeschriebene Rezeptsammlung aus dem 3. Jahrhundert, beginnt mit einem Rezept für Glühwein, der den wunderbaren Namen »Conditum Paradoxum« trägt. Apicius beginnt mit 5 Kilo Honig, die er mit einem Liter Wein mehrfach aufkocht, mit Pfeffer, Mastix, Safran, Lorbeer, Dattelkernen und Datteln würzt und dann mit weiteren zehn Litern Wein ablöscht. Die Überzuckerung des Glühweins scheint also eine echte menschliche Universalie zu sein. Doch siehe: Wenn man den Honig auf hundert Gramm pro Liter Wein reduziert, erhält man einen durchaus spannenden Aperitif, der heiß oder auch kalt genossen werden kann und zum Träumen von einer Welt vor dem Weihnachtsmarkt einlädt.

Muffel!

Ich bin ein Küchenjäger. Mein Weg zum Loden begann mit dem verdient schlechten Gewissen des Karnivoren und langem Nachgrübeln über die ethische Legitimität von Fisch- und Fleischkonsum. Weil mit Karen Duve (*Anständig essen*), David Foster Wallace (*Am Beispiel des Hummers*) und Jonathan Safran Foer (*Tiere essen*) in den letzten Jahren einige besonders sprachmächtige Autoren spannende und teilweise auch formal bestechende Essays zu diesem Thema vorgelegt haben, könnte man auf den Gedanken verfallen, dies sei eine für das 21. Jahrhundert besonders typische Fragestellung. Aber schon im Prediger Salomo, dem 3. Kapitel des Buchs Kohelet, heißt es: »Denn es geht dem Menschen wie dem Vieh: wie dies stirbt, so stirbt auch er, und sie haben alle *einen* Odem, und der Mensch hat nichts voraus vor dem Vieh; denn es ist alles eitel. Es fährt alles an *einen* Ort. Es ist alles aus Staub geworden und wird wieder zu Staub. Wer weiß, ob der Odem der Menschen aufwärtsfahre und der Odem des Viehes hinab unter die Erde fahre?« Dies ist die Quelle für Brahms' *Deutsches Requiem* mit seinem schwermütig-tröstlichen »Denn alles Fleisch es ist wie Gras …«. Aus guten Gründen entzündet sich die Diskussion, ob es moralisch in Ordnung ist, Tiere zu essen, immer wieder neu und mit unveränderter Heftigkeit. Es ist eine der moralischen Grundfragen des Menschseins schlechthin. Der große Ovid besingt in seinen *Metamorphosen* das Goldene Zeitalter als fleischlos und lässt Pythagoras von Samos den kulinarischen Sündenfall geißeln: »Hört auf, ihr Sterblichen, euren Leib durch gottlose Speisen zu beflecken! Es gibt ja Früchte des Feldes, es gibt Obst, unter dessen Last sich die Zweige beugen, und schwellende Trauben am Weinstock. Es gibt süße Kräuter, es gibt Gemüse, das über dem Feuer mild und weich wird. Auch die Milch nimmt man euch nicht und den Honig mit dem Duft blühenden Thymians. Überreich beschenkt euch mit ihren Schätzen und mit harmloser Kost die Erde und gibt euch Nahrung ohne Mord und Blutvergießen.«

Alles gut und schön und wahr und vor allem: richtig. Nur habe ich eben gar nicht selten großen Appetit auf ein saftiges Steak zu meinen süßen Kräutern, und zu dem über dem Feuer mild und weich geschmorten Gemüse passt meinem Gaumen zufolge gerade in der dunklen Jahreszeit ganz vorzüglich ein Schmorbraten. Deshalb bin ich den umgekehrten Weg gegangen wie der vegetarische Dichter Christian Morgenstern,

der den schönen Gedanken formulierte: »Wenn der moderne Gebildete die Tiere, deren er sich als Nahrung bedient, selbst töten müßte, würde die Anzahl der Pflanzenfresser ins Unermeßliche steigen.«

Ich bin mir da gar nicht so sicher. Seit ich als Jäger das eine oder andere Tier *from nose to tail* in meiner Küche verarbeite, esse ich seltener, aber lustvoller Fleisch – nicht zuletzt weil ich aus eigener Anschauung weiß, wie gern so eine Wildsau lebt, wie durchdringend das Fiepen eines Rehs nach seinem Kitz klingt und wie unfassbar lange Zeit man auf einem Hochsitz verbringen kann, ohne dass irgendetwas unserem Beuteschema Entsprechendes des Weges kommt. Ein Ansitz ist kein Gang in die Metzgerei. Deshalb ist der Ausdruck »Küchenjäger« in der Waidmannssprache – anders als von mir ursprünglich angenommen – auch kein Kompliment. So bezeichnet man Menschen, die mit knurrendem Magen in den Wald gehen und die zur Not auch mal Fünfe gerade sein lassen, Hauptsache, sie kehren nicht mit leeren Händen zurück. Ich hingegen verstehe unter einem Küchenjäger jemanden, der um die ethische

Dimension der Lust am Fleisch weiß, das Töten der Tiere, die er verzehrt, nicht an andere Menschen delegieren will und deshalb selbst zur Waffe greift. Das soll jeder mit sich selbst ausmachen. Ich verspüre keinerlei Missionierungsdrang.

Neulich aß ich zum ersten Mal Muffel. Ursprünglich lebte dieses Wildschaf nur auf Korsika und Sardinien, abwechslungssüchtige Jäger siedelten es aber schon seit dem 19. Jahrhundert in ganz Mitteleuropa an. So ein Rücken vom Muffel zählt zu den größten Köstlichkeiten, die ich mir denken kann: ein aromatischer, sehr intensiver und leicht herber Wildgeschmack, dabei gar nicht grob, sondern auch im Nachgang sublim – man meint jedes Kräutlein herauszuschmecken, das das Tier im Lauf seines Lebens zu sich genommen hat. Leider bin ich nicht der Einzige, dem das Muffel schmeckt. Die Rückkehr des Wolfs ist keine gute Nachricht für das außerhalb des Gebirges gegen diesen Verfolger so gut wie wehrlose Muffel, das ansonsten seit seiner Ansiedlung in Deutschland keine natürlichen Feinde mehr kennt. Denn der Wolf ist definitiv ein Küchenjäger.

Der Nudelneid

Ich liebe Gemüse und Fisch. Kann es eine schönere Mahlzeit beim Italiener geben als frittierte Zucchiniblüten und einen Branzino aus dem Ofen? Eine Parmigiana gefolgt von einer Dorade in der Salzkruste? Eine Minestrone und einen Schwertfisch vom Grill? Was könnte befriedigender sein als ein frisches Crudo von Jakobsmuscheln mit Orangenfilets und Kapern und danach ein mit Taleggio überbackener Fenchel? Und doch überfällt mich jedes Mal, wenn meine Begleitung als Hauptgericht Pasta bestellt und ich dann vor meinem Fisch sitze, ein altbekanntes Gefühl. Erst steigt ein leichtes Bedauern in mir auf. Dann macht sich Hadern in mir breit. Schließlich beginne ich, mir Selbstvorwürfe zu machen, und ertappe mich dabei, wie ich neidisch auf den Teller meines Gegenübers schiele. Ich nenne dieses Gefühl den Nudelneid. In meiner synästhetischen Wahrnehmung ist der Nudelneid giftgelb wie alle Formen von Neid, sein Gelbton hat aber in etwa die Farbe sonnengelber Eidotter in einer frischen Pasta.

Nudelneid ist nicht bloß Folge eines Low-Carb-Ernährungsstils, wenngleich dieser ihn selbstverständlich begünstigt. Und natürlich gibt es einen ganz einfachen Weg, den Nudelneid zu besiegen: einfach einen Zwischengang Pasta bestellen, wie das in Italien bei einem Menü im Restaurant ja üblich ist. Nur beherrschen die allerwenigsten Italiener in Deutschland – die eben in den meisten Fällen nicht wirklich Köche oder Kellner, sondern umgelernte Kunsthistoriker, Fernsehtechniker oder

Mechatroniker sind – diese Kunst des wirklich kleinen Pastagangs. Ich habe schon alles versucht und mir dabei den Mund fusselig geredet – weniger ist mehr, Glück liegt in der Reduktion, die Kunst des Weglassens usw. Bis hin zur Aufforderung, mir mit meiner Begleitung eine Portion Pasta zu teilen. Davor kann ich nur warnen, denn dies wird fast immer als Geiz ausgelegt, was das schiere Gegenteil des Gewünschten zur Folge hat, nämlich die enorme Vergrößerung der solcherart auf zwei Teller verteilten Portion.

Dass die Nudeln mit Marco Polo aus China nach Italien kamen, ist inzwischen als Legende enttarnt. Zwar haben die Chinesen wohl tatsächlich die ersten Nudeln gekocht, aus der Feder des chinesischen Dichters Shu Xi hat sich jedenfalls schon aus dem dritten Jahrhundert vor Christus eine *Ode an die Nudel* erhalten. Aber Pasta in Italien ist bereits im neunten Jahrhundert auf Sizilien nachgewiesen, in einem arabischen Text findet eine Urform der Spaghetti als sogenannte »Itrya« Erwähnung. Meine Lieblingsstelle in Goethes *Italienischer Reise* spielt auf Sizilien, in der Stadt Girgenti, die heute Agrigent heißt. Goethe macht dort eine Entdeckung, er schließt Bekanntschaft mit *pasta fatta a mano*: »Da es hier keine Gasthöfe gibt«, lesen wir bei Goethe, »so hatte uns eine freundliche Familie Platz gemacht und einen erhöhten Alkoven an einem großen Zimmer eingeräumt. Ein grüner Vorhang trennte uns und unser Gepäck von den Hausgliedern, welche in dem großen Zimmer Nudeln fabrizierten, und zwar von der feinsten, weißesten und kleinsten Sorte, davon diejenigen am teuersten bezahlt werden, die, nachdem sie erst in Gestalt von gliedslangen Stiften gebracht sind, noch von spitzen Mädchenfingern einmal in sich selbst gedreht eine schneckenhafte Gestalt annehmen. Wir setzten uns zu den hübschen Kindern, ließen uns die Behandlung erklären und vernahmen, daß sie aus dem besten und schwersten Weizen, *Grano forte* genannt, fabriziert würden. Dabei kommt viel mehr Handarbeit als Maschinen- und Formwesen vor. Und so hatten sie uns denn auch das trefflichste Nudelgericht bereitet, bedauerten jedoch, daß gerade von der allervollkommensten Sorte, die außer Girgent, ja außer ihrem Hause nicht gefertigt werden könnte, nicht einmal ein Gericht vorrätig sei. An Weise und Zartheit schienen diese ihresgleichen nicht zu haben.«

Offenbar kannte also auch schon Goethe den Nudelneid. Zugegeben: Dieses Gustostückl ist für den Italienreisenden Goethe sehr ungewöhnlich. Zeichnet Goethe sonst eine fast schon übermenschliche Neugier auf nahezu alles aus, kulinarisch interessiert ihn Italien nicht sonderlich. Unauslöschlich in meine Erinnerung eingebrannt hat sich eine Begegnung mit einem italienischen Nudelproduzenten in Apulien, der so stolz auf seine Pasta war, dass er sich zu der Beteuerung verleiten ließ, das Wasser, in dem man seine Pasta koche, habe anschließend sämtliche Qualitäten eines Heiltees, *un tè medicinale*, wie er unablässig wiederholte, und sei schon von Goethe auf seiner Reise durch Italien gelobt worden. Ganz zweifellos muss er dabei die zitierte Episode aus Grigenti im Sinn gehabt haben.

Der beste Pastakoch Italiens ist Heinz Beck. Ein Deutscher, der kein Wort Italienisch sprach, als er 1994 nach Italien zog mit der Mission, vor Ort zu lernen, wie man eine ordentliche Pasta macht. Inzwischen wurde er zigmal zum besten Pastakoch Italiens gewählt. Ich durfte ihn fürs Fernsehen einmal in der Küche seines mit drei Michelin-Sternen ausgezeichneten Restaurants *La Pergola* im obersten Stock des Hotels *Cavalieri Waldorf Astoria* in Rom besuchen und ihm dabei zusehen, wie er Pasta macht. Er hat mir sogar sein Grundrezept verraten: 160 Gramm Weizenmehl Type 405, 80 Gramm doppelt gemahlener Hartweizendunst, zwei Eigelb, ein großes Ei, eine Prise Salz. Klingt ganz einfach, oder? Je nach Verwendungszweck variiert Beck seinen Standardteig mit mehr oder weniger Wasser, fügt etwas Olivenöl hinzu oder lässt ihn mit Petersilie oder Basilikum ergrünen. Was immer gleich bleibt, ist die unglaubliche Fertigkeit und vor allem wie aus einem Zeichentrickfilm anmutende Geschwindigkeit, mit der Beck das angehäufte

Mehl und den Dunst von innen nach außen arbeitend mit den Eiern vermengt, knetet und wieder knetet, drückt, walkt, quetscht und zu einer Kugel rollt, wieder knetet und knetet und knetet, nur um den Vorgang sogleich zu wiederholen. Am Ende steht ein Teig von so überirdischer Seidigkeit, dass die aus ihm geschnittenen Tagliatelle oder Tagliolini den Gesetzen irdischer Schwerkraft zu widersprechen scheinen. Hier, im *La Pergola* in Rom, lernte ich eine ganz neue Form von Nudelneid kennen.

Der Stolz des Jura

Trocken. Knochentrocken. Und irgendwann weit, weit jenseits des Landes Knochentrocken betreten wir das Reich des Vin Jaune. Gelber Wein? Auf die Idee, diesem einzigartigen Wein einen so fantasielosen Namen zu verleihen, kann auch nur eine Nation verfallen, die nichts dabei findet, ihr Zentralgebirge Massif central zu nennen.

Vin Jaune schmeckt komplex: leicht salzig, extrem mineralisch, nach Zitrusaromen und Walnuss, auch nach Anis und Harz. Sein säurebetontes Geschmacksbild erinnert ein wenig an Sherry, auch wenn die Erzeuger im Jura diesen Vergleich gar nicht gern hören: Über zweihundert Jahre gehörte die Region Franche-Comté zu den Spanischen Niederlanden, was man hier bis heute in unguter Erinnerung hat. Außerdem wird Sherry mit Branntwein aufgespritet, und allein solche Worte, »aufgespritet« oder »fortifiziert«, lehren wahre Vin-Jaune-Liebhaber*innen das Gruseln.

Vin Jaune ist ein Wein mit einem unvergleichlich dichten, oxidativen Aroma. Sauber, rein, ja pur im Geschmack. Wie der Bocksbeutel des Frankenweins hat auch der Vin Jaune eine eigene Flaschenform hervorgebracht: die Clavelin, deren Inhalt von exakt 62 Zentiliter angeblich daran erinnern soll, wie viel Volumen während der sechsjährigen Reifezeit des Vin Jaune im offenen Fass durch Verdunstung verloren geht: eben die restlichen 38 Prozent zum ganzen Liter. So wird es jedenfalls gern erzählt; geflissentlich verschwiegen wird dabei, dass in Spanien damals 62-cl-Flaschen ein gängiges Maß waren. Meist wird die Clavelin mit einem Wachssiegel verschlossen, was schon darauf hindeutet, dass dieser Weißwein eine ungewöhnlich lange Lagerfähigkeit besitzt und im Idealfall erst nach dreißig, vierzig Kellerjahren sein volles Potenzial entfaltet. Vin Jaune verfügt über Power und Eleganz zugleich.

Während man fast überall auf der Welt Wein in Kellern reifen lässt, möglichst fern von Temperaturschwankungen, geht die Produktion des Vin Jaune merkwürdigerweise den umgekehrten Weg. Die offenen Fässer lagern auf dem Speicher der Winzerhäuser *sous-voile*, unter dem Schleier. Gemeint ist damit der Hefeflor, der sich schon nach wenigen Monaten bildet und der durch die Temperaturschwankungen während der wechselnden Jahreszeiten optimal ernährt wird, ohne dass der Fassinhalt umgerührt werden müsste. Vin Jaune ist ein paradoxer Wein, denn seine Reifemethodik ist eigentlich das genaue Gegenteil von Traditionen aus fünftausend Jahren Weinausbau. Und genau das macht ihn so interessant.

Dabei macht Vin Jaune gerade einmal fünf Prozent des im Jura angebauten Weins aus. In dieser in Deutschland eher unbekannten Weinregion zwischen dem Burgund und der Schweiz wachsen auch sehr schöne leichte Rotweine, Pinot noirs oder die autochthone Rebsorte Poulsard, die manchmal auch Ploussard genannt wird: ein federleichter duftiger Rotwein, der wegen seiner hellen Farbe an Rosé erinnert. Auch Chardonnay ist im Jura weitverbreitet. Aber die Königsrebe des Jura ist der Savagnin, einer der europäischen Urweine, der nicht aus Tramin in Südtirol stammt, wie lange angenommen wurde. Dank molekularbiologischer Analysen weiß man inzwischen, dass der Savagnin aus Aserbaidschan und dem Nordwestiran um 500 v. Chr. nach Europa kam und auch als Gewürztraminer, Weißer Traminer oder Savagnin blanc bekannt ist, in der Schweiz als Heida, in Ungarn als Fromentin.

Wenn Sie sich einmal im Leben fühlen wollen wie ein Gallier beim Festbankett im kleinen normannischen Dorf am Ende jedes Asterix-Abenteuers, empfehle ich Ihnen einen Besuch bei der Percée du Vin Jaune. Jedes Jahr wird im Februar die Ankunft des »neuen« Vin Jaune, der nach sechs Jahren im Eichenfass erstmals verkostet wird, mit einem rauschenden Festwochenende in einem jeweils wechselnden Dorf im Jura gefeiert. Tausende strömen zusammen, um mit dem Probierglas in der Hand von Keller zu Keller, von Verkostungsstation zu Verkostungsstation zu ziehen und sich von der Qualität des neuen Vin-Jaune-Jahrgangs zu überzeugen. Man kann seine Lebenszeit durchaus sinnloser verbringen.

Vin Jaune ist ein sensationeller Speisebegleiter: Ein Hühnerfrikassee mit Morcheln und Vin Jaune ist für mich eines der schönsten Schmorgerichte überhaupt. Und ohne auch nur einen Gedanken an die von Wolfram Siebeck zu Recht gegeißelte »deutsche Plumpsküche« der 60er-Jahre zu verschwenden, zögere ich nicht, die aus dem mit etwas Olivenöl und reichlich Butter bei mittlerer Hitze angebratenen Hähnchenfleisch, einer dünn geschnittenen Zwiebel, zwei, drei Knoblauchzehen und reichlich frischen oder getrockneten Morcheln (im Idealfall sogar eine Mischung aus beiden – getrocknete Morcheln sind geschmacksintensiver als frische!) gezogene Sauce mit ein oder zwei Suppenlöffeln Mehl zu binden. Natürlich könnte man das auch mit eiskalter Butter tun, ein großzügiger Klacks Crème fraîche kommt sowieso dazu. Aber Butter ist nun wirklich schon genug im Topf. Außerdem wird mit frischem Zitronensaft abgeschmeckt und mit schwarzem Pfeffer und farbenfrohem Piment d'Espelette gewürzt.

Wie von allen wirklich guten Dingen gibt es nicht genug Vin Jaune auf der Welt. Selbst in Frankreich ist er schwer zu bekommen. Wer jedoch noch unschlüssig ist, mit sich ringt und nicht ganz sicher ist, ob Vin Jaune das Richtige für sie oder ihn ist, dem sei das ultimative Food Pairing empfohlen: Vin Jaune und Comté! Nichts begleitet den berühmtesten Käse aus dem Jura besser als der berühmteste Wein aus dem Jura. Meine Traumkombination dazu: Schwarze Nüsse. Die habe ich früher selbst eingelegt. Bis ich die Gelegenheit erhielt, im Hotel *Spielweg* die Schwarzen Nüsse von Vicky Fuchs zu kosten. Man muss auch einsehen, wann eine Partie verloren ist: Die Schwarzen Nüsse von Vicky Fuchs sind einfach sehr viel besser als meine. Wie sie das macht? Keine Ahnung. Dennoch sei hier ein Grundrezept verraten. Die Walnüsse erntet man genau am Ende der Spargelzeit, also an Johanni oder am Johannestag, vulgo am 24. Juni. Weil der Klimawandel aber alle überkommenen Ernteregeln kräftig durcheinanderwirbelt, kann man eventuell auch schon zehn Tage vorher zum Walnussbaum pilgern und nachsehen, ob die grünen Früchte schon so weit sind. Ein Test mit einer Stopfnadel genügt: Sie sollte ohne großen Widerstand durch die Nuss dringen. Die wichtigste Zutat bei der Zubereitung von Schwarzen Nüssen: Einweghandschuhe. Die Gerbsäure in dem grünen Fruchtkörper um die heranwachsenden Walnüsse ist fast so stark wie Tätowiertinte – also bitte Vorsicht! Jeder grüne Nusspanzer sollte zehn- bis fünfzehnmal rundum eingestochen werden. Am besten nimmt man dazu eine Hummernadel. Dann kommen zwei Kilo von den eingepikten Nüssen in einen Zehn-Liter-Topf, der zu zwei Drittel mit Wasser gefüllt ist. Das Wasser sollte täglich mindestens zweimal gewechselt und die Nüsse dabei kräftig umgerührt werden, denn sie schwimmen oben. Nach 14 Tagen kommen die Nüsse in einen Sirup aus Muscovadozucker, Zesten von Zitronen und Kaffirlimetten, Vanille, Sternanis, Macis, Kardamom, Nelken, Wacholder, ein oder zwei Chilischoten, Piment, einer Zimtstange und rotem Pfeffer – die Gewürze können je nach Vorliebe wechseln. Ich nehme zwei Kilo Zucker auf einen Liter Wasser, aber auch das ist Geschmackssache. Der Sirup wird mit den Nüssen aufgekocht, dann noch einmal 24 Stunden fermentiert, schließlich ein weiteres Mal aufgekocht und noch einmal 24 Stunden im Topf stehen gelassen. Zuletzt mit dem Sirup in Weckgläser einkochen und mindestens ein halbes Jahr im Keller vergessen. Das erste Glas wird frühestens an Weihnachten probiert. Schwarze Nüsse teilen mit Vin Jaune ihre erstaunliche Langlebigkeit – also lieber kleinere Weckgläser benutzen, denn angebrochen halten sich die Konserven im Kühlschrank leider nur wenige Tage!

Ein lange gereifter Comté mit auf der Zunge spürbaren Salzkristallen, im Glas ein vielleicht zwanzig, gern auch dreißig Jahre alter Vin Jaune, dazu zwei, drei Schwarze Nüsse: ein Vorschein aufs Paradies.

Boxelemehl

Wan Tan aus China, Samosas aus Indien, Empanadas aus Südamerika, Momos aus Tibet, Ravioli aus Italien, Piroggen aus Russland: Wer wie ich mit schwäbischen Maultaschen aufgewachsen ist, zählt zu den wenigen echten Universalien der Menschheit weniger das Streben nach Macht oder unsere Fähigkeit zu Mitleid und Empathie als vielmehr die gefüllte Teigtasche. Rund um diesen Planeten ist sie anzutreffen in Abertausenden Varianten. Mal mit Fleisch, mal mit Fisch, mal mit Gemüse gefüllt, auch mit Obst, Nüssen, Kräutern, Käse oder Quark oder Tofu, nicht selten auch mit einer Mischung aus allem. Ob gedämpft, gebraten, gesotten, frittiert oder gebacken, ob als jiddische Kreplach, Kärtner Nudeln oder koreanische Mandu: Die Eigenart einer Landesküche, ihre Tendenz zum sublim Filigranen oder zur plauzigen Schwere lässt sich nirgendwo leichter ablesen als an ihren Teigtaschen.

So auch neulich in Südtirol. »Eisacktaler Schlutzkrapfen mit Spinatfüllung« stand auf der Speisekarte eines Landhotels hoch in den Bergen über Bozen. Ein hauchdünner Teig aus Dinkelmehl umhüllte die aus Ricotta, Parmesan, Zwiebeln, Knoblauch und Spinat bestehende Füllung und wurde ganz traditionell mit reichlich geschmolzener Butter, weiteren Parmesanspänen und Schnittlauchröllchen serviert. Das Ergebnis waren himmlisch leichte Pasta-Wölkchen, die den herkömmlichen Gesetzen der Gravitation nicht zu unterliegen schienen. Lässt sich nach einer längeren Wanderung eine köstlichere

Mahlzeit denken? Doch so schwerelos die Teigtaschen auch anmuteten, wer derlei regelmäßig zu sich nehmen möchte, sollte über einen Job als Waldarbeiter oder eine Tätigkeit mit vergleichbarem Kalorienumsatz verfügen.

Auch die frittierten Schlutzkrapfen einige Tage später im Tal in einem der ältesten Gasthäuser Südtirols mit einer immerhin bis ins Jahr 1277 zurückreichenden Geschichte überzeugten auf Anhieb. Diese wiesen aber noch eine Besonderheit auf: Ihr Teig, so belehrte die Karte, bestand aus »Boxelemehl«. Der Begriff stachelte sowohl meine literarische als auch meine kulinarische Neugier an, daher bat ich die Küche um eine Probe und bekam in einem Schälchen ein braunes, kakaoähnliches Pulver vorgesetzt, das intensiv süßlich schmeckte. Doch konnte der weißliche Teig der Schlutzkrapfen tatsächlich aus diesem Mehl geknetet worden sein? Nie und nimmer, dachte ich. Und wollte es genauer wissen.

Als Boxele oder Buxele, so ergab die Recherche, werden in Tiroler Mundart die bockshornförmigen Schoten des Johannisbrotbaums bezeichnet. Dieser ist gastronomisch in zweierlei Hinsicht interessant. Zum einen wegen des aus seinem vermahlenen gerösteten Fruchtfleisch gewonnenen dunklen Carobpulvers oder Johannisbrotmehls, das tatsächlich als fettarmer Kakaoersatz in Kuchen, Cremes und Puddings verwendet wird. Zum anderen werden aber auch die Samen der Frucht zu hellem Johannisbrot*kern*mehl vermahlen, das nahezu geschmacksneutral ist und in Deutschland hauptsächlich als pflanzliches Bindemittel bekannt ist. Offenbar hatte man in der Küche des Bozener Restaurants Johannisbrotmehl und Johannisbrotkernmehl verwechselt und mir statt des Mehls, aus dem der Pastateig hergestellt worden war, den Kakaoersatz in den Gasthof geschickt.

Die Samen des Johannisbrotbaums haben es buchstäblich in sich. Schon in der Antike dienten sie nämlich als Gewichtseinheit – weniger, wie lange gedacht wurde, weil diese Samen immer dasselbe Gewicht von rund 0,2 Gramm aufwiesen, sondern weil man ihnen schon geringe Gewichtsunterschiede besonders deutlich ansah. Unsere heutige Maßeinheit für das Gewicht von Edelsteinen geht auf das Altgriechische κεράτιον, *kerátion*, zurück, was nichts anderes als »Hörnchen« heißt, die Form der Samen bezeichnet und im Tiroler Ausdruck »Boxele« noch mitschwingt. Seit 1875 ist die Gewichtseinheit Karat auf exakt 200 Milligramm normiert, in der Antike und im Mittelalter fanden aber tatsächlich Johannisbrotbaumsamen als Gewichtssteine im Juwelenhandel Verwendung. So sehr ich mir aber gewünscht hätte, ein wenig vom »Diamonds-are-a-girls-best-friend«-Charme dieser glamourösen Vergangenheit im Johannisbrotkernmehl zu finden, in der Küche ist es eher ein dezenter Akteur. Anders als bei seinem Einsatz als Bindemittel für Soßen, Cremes oder Suppen gereicht ihm hier seine Geschmacksneutralität keineswegs zum Vorteil. Immerhin haben die Gluten-Allergiker und die Diätindustrie Gefallen am Johannisbrotkernmehl gefunden: Da die in ihm enthaltenen Polysaccharide de facto unverdaubar sind, enthalten 100 Gramm gerade einmal 187 Kalorien. Und so gibt denn auch das als Pastateig für die Schlutzkrapfen in Südtirol eingesetzte Boxelemehl seinen versteckten Sinn preis. Schließlich leben dort auch nicht nur Waldarbeiter.

Eindrücke eines Lobbyisten

»Wie geht's Kleopatra?« Zugegeben, diese Frage kann einem beim Einchecken in ein Hotel schon den ein oder anderen irritierten Seitenblick eintragen. Welche dunkle Perversion mag sich hinter dieser Geheimsprache verbergen? Ein Hobbyarchäologe oder George-Bernard-Shaw-Afficionado? Oder doch schlicht ein Verrückter? Die charmanten Portiers im *Brenners*

Park-Hotel in Baden-Baden ließen sich davon gewiss nicht aus der Ruhe bringen. Im Gegenteil: Die Frage nach Kleopatra wird stets gern beantwortet, denn so heißt die Hauskatze, deren bevorzugter Ruheort das Postkörbchen hinter dem Empfangstresen ist. Genau genommen heißt die kapriziöse Dame eigentlich Kléopatre, denn sie stammt aus Paris und sollte eigentlich dort im ebenfalls zur Oetker-Gruppe gehörenden *Bristol* herumstromern. Weil sie sich im *Bristol* aber mit einer anderen Katze nicht verstand, hat man sie kurzerhand nach Baden-Baden umquartiert. Seither ist Kléopatre die eigentliche Hausherrin, und als verständnisvoller Gast öffnet man ihr aufs leiseste Mauzen hin schon mal die Balkontür, um sie nach einem kurzen Rundblick durchs Zimmer – *Was? Nicht eine Sardine? Parbleu!* – auf den Hotelflur zu geleiten.

Kléopatre in der Lobby des *Brenners* beeindruckt mich immer wieder. Sie ist der tiergewordene Ausdruck, dass hier nicht alles auf dem Altar der Effizienz geopfert wird. Der Rest – die Stilmöbel, die alten Bilder, die tiefen Teppiche, das Blumengesteck, das in seiner hypertrophen Überdimensioniertheit auch auf einer Oligarchenyacht in Saint-Tropez Eindruck schünde – findet sich an vielen Orten dieser Welt. Kléopatre ist aber einmalig – und trägt damit entscheidend zur Einmaligkeit des *Brenners* bei.

Lobbys sind die Visitenkarten eines Hotels. Wer hier keinen guten Eindruck macht, dem wird es schwerlich auf den Zimmern, in den Bars und Restaurants gelingen. Lange träumte ich davon, endlich einmal im *Dolder Grand* hoch über der Stadt und dem See von Zürich zu wohnen, wo Thomas Mann sich nach dem Zweiten Weltkrieg in den Kellner Franz Westermeier verliebte, was Spuren im *Felix Krull* hinterließ. Allein, die Attraktion des Zürisees und des direkt an seinen Ufern gelegenen *Baur au Lac* war immer zu groß, bis endlich ein verlängertes Wochenende die Gelegenheit bot, in den Wäldern hoch über Zürich zu wandern und das legendenumwobene Grandhotel kennenzulernen. Übernachtet habe ich im *Dolder*, nur nicht gewohnt. Leider hatte mir niemand gesagt, dass das *Dolder* inzwischen Sir Norman Foster in die Hände gefallen ist, der aus dem prächtigen Haus ein dürftig getarntes Kongresszentrum und eine brummende Eventlocation gemacht hat, in der übernachtende Hotelgäste bloß stören. Das Hauptaugenmerk liegt hier jedenfalls nicht mehr auf den Gästen, sondern auf echten Kunden, also den Strömen von Menschen, die in den zahlreichen neuen Nebengelassen des *Dolders* ihre neuen klobigen SUVs präsentiert bekommen, mit Erbtantchen Geburtstag feiern oder ihre Incentiveprämien als Umsatzstars im Versicherungsdirektvertrieb abholen. Sagen wir so: Im *Dolder Grand* wird sich wohlfühlen, wem es auch in den Flughäfen dieser Welt gefällt.

Um diesen Eindruck noch zu perfektionieren, mag man sich im *Dolder* vom legendären *Stanley Hotel* in Nairobi inspirieren lassen. Die Lobby dort betritt man erst nach einem Security Check mit Waffenscanner, um dann in einer Marmorhölle erfüllt von miasmatischen Putzmitteldämpfen zu stehen. Wer Glück hat, findet den Weg zur legendären *Exchange Bar* im ersten Stock, wo das erste Tusker Beer serviert und die Börse Kenias gegründet wurde – und auch wenn alle Spuren von Tania Blixen und Ernest Hemingway längst hinwegrenoviert wurden und Schwaden des impertinenten Putzmittels einen mitunter immer noch anwehen, schmeckt der Dawa-Cocktail nicht übel.

Das Geheimnis einer idealen Hotellobby hat sehr viel mit dem Geheimnis guter Gastgeberschaft zu tun. Ich möchte mich in einer Hotellobby so wenig wie möglich für mein Hiersein erklären oder gar entschuldigen müssen. Ich möchte einen Kaffee oder ein Glas Wein trinken können, während ich auf einen Gast warte. Gern lasse ich mich an solchen Orten des Übergangs auf andere Gedanken bringen – aber ich möchte nicht geknechtet werden. Nicht von stylischen Hipsterikonen mit Türstehermanieren, nicht von Lordsiegelbewahrern des guten Geschmacks. Und keinesfalls möchte ich dabei Opfer der blöden Machtarchitektur absolutistischer Zeiten werden, deren Botschaft übersetzt lautet: Zu Boden mit Euch Gewürm, möge Furcht und Terror in Eure Herzen ziehen, betet mich an!

Wie es anders geht, lässt sich beispielhaft in der Lobby des *Bellevue Palace* in Bern erfahren, das nicht nur ein Grandhotel ist, sondern zugleich als Gästehaus der Schweizer Bundesregierung fungiert. Hier empfangen den Gast in der Lobby keine Spur von rückgratverkrümmter Servilität oder unter Willkommensgesten getarnte Einschüchterung, sondern einfach bequeme Sessel, gute Teppiche auf Marmorfliesen, an der Decke eine prächtige gläserne Kuppel, das ganze so clever durch Sideboards abgetrennt, dass gemütliche Nischen entstehen, die dennoch einen Überblick über das Kommen und Gehen in der Halle erlauben. Dieser Lobby gelingt die optimale Mischung aus gediegener Bibliothek, englischem Club und Bar. Ob am Nachbartisch die Ehefrau des peruanischen Präsidenten sitzt oder der junge Mann auf dem Sofa links ein Archäologiestudent der Universität Bern ist, interessiert in der Lobby des *Bellevue Palace* niemanden. Exemplarisch wird hier die legendäre Devise der Ritz-Carlton-Hotelkette mit Leben erfüllt: »We are ladies and gentlemen, serving ladies and gentlemen.« Hier kann man zwei Stunden lesen, einen schnellen Espresso genießen oder einfach ein Glas Champagner trinken, ehe man sich wieder in den Trubel auf dem Bundesplatz stürzt.

Abrüstung beginnt in der Lobby. Das weiß man im *Bellevue Palace* in Bern genau wie im *Waldhaus* in Sils Maria, im *Ritz* in London oder im *Hotel Ernst* in Köln. Arroganz steht nur Katzen gut zu Gesicht.

»Pure Vernunft darf niemals siegen«

Ich bin Jahrgang 1964. Während meiner Lebenszeit ist die Einwohnerzahl meines glücklichen Heimatlandes um ein gutes Drittel gestiegen. Seine Fläche hat sich um fast die Hälfte erweitert. Seine Wirtschaftskraft hat sich selbst nach konservativster Schätzung um mehr als das Fünffache potenziert. Gleichzeitig hat es beträchtlich an diplomatischem Gewicht zugelegt. Und zudem während einer historisch nahezu unerhörten, bald achtzigjährigen Friedenszeit eine bis heute währende Blüte der Künste und Wissenschaften erfahren. Ganz nebenbei hat es sich von einem weltweit verhassten, fremdenfeindlichen Kasernenhofstaat in ein halbwegs liebenswertes demokratisches Gemeinwesen gewandelt.

In einem solchen Land, sollte man meinen, müssten Milch und Honig fließen und unentwegt Champagnerkorken knallen. Aber das Gegenteil ist der Fall. In meinem Land haben nämlich fast unbemerkt die Verhärmten und Verdrucksten geputscht, zusammen mit den Erbsenzählern und Fastenpredigern die Macht übernommen und regieren es nun in einer Großen Koalition mit den Körperoptimierern und Lebenseffizienzlern. Mein Land hat sich den Neidhammel, die Unke und die Spaßbremse zu neuen Wappentieren erwählt, und die GroKo der Gesundheitsapostel hat, was Milch und Honig angeht, den Hahn schlicht zugedreht.

Also Schluss mit lustig. Die Zauberformel in der Bundesrepublik Deutschland der Gegenwart lautet: »Mit ohne«.

Dass man in einem der reichsten Länder Europas dauernd Bibliotheken und Schwimmbäder schließen, Symphonieorchester zusammenlegen und das Ballett an Drei-Sparten-Häusern ausradieren zu müssen meint – daran habe ich mich fast schon gewöhnt. Nicht aber an die »Mit ohne«-Küchenphilosophie unserer Tage. Omeletts ohne Ei. Saucen ohne Butter. Kuchen ohne Mehl und ohne Zucker. Nudeln ohne Kohlenhydrate. Suppen ohne Salz. Quark und Joghurt ohne Fett. Schinken und Steaks wird der Fettrand abtrainiert, Geflügel die Haut abgezogen, ja, am besten proklamiert man überhaupt gleich »Kochen ohne Knochen« und verzichtet aufs Fleisch. Die Deutschen der Gegenwart wollen Essen auf Diät, dekonstruiert, reduziert und entschlackt oder wenigstens reloaded in Version 2.0 oder 3.0, auf *light*, *ultralight* oder am besten gleich auf *zero* getrimmt. Und dazu bitte ein Mineralwasser – selbstverständlich ohne. Die Nulllösung in Küche und Keller eben.

Neulich war ich zum Mittagessen eingeladen, privat bei einem Koch. Wir trafen uns in kleiner Runde um halb eins, besprachen das Nötigste, kamen dann vom Hölzchen aufs Stöckchen und redeten danach einfach weiter, bis wir um den Tisch saßen wie die Gallier mit Ausnahme von Troubadix beim Schlussbankett in *Asterix & Obelix*. Die Gastgeber kochten mit Ingenium in gut gelaunter und entspannter Souveränität. Am Abend fuhr ich so nach Hause, wie es sich nach einem siebenstündigen Gelage gehört: kugelrund und sturzbesoffen. Angefangen hatte alles mit einem Sandwich von Gänseleber und Jahrgangssardinen, verbunden durch eine köstliche Matchateecreme, dazu gab es zitronenfrischen Jahrgangsschampagner von Gosset aus der Doppelmagnum, und einige Tausend Kalorien später stand am Ende ein sublimes Erdbeer-Rhabarber-Kompott mit Tonkabohneneis, begleitet von einer weiteren Doppelmagnum.

So was ist nicht vernünftig. So was ist, genau besehen, das Gegenteil der Vernunft. So was geht gar nicht, sagen Ärzte und andere Apologeten des Lean-Management. So was muss ab und an drin sein, sagen wir Anhänger der Lebenskunst und summen mit Tocotronic: »Pure Vernunft darf niemals siegen.« Keine Festkultur ohne Exzess. Wie soll im Alltag das Maß finden, wer nie die Maßlosigkeit lebt?

Vernünftig bleibt auf Dauer nur, wer gelegentlich die Vernunft in den Wind schlägt. Deshalb feierte die Antike maßlose Feste wie die Saturnalien. Und deshalb ist die Weisheit unserer Kinderbuchklassiker auch heute noch nicht überholt. Lässt sich vernünftiger handeln als Pippi Langstrumpf, wenn man zu einem langweiligen Kaffeekränzchen eingeladen ist? »Erster!«, kräht Pippi in Astrid Lindgrens Wunderbuch und stürmt in zwei Sätzen zum Tisch. »Sie häufte so viele Kuchenstücke, wie sie nur erwischen konnte, auf einen Teller, warf fünf Zuckerstücke in eine Kaffeetasse, leerte die halbe Sahnekanne in die Tasse und zog sich dann mit ihrem Raub auf ihren Stuhl zurück, noch bevor die Damen sich an den Tisch hatten setzen können. Pippi streckte die Beine aus und stellte den Kuchenteller zwischen ihre Zehenspitzen. Sie stopfte sich den Mund so voll mit Kuchen, daß sie kein Wort hervorbringen konnte, sosehr sie es auch versuchte. Im Nu hatte sie den Kuchen von ihrem Teller verputzt. (…) Hauptsache, man ist gesund. Und beim Kaffeekränzchen soll man sich amüsieren.«

Wir drohen zu vergessen, wie man sich amüsiert. Nicht nur beim Kaffeekränzchen. Aber ohne mich.

Zu Gast bei Drachen

»Ich besitze nichts, damit ich nicht besessen werde.«

Oft denke ich an diesen Satz des Sokrates-Schülers Antisthenes, wenn mein Blick in der Küche über mein Tafelsilber streift. Die Champagnerkühler. Die Menagerien für Salz und Pfeffer, Zucker und Milch. Die Bierbecher. Die Messerbänkchen und Platzkartenhalter. Die Serviettenringe. Die Tee-, Kaffee- und Kakaokannen. Die Obstteller, Pralinenschalen und Servierplatten für Fisch, Fleisch und Gemüse. Die Toasthalter, Butterdosen, Fingerschalen, Untersetzer und Tabletts. Die ein-, zwei- und dreiarmigen Kerzenleuchter. Schließlich das Besteck.

Ich liebe Silber. Aber ich liebe es nicht, Silber zu putzen. Ja, offen gestanden habe ich einen regelrechten Horror davor. Nach spätestens einer Viertelstunde denke ich, die Dämpfe des Silberputzmittels ätzen mir nicht nur die Schleimhäute in Mund und Nase weg, sondern sind längst in den äußeren Regionen meines Großhirns angelangt und greifen auf ihrem Weg zum Hypothalamus meinen Frontallappen und damit meine Impulskontrolle an.

Damit, nämlich mit mangelnder Impulskontrolle, hat ja auch alles begonnen. In meinem Elternhaus hingen weder Gainsboroughs, noch bin ich mit einem silbernen Löffel im Mund geboren worden. Angefangen hat alles ganz harmlos. Während eines späten Frühstücks bei Freunden im Schwarzwald fiel mir auf, wie wunderschön die Teekanne war, in der mein Assam serviert wurde. Es war eine eher schlichte, rundbäuchige Silberkanne mit zurückhaltendem punktiertem Muster und einem sehr eleganten Griff aus Elfenbein, »Georgian era«, wie mich meine Gastgeber auf meine Nachfrage leichthin aufklärten, was ich natürlich nicht kapierte, aber später bei Gelegenheit nachschlug. Zwischen 1714 und 1837 saßen vier Könige aus dem Haus Hannover auf dem britischen Thron, die sich praktischerweise George I., George II., George III. und George IV. nannten. Die Teekanne stammte mit großer Wahrscheinlichkeit also irgendwann aus dem ausgehenden 18. und beginnenden 19. Jahrhundert – demzufolge aus der Zeit, als Jane Austen ihre nicht genug zu preisenden großen Romane schrieb. Ich gebe zu, der Gedanke, Tee aus einer Kanne zu trinken, aus der vielleicht auch schon Jane Austen Tee getrunken haben mochte, fand bei mir spontan Anklang und reizte mich beträchtlich. Nun war meine Neugier also geweckt, und im weiteren Frühstücksgespräch stellte sich heraus, dass meine Gastgeberin in den 60er-Jahren eine Zeit lang ein Antiquitätengeschäft für historisches Silber in Mannheim betrieben und ihre Ware damals selbst unter beträchtlichen Mühen aus Großbritannien importiert hatte.

Mir gingen, als ich das erfahren hatte, buchstäblich die Augen auf. Wie hatte ich das so lange übersehen können? Ein Rundblick durch den Schwarzwälder Speisesaal ergab: Ich war zu Gast bei Drachen. Ihr Heim war in Wirklichkeit ein Hort. Silber, Silber, Silber, wohin mein Blick auch fiel. Der gigantische Tafelaufsatz, würdig einer Tafelrunde in Camelot. Die Platzteller. Die Zucker- und Salzfässchen. Die Messerbänkchen in Gestalt fantastischer Tierwesen. Die Obstteller, Pralinenschalen und Servierplatten für Fisch, Fleisch und Gemüse … Schnecken, deren Gehäuse Platz für silberne Cocktailspieße boten; silberne Bienenkörbe für Honig, silberne Marmeladenfässchen, ja selbst silberne Austern.

Es heißt, dass sich Süchtige untereinander immer sofort erkennen. Meine Gastgeber bemerkten jedenfalls das besitzgierige Funkeln in meinem Auge und raunten mir zu: »*London*

Silver Vaults, Chancery Lane.« Seither vergeht kein Besuch in London, ohne dass ich bei den 29 dort beheimateten Silberhändlern vorbeisehe. Die *Silver Vaults* wurden aus Angst vor Einbrüchen und Überfällen 1885 erbaut und sind ein riesiger unterirdischer Tresor, der für die Ladengeschäfte wiederum in lauter begehbare Einzeltresore unterteilt ist. Ich bin mir ziemlich sicher, dass die *Silver Vaults* die Inspiration für die Zaubererbank »Gringotts« in *Harry Potter* abgaben. Das Angebot ist spektakulär und weltweit einmalig: Silber aus allen Epochen bis zur Gegenwart, natürlich auch Schmuck und Dekorationsstücke wie etwa riesige Silberschiffe, vor allem aber Tafelsilber in allen erdenklichen Varianten. Mir ist kein größeres Shoppingvergnügen vorstellbar, als auf der Suche nach einer neuen alten Teekanne die Läden der *Silver Vaults* zu durchstreifen. Die Griffe aus Apfel-, Birnen- oder Eschenholz miteinander zu vergleichen. Und von den Händlerinnen und Händlern Tipps zu bekommen wie etwa, bei historischen Teekannen immer auf die Länge der Ausgießtülle zu achten, denn meist seien diese im Lauf der Jahrhunderte gekürzt worden, was die Proportionen der Kanne in den Augen von Kennern empfindlich stört.

Ich bin seither offenbar ziemlich oft in London gewesen, wie mir ein Blick über das Silber in meiner Küche zeigt. Mensch, ermahne ich mich dann, wenn das Silberputzen mal wieder unaufschiebbar ist, werde wesentlich! Brauchst du das ganze Bling-Bling denn wirklich? Natürlich nicht. Aber wie sagt Oscar Wilde so schön: »Man versehe mich mit Luxus. Auf alles Notwendige kann ich verzichten.«

Seeigel

Ich liebe sie. Ich hasse sie. Ich kann und will ohne sie nicht leben. Und dabei muss ich mich jedes Mal, wenn ich sie esse, erst davon überzeugen, dass ich sie wirklich mag. Sie schmecken einerseits so rein und klar, als hätte man einen Schluck Arktismeer im Mund. Andererseits aber mitunter auch so abstoßend wie das Erbrochene einer an Überhitzung gestorbenen Meeresschildkröte. Ich kenne nichts, was dem Geschmack eines Seeigels nahekäme. Nirgendwo in der kulinarischen Welt liegen Schönes und Scheußliches so nahe beieinander. Die Verwandtschaft mit Sex ist unabweisbar. Und doch, und doch: Die Sache mit dem Seeigel ist irgendwie komplexer.

Wie schmeckt Seeigel genau? Iodig. Bitter und süß zugleich, ein wenig nach Blut und Rauch, definitiv nach umami, also vollmundig, würzig und *laaaang*. Ich meine daneben auch immer Obertöne von reifer Mango herauszuschmecken, gebe aber zu, dass sich mir diese Assoziation durch die meist hellorange, seltener gelbe Farbe des Rogens aufdrängen könnte. Dieser Rogen, eigentlich die Gonaden, also die Geschlechtsdrüsen, findet sich im Inneren von Seeigeln beiderlei Geschlechts. Das Mundgefühl der Seeigelgonaden ist extrem fragil, cremig und pastös – man kann sie mit der Zunge an der Gaumendecke zerdrücken und erhält dann einen Eindruck, als hätte man in die Brandung hineingebissen.

Wie Austern sind Seeigel nicht jedermanns Sache. Man muss sich hüten, hier missionieren zu wollen. Auch wenn die

»Oursinade«, das Sammeln und Verkosten von Seeigeln während eines Picknicks unter freiem Himmel, zwischen Februar und April an der französischen Riviera zu den traditionellen Volksfesten und Familienvergnügungen gehört, zählen Seeigel in Ländern, die nicht ans Mittelmeer grenzen, definitiv zu dem, was der Engländer »acquired tastes« nennt: Wie bei Oliven oder Stockfisch kommt man erst mit der Zeit auf den Geschmack. Mein Meinungsbildungsprozess ist noch keineswegs abgeschlossen, und doch neige ich immer mehr zu bedingungsloser Hingabe. Keineswegs entgehen lasse ich mir in Südfrankreich die ebenfalls als »Oursinade« bekannte Seeigel-Suppe.

Seeigel erfordern ein gewisses kulinarisches Know-how. Das allerwichtigste sind Handschuhe. Wer schon einmal einen Seeigelstachel im Fuß oder in der Hand stecken hatte, weiß, wie höllisch schmerzhaft und schwer zu entfernen die Stachel sein können. Ich benutze fürs Öffnen von Seeigeln meinen aus Hunderten kleiner Metallringen bestehenden Austernhandschuh. Gute Dienste leisten aber auch schnittfeste Handschuhe, die in Baumärkten erhältlich sind. Zugegeben, es erfordert zunächst eine gewisse Überwindung, den Seeigel mit dem Maul nach oben in die Hand zu nehmen, mit einem Austernmesser ein kleines Loch in das Kalk-Innenskelett des lebenden Tiers zu bohren und den aromatischen Saft in einer Schüssel aufzufangen. Dann den oberen Teil mit einer Küchenschere kreisrund aufschneiden, den Deckel abnehmen und mit einem Kaffeelöffel den orangefarbenen Rogen freilegen. Mitunter muss man dabei die Innereien von den fünf sternförmig von der Mitte an den Kalkwänden emporstrebenden Gonaden zur Seite schieben. Und frisch aus dem Seeigel gelöffelt mit etwas Zitrone und Weißbrot schmeckt der Rogen übrigens auch am besten.

Eine der größten kulinarische Enttäuschungen meines Lebens erlebte ich eines Abends im kalifornischen Santa Barbara. Ich hatte einen langen Strandspaziergang unternommen und kam auf dem Rückweg zum Hotel durch den Hafen. An einem der Stege machte gerade ein kleines Fischerboot fest, dessen Laderaum aus einem riesigen Container randvoll mit Seeigeln bestand – größeren Seeigeln, als ich sie je gesehen hatte, größer als Tennisbälle, wahre Prachtexemplare, die unter dem Flutlicht schwarz glänzend ihre Stacheln aufstellten. Natürlich hatte mein Genießerherz da sofort Feuer gefangen. Ich sprach die beiden mit dem Entladen beschäftigten Fischer an, ob sie mir ein paar Seeigel verkaufen würden. Hätte ich sie nach Kokain gefragt, die beiden hätten mich nicht entgeisterter ansehen können. Kopfschüttelnd erklärten sie mir, das käme nun gar nicht infrage – da drüben stünde schon der Lieferwagen, der ihren Fang direkt nach LAX fahre, wo schon der Flieger zum Fischmarkt nach Tokio warte. Nicht für Geld und gute Worte waren sie dazu zu bewegen, mich auch nur einen der Seeigel kosten zu lassen. Tags darauf traf ich den Schriftsteller T. C. Boyle, der seit Jahrzehnten im einzigen Holzhaus wohnt, das Frank Lloyd Wright je entworfen hat, und beklagte mich bitter über mein Schicksal und die Hartherzigkeit kalifornischer Fischer. Das sollte nicht umsonst geschehen sein. Bei meinem nächsten Besuch in Santa Barbara überraschte mich T. C. in einer Bar am Hafen mit den köstlichsten Seeigeln, die ich je in meinem Leben gegessen habe.

Seit den 80er-Jahren haben die Bemühungen, Seeigel zu züchten, große Fortschritte gemacht; die entscheidenden Faktoren wie Temperatur, pH-Wert, Sauerstoff- und Salzgehalt des Wassers lassen sich in Tanks oder Meeresbecken genauso kontrollieren wie die Fütterung mit Algen, von denen sich Seeigel ernähren. In Europa ist die französische Ile de Ré hier führend, aber auch an der kanadischen, US- und südamerikanischen Pazifikküste und in Südostasien werden Seeigel inzwischen erfolgreich kommerziell bewirtschaftet. Tatsächlich verspeist man in Japan 97 Prozent aller Seeigel weltweit, meist als Uni-Sushi oder Sashimi. Schwer zu glauben, wenn man die vielen auf die Zubereitung von Seeigeln spezialisierten

Familienrestaurants in Apulien kennt, die eigentlich nur zwei Gerichte im Angebot haben: frische Seeigel mit Zitrone zum Selberauslöffeln oder Spaghettini mit Seeigeln, Chili, Petersilie, einem Schluck Weißwein oder einem kräftigen Spritzer Zitrone. Entscheidend ist dabei, den Seeigelrogen erst ganz zum Schluss zur Pasta zu geben, sodass er von den Nudeln zwar erwärmt wird, aber keinesfalls mitkocht: Das würde die Struktur des Proteins und das frische Aroma zerstören.

Von Topfguckern und Küchennachläufern

Ich lasse mir gern in der Küche helfen. Insbesondere beim Abspülen, beim Servieren oder beim Platieren für größere Gästerunden ist es sehr angenehm, wenn kundige Hände die Teller aus dem Wärmeschrank holen und nach Anweisung oder einem Vorbildteller das Anrichten übernehmen. Und was kann es Schöneres geben, als bei einem guten Glas oder auch zweien gemütlich plaudernd in der Küche zu stehen und gemeinsam zur Vorbereitung eines Fondues oder eines asiatischen Wokgerichts Gemüse, Kräuter, Pilze und Fleisch zu schnippeln? Aber manche Küchenvorgänge erfordern nun einmal die Präzision und die Schnelligkeit eines hirnchirurgischen Eingriffs: Skreiloins verzeihen keinen Moment zu lang auf dem Feuer. Ebenso wenig die Hirschmedaillons oder die kräftig angebratene Blutwurst zur Jakobsmuschel, die bitte glasig bleiben soll. Eine Tarte Tatin kann sich binnen weniger Sekunden in eine Tarte *brûlée* verwandeln. Eine Mayonnaise in ein glitschiges Fiasko. Und die Mini-Windbeutel im Ofen sind schneller verbrannt, als ich »Heute back ich, morgen brau ich, übermorgen hol ich der Königin ihr Kind« sagen kann.

Zugegeben, am liebsten sind mir auf fremde Geschmackswelten neugierige Omnivore, wie ich selbst einer bin. Aber ich koche für alle meine Gäste gleichermaßen gern und mit Fröhlichkeit im Herzen. Jedenfalls nehme ich mir das immer wieder ganz fest vor. Auch falls diese Gäste Veganer oder Vegetarier, Flexitarier, Anhänger von Paleo-, Low-Carb-, Detox- oder

Clean-Eating-Diäten sind. Selbst wenn sie mir vorab versichert haben, nun wirklich keinerlei kulinarische Limits, Einschränkungen oder Unverträglichkeiten zu kennen, nur um dann bei Tisch plötzlich festzustellen, dass sie Austern, Koriander, Brokkoli, Schwein, Qualle, Lamm, Seeigel, Schnecken oder Kamtschatkakrabben nicht über ihre Lippen bringen. Eine Extraportion Langmut bevorrate ich selbstverständlich für willensstarke Neunjährige, die zwar heiß und innig Meeresfrüchte lieben, aber um keinen Preis der Welt auch nur irgendein grünes Kräutlein zu sich nehmen können. Allergiker aller Sorten sind mir ebenso willkommen wie Frutarier oder Menschen mit irrationalen Abneigungen gegen Muscheln, Fisch, Pilze, Innereien oder Milchprodukte. An meinem Tisch, so mein eiserner Vorsatz, möge gerade so wie in Lessings Ringparabel der beseligende Geist eines unbedingten Toleranzgebots herrschen. Oder in den weisen Worten Rodney Kings: »Can't we all get along?«

Nur eine Art von Gästen kann ich nicht ausstehen: die Topfgucker, Küchenfolger und Ins-Rezept-Quassler. Es ist mir unbegreiflich, warum manche Menschen nicht gelassen auf ihren Plätzen an der Tafel verharren, den Wein genießen und sich an der hoffentlich munteren Konversation beteiligen können, während ihr am Herd geforderter Gastgeber sich um den nächsten Gang kümmert. Was nur fährt in diese Irrwische, dass sie von ihren Stühlen aufspringen, sich den Köchen an die Fersen heften und ihnen in jenen arkanen Bereich folgen, den zu betreten sie in einem Restaurant doch auch nie auf die Idee kämen: in die Küche? Am schlimmsten trieb es einmal ein Profikoch, der offenbar Hummeln im Hintern hatte und es nicht ertragen konnte, dass jemand anderes als er die Pfanne schwang. Wer noch keine Komplettentmündigung am eigenen Herd erlebt hat, weiß nicht, wovon ich rede.

Meine Küche bildet mit dem Ess- und Wohnbereich eine nur durch eine gläserne, für gewöhnlich offen stehende Schiebewand abtrennbare Einheit. Deshalb kann ich auch nicht einfach

134 die Tür hinter mir schließen und die ungebetenen Störenfriede aussperren. Und was haben diese dreisten Pfannenschieber, anhänglichen Unglücksraben und kulinarischen Pechmaries nicht schon alles an Küchendesastern bei mir angerichtet. Einmal sind mir die schönsten Wildmaultaschen in der Pfanne angebrannt, weil mir ein Regisseur an den Herd nachlief, um mir dort mit unbedingtem Augenkontakt die Handlung seines nächsten Films zu erzählen. Wie habe ich mich geärgert, weil meine knallroten Carabineros, köstliche Tiefseegarnelen, nach der entscheidenden Minute zu lang auf der Plancha eben nicht mehr saftig und hübsch glasig in der Mitte waren, sondern drüsch und zu durch – und alles nur, weil mir eine Lektorin in der Küche die Pistole auf die Brust gesetzt hatte und wissen wollte, was ich denn nun eigentlich vom neuen Roman von Judith Hermann halte (*Daheim*, ein exzellentes Buch übrigens – aber bei Tiefseegarnelen kann ich extrem humorlos werden …)

Gastronomie könnte so schön sein – wenn nur die Gäste nicht wären. Ich weiß nicht, wann ich diesen Spruch zum ersten Mal gehört habe, es muss Jahrzehnte her sein. Aber ich denke oft an ihn. In meiner Küche, umgeben von Menschen, die an den Rockschößen meiner Kochjacke hängen, formen meine Lippen mitunter still Greta Garbos unsterbliche Sätze aus der Hollywood-Verfilmung von Vicki Baums Roman *Menschen im Hotel*: »I want to be alone. I just want to be alone.«

So, wie sich's ghörd!

»Goldrichtig isch der Teig erschd dann, wenn du ihn so dünn ausgrolld haschd, dass du dahinder eine Zeitung lesen kannschd – ond zwar ned bloß die Schlagzeile!« Meine Großmutter besaß eine wunderbar weiche Stimme. Diese Stimme erzählte mir von Dornröschen und vom Teufel mit den drei goldenen Haaren, von Schneeweißchen und Rosenrot, vom Froschkönig und vom Eisenhans und was sonst noch alles wichtig war im Leben. Ihr Honoratiorenschwäbisch klingt mir auch heute noch bei jeder Erinnerung an sie honigsüß im Ohr, obwohl sie seit vielen Jahren auf dem Friedhof liegt. Sie starb fast hundertjährig in meinen Armen und hat mir das verdammt gute Gefühl hinterlassen, dass es so etwas geben kann: einen versöhnten Tod. Meine Großmutter besaß das friedfertige Naturell eines Dalai Lama. Stinksauer konnte sie aber werden, wenn man ihr zu dicken Maultaschenteig servierte. Oder aufgewärmte Spätzle. Da verstand sie wirklich keinen Spaß.

Lange bekamen Gäste deshalb bei mir privat keine Spätzle vorgesetzt. Das hat einige enttäuscht, denn wenn man schon mal bei einem Schwaben zum Essen eingeladen ist und es einen Rehrücken mit Burgundersauce gibt, dann wären Spätzle schon die optimalen Begleiter – jedenfalls wenn man die traditionellen Zubereitungsarten mag. Rehrücken Baden-Baden sieht nun mal eine pochierte Birne gefüllt mit Preiselbeeren sowie Spätzle zu einem schön rosa gebratenen Rehrücken vor.

Die Birne und die Preiselbeeren lassen sich problemlos vorbereiten. Anders die Spätzle. Die Zubereitung handgeschabter Spätzle erfordert nun mal einen längeren Einsatz des kochenden Gastgebers am Herd, und das ist bei größeren Gästerunden schlicht unvereinbar mit meinem Wunsch, mich am Gespräch mit den Menschen, auf die ich mich freue – deshalb habe ich sie ja eingeladen! –, auch zu beteiligen. Einem seltenen Ukas meiner Großmutter zufolge hatten Spätzle aber entweder frisch und natürlich handgeschabt auf den Tisch zu kommen – oder eben gar nicht.

Die längste Zeit meines Lebens hielt ich mich an diese Regel. Bis ich im Gespräch mit einer befreundeten Catering-Köchin den Tipp erhielt, dass man Spätzle im Dampfgarer perfekt »regenerieren« kann. Von Regenerieren sprechen Profis gern, wenn sie eigentlich Aufwärmen im Dampfgarer meinen – klingt doch gleich viel appetitlicher. Tatsächlich sind die am Vormittag oder sogar am Vortag handgeschabten Spätzle nach zwei, drei Minuten im 95-Grad-Dampf tipptopp – vorausgesetzt, man hat sie nach dem Schaben und Garen im siedenden Salzwasser kurz mit kaltem Wasser abgebraust, damit sie nicht unschön aneinanderkleben – und lassen sich danach perfekt mit in Nussbutter angebratenen Semmelbröseln schmälzen. Eine Nussbutter ist übrigens nicht, wie ich unlängst doch tatsächlich in einem Kochbuch las, eine Butter, in der man Haselnüsse oder Mandelblättchen mitröstet, was sicher auch fein schmeckt. Nussbutter heißt so, weil sie beim langsamen Schmelzen bei nicht zu heißer Temperatur durch die Bräunung des in ihr enthaltenen Eiweiß einen schön nussigen Eigengeschmack und eine wundervolle, an Bernstein erinnernde Farbe entwickelt. Ideal zu Spargel, aber auch Teltower Rübchen oder eben zu Spätzle.

Meine Großmutter machte, außer in Notzeiten, ausschließlich Eierspätzle aus einem Teig bestehend aus 12 Eigelb, 250 Gramm Mehl und einem Teelöffel Salz. Das führt zu herrlich goldgelben Spätzle – und zu jenem berühmten schwäbischen Hüftgold, einem Lebensmittel von faszinierender Kaloriendichte, das eigentlich nur auf Speiseplänen von Triathleten auftauchen dürfte. Natürlich kann man die Zahl der Eigelbe reduzieren oder auch ganze Eier verwenden, aber das macht die Spätzle unglücklich blass und erinnert mich an die furchtbaren Teigkringel, die in Kantinen unter dem Namen Spätzle angeboten werden. Nein, behalten wir die Spätzle als Tafelzier lieber hohen Fest- und Feiertagen vor, gehen dann aber in die Vollen und machen sie »so, wie sich's ghörd!«, wie meine Großmutter gern sagte. Rätselhafterweise fügte sie übrigens immer dann, wenn Hasenbraten auf den Tisch kam, ihrem Spätzleteig einen Hauch Muskat zu, sonst aber nie.

Aber welches Mehl? Ich nehme heute das doppelgriffige Spätzlemehl aus der *Herrenmühle* der Familie Vogel in Aulendorf (https://herrenmuehle.de/), eine Mischung aus Weizenmehl und Weizendunst. In der Herrenmühle wird der Wei-

zen zuerst geschrotet, dann werden die anfallenden Produkte Schrot, Grieß, Dunst und Mehl durch Sieben voneinander getrennt und dann weiterverarbeitet. Mehl hat eine Granulation von feiner als 150 µm und Dunst von 300 bis 150µm, Grieß 1000 bis 300µm. Auf der Website der Herrenmühle lässt sich viel Basiswissen über die komplexe Welt des Mehls erfahren. Noch augenöffnender ist eine Führung durch die Mühle, die als einzige Kleinmühle im Kreis Ravensburg von den Vogels seit Generationen betrieben wird. Hier in der Herrenmühle machte ich auch erstmals Bekanntschaft mit der »Dinnede«, der oberschwäbischen Variante des Flammkuchens, deren Hefeteig mit Schmand, Zwiebeln oder Frühlingszwiebeln, Kartoffeln und Speck belegt wird.

Mehl ist ein kulinarischer Kosmos für sich, wie jeder weiß, der sich schon mal auf handgemachte Pasta eingelassen hat. Die Fallstricke, in denen man sich verheddern kann, sind zahlreich und die durchs Internet geisternden Fehlinformationen beträchtlich. Ein zweifach gemahlenes italienisches Hartweizenmehl Semola rimacinata, wie man es für ein köstliches

Pane di Altamura benötigt, ist eben nicht einfach durch ein deutsches Mehl Type 405 oder 550 aus dem Supermarkt zu ersetzen. Ein Lievito Madre, also ein italienischer Hartweizensauerteig, ergibt ein vollkommen anderes Geschmacksbild als ein deutscher Sauerteig. Bis auf einige Versuche mit Laugenbrezeln bin ich bislang davor zurückgeschreckt, die Welt des selbst gebackenen Brots zu erkunden. Aber meine Lust wächst, und ich ahne, dass ich sie bald für mich entdecken werde. Jedenfalls treibe ich mich in letzter Zeit verdächtig oft auf Websites wie der des »Brotdocs« Dr. Björn Hollensteiner (https://brotdoc.com/) oder des auf Backzutaten spezialisierten Versenders *Bon'gu* (https://bongu.de/) herum und merke, wie die Lust in mir wächst, mich auf Biga, Pouliche und Co. einzulassen. Wem dies alles unverständlich bleibt, dem sei ein Besuch auf https://www.baeckerlatein.de/ empfohlen.

Brotbacken birgt das Risiko, sich im Vergleich zu Erzeugnissen der Profis lächerlich zu machen. Aber mit zunehmendem Alter und unweigerlich einsetzender Gravitas ist dieser Mut zur Lächerlichkeit vielleicht gerade das Entscheidende. Ich glaube jedenfalls, ich habe im Theater nie lauter gelacht als einmal in einer Inszenierung von Christoph Marthaler. Gezeigt wurde ein Mensch, der durch eine Volkshochschule irrt auf der Suche nach seinem Kurs. Immer wieder öffnet er Türen und fragt: »Verzeihen Sie bitte, ist das *Backen ohne Mehl?*« Bis er in einen Gymnastikkurs gerät, dessen Teilnehmer gerade Liegestütz machen und ihm auf seine Frage »Verzeihen Sie bitte, ist das *Backen ohne Mehl?*« zurufen: »Nein, das hier ist *Ficken ohne Frau!*«

Nun gut, nicht jeder teilt denselben Humor.

»Ich bin in der Bouillabaisse geboren!«

Niemand vergisst sein erstes Mal. Man muss nicht so weit gehen wie der amerikanische Frankreichkenner A.J. Liebling, der behauptete, sein erster Löffel Bouillabaisse sei »ein Ereignis gewesen, das in meiner Erinnerung das Ende des Ersten Weltkriegs überstrahlt«. Aber die Bouillabaisse ist eines jener raren Gerichte, die kulinarische Damaskuserlebnisse auszulösen vermögen. Eine tolle Bouillabaisse kann neue kulinarische Horizonte eröffnen. Abenteuerlust am Herd auslösen. Und nicht zuletzt einen Jieper auf bislang unbekannte Ufer des Geschmacks wecken.

Das ist ja schon mal nicht wenig für eine Suppe aus Zwiebeln, Kartoffeln, Tomaten und Safran mit ein paar lokalen Fischen, von denen die Legende erzählt, es seien ursprünglich jene gewesen, die am Ende eines langen Markttages in Marseille unverkauft geblieben waren, sodass die einheimischen Fischer sich daraus eine Suppe zubereiteten. Aber Legenden gibt es rund um die Bouillabaisse so viele wie Rezeptvarianten; mit oder ohne Muscheln? (Für mich ein Sakrileg: Wer eine Bouillabaisse mit Muscheln zubereitet, möge in einem von Dante unbeschriebenen Höllenkreis brennen!). Mit oder ohne Kartoffeln? Mit oder ohne Krustentiere? Als Eintopf mit den Fischen auf einem oder Suppe und Fisch separat auf zwei Tellern serviert? Von der *Bouillabaisse riche* mit Languste oder Hummer ganz zu schweigen. Und haben wir schon die Sauce Rouille erwähnt, deren Varianz die des gemeinen Guppies in den Schatten stellt? Die Bouillabaisse wäre durchaus eines Dan Browns der Gastrosophie würdig, der ihre direkte Blutlinie gewiss auf die Ursuppe und damit die Entstehung des Lebens selbst zurückführte. Um diese Suppe toben veritable Glaubenskriege. Die einen führen ihren Ursprung direkt auf Plinius den Älteren zurück, der im ersten Jahrhundert nach Christus eine Drachenkopfsuppe erwähnt. Andere bescheiden sich mit der Erkenntnis, dass eine mit Lorbeer und was auch immer gewürzte Suppe aus Mittelmeerfischen vermutlich sogar noch wesentlich älter als Plinius sein dürfte, denn Suppe ist dem Harvard-Anthropologen Richard Wrangham zufolge eines der ältesten Gerichte der Welt. Aber Wrangham vertritt ja auch die spannende These, wonach wir Menschen überhaupt nur dadurch zum Menschen wurden, dass unsere äffischen Vorfahren zu kochen begannen. So oder so, die Bouillabaisse hat jedenfalls etwas mit unserer kulinarischen Identität zu tun.

Nicht wenigen gilt Bouillabaisse als die beste Suppe der Welt. Und die beste Bouillabaisse Frankreichs – und damit selbstverständlich der Welt – gibt es bei *Chez Camille* im südfranzösischen Ramatuelle. So das Ondit. Jedenfalls betreibt die Familie Berenguier hier in Ramatuelle seit sage und schreibe 1912 in einer kleinen Bucht am Strand von Camarat erst eine Fischerhütte, dann einen Ausschank und schließlich eine »Bonne Terrasse«: ein Restaurant mit geräumigem Außenbereich direkt am Sandstrand, einen Steinwurf entfernt vom quirligen (schreibe ich: »quirligen«? Meine ich nicht: »infernalischen«?) St.-Tropez.

Lage, Lage, Lage: Die Immobilienweisheit Nummer eins trifft in besonderer Weise auf das *Chez Camille* zu. Die Lage und der Ausblick sowohl auf der Terrasse wie an einem Fenstertisch im Innenbereich von *Chez Camille* erinnert an einen berühmten Satz von Martin Walser: »Mehr als schön ist nichts.« Das *Chez Camille* ruft tatsächlich ein politisch höchst unkorrektes Faktum ins Gedächtnis: Erstens existiert Schönheit. Zweitens gibt es auch so etwas wie Schönheit nonplusultra. Und drittens ist solcherart Schönheit unmöglich zu widersprechen. Mit anderen Worten: Wer je einen Blick von der Terrasse des *Chez Camille* geworfen hat, weiß: Niemand, der dieses Restaurant in der Vergangenheit betrieben hat, heute betreibt oder in Zukunft betreiben wird, hat je, muss heute oder wird jemals kochen müssen.

Eingedenk dieser Erkenntnis kann man im *Chez Camille* gar nicht schlecht essen. Das in vierter Generation betriebene Familienunternehmen führt seit 2003 Guillaume Berenguier. Der Urenkel jenes Fischers, der hier ein Strandgrundstück von zweihundert Quadratmetern für seine Fischerkate erwarb, behauptet von sich: »Ich bin in der Bouillabaisse geboren!« Guillaume Berenguier hat die Karte um zwei Fleischgerichte (Entrecôte und Lammkarree) erweitert, bekennt aber freimütig, diese Gerichte nie zu essen: »Das bekommt mir nicht!« Der Endvierziger ist ein fleischgewordenes Ausrufezeichen:

ein typischer Südfranzose mit klaren Meinungen, starken Vorlieben und ebenso heftigen Abneigungen: Ob er schon einmal woanders Bouillabaisse gegessen habe? »Nie! Angesehen ja, gegessen niemals.« Ob das Familienrezept seiner Bouillabaisse im Lauf von über hundert Jahren verändert worden sei? »Da gibt es nichts zu verbessern!« Was er von einer Bouillabaisse ohne Tomate hält? »Es gibt Leute in Marseille und Cassis, die machen das. Wir machen das nicht!« Je an eine Filiale gedacht? »Wir hatten vor vielen Jahren einmal ein Angebot in New York. Mein Vater hat das leider abgelehnt.«

Das *Chez Camille* breitet sich inzwischen auf zwei Hektar aus und bietet in seinen beiden großen Sälen 70 Plätze, die Terrasse weitere 40. Schon unmittelbar nach dem Betreten des Restaurants fällt der Blick auf einen Kochbereich, wo auf offenem Feuer in zwei riesigen, an Miraculix erinnernden Eisenkesseln der Fond zubereitet wird. »Bouillabaisse ist kein einfaches Essen. Wer zu Hause selbst eine kochen will, muss früh aufstehen! Wir fangen um acht Uhr an. Die Suppe muss gut durchziehen, die Aromen der Zwiebel sich mit dem der Tomaten und des Safrans verbinden«, erklärt Guillaume Berenguier die Zubereitung. Während der sechs Monate, die *Chez Camille* geöffnet hat, verbraucht Berenguier jeden Monat ein Kilo Safran, was ihn 2400 € kostet. »Es gibt natürlich auch Safran für 30.000 Euro das Kilo, aber erstens kann ich mir den nicht leisten, und zweitens glaube ich auch nicht, dass der Safran das Entscheidende für den Geschmack der Bouillabaisse ist. Der Safran macht die Suppe leicht verdaulich. Aber das Wichtigste ist die Qualität der Fische. Und dann kommt es darauf an, die Fische richtig zu putzen. Das ist das Schwierigste.«

Berenguier arbeitet seit 40 Jahren mit denselben Lieferanten zusammen. Meine Annahme, der Koch kaufe seine Fische und Krustentiere auf hiesigen Märkten, erweist sich als naiv. Der französische Zentralismus reicht bis in die Küche des *Chez Camille:* »Wir arbeiten seit 40 Jahren mit denselben Händlern aus Valence zusammen. In Valence ist eine große Umschlagstelle für Fisch, von dort werden sie auf ganz Frankreich verteilt.« Valence liegt über dreihundert Kilometer von Ramatuelle entfernt. So finden sich in der Bouillabaisse denn auch nicht ausschließlich Fische aus dem Mittelmeer. »Einige kommen aus dem Atlantik und dem Ärmelkanal. Wir arbeiten schon so lange mit denselben Händlern, dass die ganz genau wissen, was wir wollen. Als ich vor 35 Jahren hier mit 14 im Restaurant angefangen habe, kam es noch vor, dass wir gelegentlich mal Ware zurückschicken mussten. Heute gibt es so etwas nicht mehr. Die Qualität wird amtsärztlich überwacht.«

Die unterschiedlichen Garzeiten der verschiedenen Fische berücksichtigt Berenguier durch eine ausgefeilte Schichttechnik: »Alle Fische kommen gleichzeitig in den Topf. Unten liegen die großen Fische, weiter oben, wo es nicht so stark kocht, die kleinen. Ich fange immer mit dem Großen Roten Drachenkopf an. Darauf lege ich den Saint-Pierre und weiter oben dann Schicht um Schicht die kleineren Fische. Gekocht wird das Ganze in einem vorbereiteten Fond aus Zwiebeln, Tomaten und Safran mit Kartoffeln für 20 Minuten.«

Seit die Aufklärung den antiken Götterhimmel leer geräumt hat, weiß man: Wissen produziert mitunter Enttäuschung. Dass sich auch am Tisch des *Chez Camille* eine gewisse Enttäuschung breitmacht, liegt weniger an der vorausgegangenen Offenbarung seiner Küchengeheimisse, als an der Rainbow-Warrior-Tischwäsche, die selbst auf dem Federkleid eines Papageis zu grell wirken würde. Doch ein Blick auf Sandstrand und Bucht versöhnt mit den Zumutungen und dem zu warmen Champagner – ohnehin selber schuld, wer hier nicht dem Beispiel des Wirts folgt und Ricard trinkt.

Und dann kommt der herbeigesehnte Moment, und in einer großen Steingutschale wird die Bouillabaisse serviert: ein samtiges, zwischen blutorange und lachsfarben schillerndes Suppenmeer, das einen intensiven Safranduft verbreitet. Die Terrine taucht in Begleitung eines Weidenkörbchens mit gerösteten Weißbrotscheiben auf, einem Töpfchen seltsam

gebundener Rouille (deren eigentümliche Pappigkeit uns später Kopfzerbrechen bereitet – wir haben Weckmehl im Verdacht) sowie einer großen Platte mit den Fischen. Saint-Pierre und Drachenkopf, Knurrhahn, Seeaal, Tintenfisch und Rotbarbe glotzen mit weit aufgerissenen Mündern von der Platte und kehren wenig später filetiert zurück.

Der erste Löffel der Suppe überrascht durch schöne Würze und lässt mich zwar weder den Ersten noch den Zweiten Weltkrieg vergessen, aber: Diese seit nunmehr 105 Jahren nach unverändertem Rezept zubereitete Bouillabaisse im *Chez Camille* markiert durchaus ein Ankommen, einen Standard, einen Referenzpunkt. So also kann, nein, so also muss Bouillabaisse ab heute schmecken. Komplex, vollkommen, sublim.

Ernüchternd hingegen die Fische selbst. Guillaume Berenguier mag in der Bouillabaisse geboren sein, dieser Fisch ist in ihr gestorben. Bis auf den schön zarten Tintenfisch sind die Filets durchweg übergart, was insbesondere dem Saint-Pierre übel bekommen ist. Der Fisch ist trocken und schlecht filetiert. So groß springen die Gräten in den Fischstücken auf der Platte ins Auge, dass man, so denn die New Yorker Dependance des *Chez Camille* zustande gekommen wäre, sie dort garantiert mit einem Warnschild hätte versehen müssen. Auch optisch ist die Präsentation auf dem mit hübschem blauem Rand versehenen Porzellan eher eine Zumutung. Sie lässt wenig von der jahrzehntelangen Erfahrung im Umgang mit den Produkten spüren und erinnert in ihrer Lieblosigkeit eher an heimische Küchendesaster.

War es kulinarische Hybris, nach dieser Erfahrung mit der für 72 € angebotenen Bouillabaisse eine Bouillabaisse royale zu 122 € zu ordern? Zwar kam eine prächtige Languste an unseren Tisch, doch auch diese war zu einem so schaurigen Grad von saftloser Faserigkeit übergart, dass die zu ihrer Präsentation paradierenden Kellner eher an eine Totenwache erinnerten.

Lohnt also ein Besuch im *Chez Camille*? Unbedingt. Der Ausblick: grandios! Der Strand: genial! Ein Ricard auf der Terrasse? Göttlich! Der Suppenfond? Ein Gedicht! Und wenn man die schlonzige Rouille, die faden Brotscheiben und den vielen toten Fisch einfach weglässt, hat man sogar gut gegessen.

Die beste Bouillabaisse meines Lebens habe ich bei Armin Karrer im *Hirschen* in Fellbach gegessen. Aber das würde ich bei *Chez Camille* in Ramatuelle nicht einmal erzählen, wenn die komplette Rugby-Meistermannschaft des RC Toulon mit mir am Tisch säße.

Oeufs en meurette

Lange Zeit hatte ich eine kleine Wohnung in Paris. Schweizer Bekannte hatten mir während eines Besuchs der französischen Buchmesse ihren seit Jahren heiß geliebten Pied-à-terre zur Miete angeboten, weil sie in die Vereinigten Staaten versetzt worden waren. Ich hatte spontan zugesagt, die zwei Zimmerchen im 18. Arrondissement zu übernehmen, hauptsäch-

lich, weil mir die damals grassierende Berlin-Euphorie auf die Nerven ging und ich mir dachte, wenn schon Hauptstadt, dann bitte eine richtige. Schließlich lag Paris von Köln aus, wo ich damals lebte, nur vier Zugstunden entfernt, genauso weit wie Berlin.

Inzwischen hat sich die Zugreise vom Dom nach Notre Dame auf drei Stunden und 14 Minuten reduziert. Der Berlinfimmel dagegen ist nirgendwo stärker als in Paris (und hat mich im Übrigen längst selbst infiziert). Die gesamte französische Jugend imaginiert die deutsche Hauptstadt als idyllisches Gegenteil von »Métro, boulot, dodo«, nämlich als Mischung aus Billigmieten, *Berghain*-Gruppensex und 12-Wochenstunden-Jobs in der Kreativwirtschaft. Mit anderen Worten: als unwiderstehlich. Die Berliner Billigmieten sind inzwischen zwar Geschichte – aber im Vergleich zu Paris …

Meine Pariser Wohnung lag in Montmartre, und diese Lage wurde ihr zum Verhängnis. Irgendwann drehte Jean-Pierre Jeunet einen schönen und kitschigen Spielfilm voller rätselhafter Sätze (»Literaturkritiker sind wie Kakteen, die von ihren

Stacheln leben, inmitten von Geiern, die von ihren Federn leben.«) über das bis dahin in seligem Dornröschenschlaf liegende Viertel, und im Handumdrehen verwandelte sich das auf der guten, das heißt stillen Seite von Sacré-Cœur liegende Quartier in ein Inferno. Offene Touristenbusse mit über Lautsprecher aufs Sonnendeck übertragenen Conferencen in allen Weltsprachen quälten sich nun durch die engen Gassen. In den Gemüseläden – im Vergleich mit den Kölner Runkelrübenbutzen wahre Showrooms vegetabiler Genüsse – raunten sich die Kunden Tiefsinn vortäuschende Zitate aus dem Film zu, etwa: »Sie sind auf jeden Fall kein Gemüse, denn selbst Artischocken haben ein Herz.« Und australische Backpacker, japanische Reisegruppen und niederländische Individualreisende glaubten in jeder Eckkneipe den Originaldrehort von *Die fabelhafte Welt der Amélie* zu entdecken – so, wie sie bislang auf jedem Flohmarktgekleckse einen verlorenen Monet, van Gogh oder Picasso erkannt hatten.

In Paris lebte ich wie ein Eremit. Anders als beim Übernachten im Hotel empfand ich nun nicht mehr die Notwendigkeit *to make the most of it*, also die Stadt kulturell abzuwohnen, jeden Tag in Ausstellungen zu gehen, Opern, Theater oder Konzerte zu besuchen, mich mit Freunden in Restaurants zu verabreden. Die Wohnung befreite die Stadt vom Erlebnisdruck. Mit einem Mal war ich in Paris angekommen und lebte wirklich in der Stadt, statt sie wie ein abzuarbeitendes Pflichtenheft wahrzunehmen. In Paris klingelte niemand an meiner Tür und auch kein Telefon, denn es gab kein Telefon in der Wohnung. Bald schon hörte ich auf, Zeitungen zu lesen oder den Briefkasten zu öffnen. Als ich auch das Abhören der Handy-Mailbox und den Abruf von E-Mails einstellte, machte ich mich auf eine Begegnung mit Peter Handke in der Metro gefasst. Gewiss würde er einen Korb vom Pilzesammeln unterm Arm tragen. Leben heißt Alleinsein. Paris war die Einübung darauf. Was anderen Qual sein mochte, mir war es hier Genuss. Mein Leben in Köln war in den Jahren davor immer umtriebiger

geworden, meine Lesestunden immer knapper. Und Literaturkritiker leben nun einmal vom Lesen. Paris wurde mehr und mehr mein *réduit*. Nicht selten kam es vor, dass ich am Freitagmittag im Büro das letzte Wort sprach und dann bis zum Wiedereintritt in die deutsche Arbeitswelt am Montag stumm blieb. Ich war vollauf zufrieden, meine von der Kölner Hässlichkeit geschundenen Augen, meine vom deutschen Doppelsprech malträtierten Ohren zu erholen. Und ich hatte einen Plan: meine Zunge zu laben.

Allein für mich zu kochen hatte ich bis dahin immer als eine Form von Küchenonanie betrachtet: ein Vergnügen, gewiss, aber eines, das mit schlechtem Gewissen verbunden war, weil es einen Verrat an einem größeren, geselligeren Vergnügen implizierte. Ein pietistischer Überrest, schließlich war ich in jenem Teil Schwabens aufgewachsen, für den sich die Politik den schönen Namen Pietcong ausgedacht hat. Nur für einen selbst an den Herd zu treten rief Fragen in Erinnerung wie die berühmte aus einem der Fragebögen in Max Frischs Tagebüchern, ob man denn auch Humor habe, wenn man allein sei. Im kulinarischen Kontext müsste die Frage vielleicht anderes gestellt werden: Würden Sie ein Feuerwerk auch für sich allein abbrennen?

Paris eliminierte solche Fragen. Ein einziger Blick in die Auslagen der Boucherien, Charcuterien und Boulangerien, der Poissonnerien, Crèmerien und Épicerien ringsum genügte. Die Produkte waren einfach zu verlockend. Klar würde ich hier kochen. Und ein weiterer Blick in die Küche meiner Wohnung soufflierte mir die Entscheidung: Nein, große Gästerunden wie in Köln würde es hier nicht geben. Schon allein deshalb, weil ich keine Lust hatte, einen echten Doppelhaushalt zu führen. In Paris würde ich für mich allein kochen.

Rasch fand ich Lieblingsläden, die nicht nur erstklassige Waren anboten, sondern auch das kulinarische Know-how und die Geschichten dazu: den Gewürzhändler Izraël in der rue François Miron etwa. Auf der rue Mouffetard fand ich einen großartigen Fischhändler, der mich lehrte, welch Wonne frische Dorschlebern sind, und mir ganze Fische so perfekt auf Eis verpackte, dass ich sie im Thalys nach Köln transportieren konnte. Und natürlich fand ich bald auch Lieblingsrestaurants, darunter in meinem, dem 18. Arrondissement, auf der rue Lepic das *À la Pomponnette*, ein einfaches Bistro, wo tatsächlich noch jene Mischung aus Arbeitern und Angestellten, Künstlern und Studenten verkehrte, die vor *Amélie* den Charme des Quartiers ausgemacht hatte – und natürlich auch jede Menge jener unzähligen Halbtouristen, wie ich selber einer war, meist Engländer oder Amerikaner, die hier eine Zweitwohnung hatten.

Die Spezialitäten im *Pomponnette* waren einfach, mitunter sogar derb wie »Os à moelle gratiné«, ein großer aufgesägter

Rindermarkknochen, unterm Salamander binnen Sekunden überbacken mit einer Mischung aus buttergetränkten Semmelbröseln und Petersilie: mit einem knusperigem Stück frischem Baguette eine der köstlichsten Vorspeisen, die man sich denken kann. Im *Pomponette* aß ich zum ersten Mal in meinem Leben »Oeufs en meurette«, ein Gericht aus dem Burgund: pochierte Eier in einer Rotwein-Specksoße.

Ich weiß noch, wie ich zunächst eher leicht enttäuscht auf die kleine ovale Gratinform blickte, in der die beiden weißen Eierberglein wie Iles flottants im Rotweinsaucenmeer schwammen – im Vergleich zu den Kalbsnieren mit Bries, Rinderfilets und gegrillten Makrelen, die meine Tischgenossen aßen, schien ich nicht gerade das große Los gezogen zu haben. Aber als meine Gabel durch das Eiweiß in den Dotter stieß, bildete das wie flüssiges Gold hervorströmende Eigelb eine kleine Sonnenpfütze im umgebenden Burgunderrot, und

nach einem ersten Löffel breitete sich eine wahre Aromenexplosion auf meiner Zunge und in meiner Nase aus. Ein komplexes Zusammenspiel aus Süße und Säure, perfekt eingebunden in eine bis ins Letzte auschoreografierte Harmonie von Geschmacksakkorden der winzigen und doch erkennbaren Perlzwiebelstückchen, der kross angebratenen Speckstreifen, die mit der cremigen Konsistenz von Eiweiß und Sauce eine so befriedigende Textur ergaben. So weiß wie Schnee, so rot wie Blut, schoss es mir durch den Kopf, und ich beschloss, dieses Schneewittchen-Gericht umgehend mit dünn gehobelten Périgord-Trüffeln – »so schwarz wie das Holz an den Rahmen« – so bald wie möglich für mich nachzukochen.

Wie viele japanische Touristen mögen nach einem Aufenthalt in Süddeutschland irgendwo auf Honshū ihr persönliches Käsepätzledesaster erlebt haben? Wie viele Hobbyköche aus Idaho eine Grünkohl-mit-Pinkel-Katastrophe? Wie viele Südafrikaner haben sich an Rinderrouladen die Zähne ausgebissen? Meine ersten Versuche mit »Oeufs en meurette« in meiner kleinen Pariser Küche endeten in einem Debakel erster

Klasse. Ich besaß auch damals schon Hunderte Kochbücher. In keinem fand sich eine brauchbare, das heißt nachvollziehbare Anleitung, wie man Eier pochiert. Dass das Wasser eben nicht kochen, sondern nur sieden darf, kein Salz, aber einen Schuss Essig enthalten sollte und dass das Ganze besser gelingt, wenn man im Topf einen leichten Strudel erzeugt, sodass sich das Eiweiß im siedenden Wasser wie von selbst um das Eigelb hüllt – ich fand es im Selbstversuch heraus, dabei unablässig zwischen zusammengebissenen Zähnen »Fluctuat nec mergitur« fluchend, und produzierte bis zu einem vorzeigbaren Ergebnis diverse Varianten von unansehnlichem Eiereinlauf.

So, wie die meisten scheinbar einfachen lokalen Genüsse, verrät auch dieser Klassiker aus dem Burgund nichts von der Arbeit und Sorgfalt, die auf seine ordentliche Zubereitung verwendet werden müssen. Zunächst scheiterte ich an meinem Geiz. Dann an meiner Faulheit. Das Geheimnis der »Oeufs en meurette« liegt in zwei Dingen: dem Fond, mit dem die Sauce zubereitet wird. Und im Wein. Nur ein wirklich erstklassiger Kalbsfond und nur ein mehr als anständiger Burgunder liefern ein ansprechendes Resultat – und wehe dem, der versucht, an der Zeit zu sparen! Wie sagt Tony Soprano so schön: »There's an old Italian saying: you fuck up once, you lose two teeth.«

Zweimal versuchte ich, das Gericht mit einem Zehn-Euro-Burgunder zu kochen, und die Sauce besaß nicht einen Hauch jenes ansprechenden Wechselspiels von schwarzen Kirschen und leichten Lederaromen. Stattdessen zerfiel die Sauce auf der Zunge und hinterließ einen säuerlich muffigen Nachgeschmack. Schließlich riet mir ein Weinhändler zu einer Village-Abfüllung aus Fixin, einem im Vergleich zu den anderen Weinbaugemeinden an der Côte de Nuits international zum Glück eher weniger geschätzten Burgunderort. Auch Kalbsfond aus der Dose lernte ich zu meiden, denn das Ergebnis blieb immer noch flach und stumpf. Dann kam Weihnachten, ich war allein in Paris, und ich hatte ein perfektes Programm: Ich wollte mir die ersten beiden Staffeln der *Sopranos* ansehen, und ich wollte einmal perfekte »Oeufs en meurette« kochen – ohne Kompromisse, ohne Hetze, ohne einen Gedanken an die Kosten der Zutaten oder den Aufwand zu verschwenden.

Dazu galt es erst mal einen Kalbsfond aufzusetzen: klein gehackte Kalbsknochen und ein Stück von der Haxe zusammen mit Möhren, Zwiebel, Knollensellerie, Petersilienwurzel und drei Knoblauchzehen in Öl oder besser noch Kalbsknochenmark anbraten, am Schluss etwas Tomatenpüree mitrösten, dann mit einem trockenen Weißwein ablöschen. Gewürzt wird mit schwarzem Pfeffer – natürlich dem von Monsieur Izraël – Thymian und Lorbeer. Das Ganze gut einkochen lassen, schließlich mit Wasser auffüllen und diesen Vorgang mindestens dreimal wiederholen, am Ende immer weiter reduzieren, bis die gewünschte Konsistenz erreicht ist – ein guter Viertelliter hocharomatischer Fond sollte es schon sein. Alternativ ist natürlich auch eine Consommé double vom Kalb wie weiter vorn beschrieben vorstellbar. Erst dann zündet Stufe zwei der »Oeufs en meurette«: Den Speck – am besten eignet sich *lard de poitrine*, also Bauchspeck – in hauchdünne Streifen schneiden und in etwas Butter auslassen, dann die Hitze reduzieren, reichlich Perlzwiebeln mitdünsten und zur Bindung einen Esslöffel Mehl durch ein Sieb in den Topf stäuben. Anschließend mit der Flasche Burgunder ablöschen und auffüllen und den Topf auf ganz kleiner Flamme mindestens vier Stunden köcheln lassen. Dann erst den Kalbsfond zufügen und noch eine Stunde weiterköcheln lassen, bis eine extrem reduzierte, stark eingedickte Sauce entstanden ist. Zwei Eier pochieren, die Sauce angießen, schließlich schwarze Périgord-Trüffel in etwas aufgeschäumte Butter reiben und über die Eier gleiten lassen. Der Burgunder, den man zu den »Oeufs en meurette« trinkt, sollte besser sein als der in der Sauce.

Ich habe Weihnachten nie besser gegessen als in diesem Jahr. Kochtöpfe sind genau wie Romane Maschinen zur Überwindung von Zeit und Raum. Wenn ich heute wieder in Paris sein möchte, brauche ich dafür weder vier noch drei Stunden.

Es genügt, irgendeine Stelle von Eugène Sue aufzuschlagen oder etwas von Monsieur Izraëls schwarzem Spezialpfeffer in meine Mühle zu füllen und mit der Zubereitung eines guten Kalbsfonds zu beginnen.

»Sirene, Irene, Helene«

Der Schrecken meiner Kindheit trägt einen Namen: Pastinakenpudding! Mag sein, es liegt an dem A-I-A-E-U-I-Vokalgestöber in diesem Namen selbst, der klingt wie der Schmerzensschrei eines von Koliken gequälten Magenkranken. Vielleicht hat dem Neunjährigen Anfang der 70er-Jahre auch die kulinarische Kollektiverinnerung des Mitteleuropäers

souffliert, dass Pastinaken, die unter dem Namen Moorwurzel, Hirsch- oder Hammelmöhre seit antiker Zeit doch einmal zu den Grundnahrungsmitteln zählten, ehe die Kartoffel und die Möhre sie von unserem Speisezettel verdrängten, nach Armut schmeckten und also verabscheuungswert wären. In jedem Fall hat Pastinakenpudding zeit meines Lebens nie meine Zunge oder meinen Gaumen berührt. Dabei erlebt die Pastinake gerade eine Renaissance. In der Suppe oder im Salat, als Stampf oder Püree, zu Tartes oder Textur stiftenden Chips verarbeitet: Nirgends ist man vor der mehlig schmeckenden Korbblütlerwurzel sicher.

Erst neulich unternahm ich eher widerwillig einen neuerlichen Pastinakenversuch. »Strozzapreti mit Rehragout und Pastinaken« stand auf der Karte des Restaurants. Fasrig wie alte Ananas schmeckten die gedünsteten Gemüsescheiben, verströmten ein dumpf erdiges Aroma, ein einziger Fehlton in dem ansonsten fein abgeschmeckten Gericht, der sich durch schlichten Platzverweis an den Tellerrand beheben ließ.

Die Hauptschuld meiner Pastinakenaversion trifft sicher

Carl Barks und seine wortgewaltige deutsche Übersetzerin Dr. Erika Fuchs. Pastinakenpudding ist ein moderner Mythos – und Auslöser meiner ersten Begegnung mit einem Mythos der Griechen.

Die meisten wirklich guten Enten-Geschichten des genialen Comiczeichners Carl Barks spielen auf See oder im Weltall. Vielleicht hat dies mit Michel Foucaults so tief ins Wesen der Griechen führender Einsicht zu tun, wonach eine Gesellschaft ohne Schiffe eine Gesellschaft ohne Träume sei. In *Das Goldene Vlies* erzählt Barks davon, dass Onkel Dagobert seinen noch aus Schottland mitgebrachten roten Tweedanzug eines Tages satthat. Gleich drei mit Ausrufezeichen beendete Sätze veranschaulichen dem Leser die Überlegung der grübelnd in ihrem Geldspeicher sitzenden reichsten Ente der Welt: »Kleider machen Leute! Das ist so! Ein Mann wie ich, immer reich und international bekannt, sollte dementsprechend gekleidet sein!«

Was liegt da näher, als sich einen goldenen Rock schneidern zu lassen? Ein Besuch beim Herrenschneider desillusioniert. Aus einem mitgebrachten Goldbarren könne er zwar einen annehmbaren Kleiderstoff herstellen, so der Fachmann, dieser würde allerdings »knittern wie Silberpapier«. Angesichts dieser jede Wertschöpfungskette auf den Kopf stellenden Gold-zu-Silber-Alchemie kann der Fantastillardär Dagobert natürlich nur sagen: »Das hätte ich nicht so gern.« Der Schneider entlässt Dagobert mit den Worten: »Tja, wenn ich eine goldene Zauberwolle hätte so wie das Goldene Vlies! Daraus könnte ich einen erstklassigen Rock anfertigen.« Worauf Dagobert nüchtern erwidert: »Das Goldene Vlies gibt's nur in der Sage. Ist also nicht greifbar.«

Die Pointe in Barks' im Original 1955 unter dem bedeutend gewitzteren Titel *The Golden Vleecing* erschienenen Geschichte liegt natürlich darin, dass der Mythos auf den folgenden Seiten des Comics überaus greifbar wird.

Das Gespräch zwischen dem Schneider und Onkel Dagobert hat ein Araber in weißer Dischdascha und Ghutra mit einem an eine Duschhaube erinnernden Mützchen mitgehört. Der seltsame Fremde stellt sich als »aus dem sagenhaften Colchis« kommend vor und präsentiert Onkel Dagobert ein Haarbüschel Goldwolle. Dagobert braucht nicht lang, um die einzigartige Gelegenheit beim Schopf zu packen: »Meinen Sie im Ernst das Colchis aus der Argonautensage?«, fragt er zurück. »Was sonst?«, lautet die Antwort des Mannes, der Dagobert an Bord des Schiffes Argo im Hafen von Entenhausen einlädt, sich dort als Sohn des »Königs von Eiyprah« vorstellt und ihn mit seinen Brüdern »Eneris, Eneri, Eneleh, Enemkla« bekannt macht.

In der Comicgeschichte erweist sich all das bald als fauler Zauber. Rückwärts gelesen wird aus »Eiyprah« Harpyie, und die Mischwesen mit den Frauenkörpern und Vogelschwingen heißen in Wirklichkeit Sirene, Irene, Helene und Alkmene … Die griechische Sage kennt drei oder vier Harpyien namens

Aello, Kelaino, Okypete und Podarge. Nichts an späterem Lektüreglück ist vergleichbar meiner irrwitzigen Freude beim ersten geglückten Entschlüsseln der rückwärts zu lesenden Namen der barksschen Harpyien. Die Lust an der magischen Verwandlung von Eneri zu Irene und wieder zurück jagt mir noch heute einen Schauder bis in die Zehenspitzen. Doch es ist noch eine zweite körperliche Empfindung mit dieser kanonischen Geschichte im Werk von Carl Barks verbunden: die des Ekels.

Die Harpyien entführen Dagobert Duck aus einem einzigen Grund nach Colchis: um ihren seit Jahrtausenden schwelenden Streit zu schlichten, wer von ihnen die beste Köchin ist. »Haben die nicht den König Phineas gefangen gehalten?«, fragt der offenbar humanistisch gebildete Dagobert in dunkler Vorahnung, und auch der mitentführte Donald erweist sich als Kenner der Argonautensage: »Ja, und immer, wenn er was essen wollte, legten sie ihm etwas auf den Teller, was grauenhaft roch.« Das ist die entschärfte Version der Tortur, mit der die Harpyien des Mythos Phineas quälten. Tatsächlich verdarben sie mit ihren Exkrementen sein Essen so sehr, dass er kurz vor dem Hungertod stand, als die griechischen Helden ihn auf Geheiß des Zeus von der Plage befreiten.

In Barks' Geschichte wird Onkel Dagobert zum Opfer, weil die Harpyien glauben, der reichste Mann der Welt müsse auch der größte Feinschmecker sein. Die Bildsprache, in der Barks dies erzählt, ist wie meist sublim: So lässt Barks den allgewaltigen Dagobert eine infantile Regression erleben – einmal wird er von einer Harpyie regelrecht übers Knie gelegt – bis er den kulinarischen Drangsalierungen der Harpyien so wehrlos ausgesetzt ist wie seine meist jungen Leser dem Drill bei Tisch durch ihre Erziehungsberechtigten. Was liegt näher an der Lebenswirklichkeit eines Kindes als die Vorstellung, zum Verzehr unappetitlicher Speisen gezwungen zu werden? Solche ungeahndeten Geiselnahmen zählen bis heute zu den alltäglichen Ritualen der Kindheit.

Und was lässt Carl Barks die Harpyien nun Dagobert vorsetzen? Alkmene kocht »Rhabarbermus mit Buttermilch und Gurkensud« – ein Gericht, wie es ironischerweise heute in der Nova-Regio-Küche durchaus auf einer Speisekarte auftauchen könnte. Irene möchte dank ihres »Frikassee vom Jungfasan mit Zucker und Zimt« zur Königin der Harpyien aufsteigen. Ihre Schwestern traktieren Dagobert mit »Morchelmarmelade«, »Sauerbraten leicht geschwefelt, mit Sirupsoße« oder »Torftörtchen mit reinem Tran«. Gegen derlei infernalische Kreationen verblassen selbst die Hervorbringungen der modernen Molekularküche.

Im Folgenden zeigt sich der geniale Plotter Carl Barks. Will Dagobert das goldene Vlies erbeuten, muss er das Angebot einer wohl zu Recht an den Siegesaussichten ihres Gerichts zweifelnden Harpyie namens Sirene annehmen, sie zur Gewinnerin des Kochwettbewerbs zu erklären, indem er ihren Teller ganz aufisst. Der Haken: Ihr Gericht löst in Dagobert den größten Ekel aus – natürlich tischt Sirene nichts anderes auf als den grauenhaften Pastinakenpudding.

Am Ende kommt Onkel Dagobert zu seinem neuen Anzug aus der Wolle des goldenen Vlies. Die Neffen ertappen ihn allerdings in den letzten Panels, wie er seinen alten Tweedrock aus einer Mülltonne angelt. Seine Begründung greift die Ausrufezeichen der Anfangssätze der Geschichte auf, die nun aber mit einem vierten zu Ende geht: »So ein Goldfummel ist eitel Firlefanz! Man friert darin erbärmlich, und dann der ordinäre Glanz! Nein, Herrenoberbekleidung sollte aus reiner Schurwolle sein! Jedenfalls in Entenhausen!«

Bis heute zählt es dem Vernehmen nach zu den Ritualen der »Deutschen Organisation der nicht kommerziellen Anhänger des lauteren Donaldismus«, abgekürzt D.O.N.A.L.D, ihren Vorsitzenden, die PräsidEnte, unmittelbar nach Ablauf der Amtszeit öffentlich eine Portion Pastinakenpudding verzehren zu lassen. Ein wahrhaft barbarischer Brauch.

Essen Enten Enten?

Dass man viel Lebenswichtiges aus dem eifrigen Studium von Karl Marx und Carl Barks erfahren kann, hat sich herumgesprochen. Aber kann man sich kulinarisch auch bei den Enten Tipps holen – am Ende mit ihnen kochen lernen? Genauer: Lässt sich aus dem, was der amerikanische Zeichner Carl Barks und seine deutsche Übersetzerin Dr. Erika Fuchs ihre Enten kochen und zu sich nehmen ließen, eine gastrosophische Erziehung oder kulinarische Perspektive entwickeln? Ich habe mich zum ersten Mal Ende der 60er-, Anfang der 70er-Jahre mit Essen in Entenhausen befasst und will zunächst kurz von diesem Selbstversuch am eigenen Leib berichten.

Am Anfang stand eine Faszination. Im Grunde eher eine Obsession, wie man sie so radikal wohl nur als Kind ausleben kann. Besonders als Kind, dem das eigene Leben in der schwäbischen Provinz unerträglich langweilig und banal, das Leben in Entenhausen hingegen erstrebenswert, weil abwechslungsreich und abenteuerlich erschien – jedenfalls so ungemein verlockend, dass ich erst davon zu träumen und bald auch darüber nachzudenken wagte, ob es nicht möglich sein könnte, irgendwie von dieser Welt in jene andere hinüberzuwechseln?

Das Konzept war in der kindlichen Imagination wohletabliert: unzählig die Märchen, in denen man durch Verzehr eines Wunderkrauts, Einnahme eines Zaubertranks oder eines magischen Pulvers wie bei Wilhelm Hauffs *Kalif Storch* oder mittels simplen Dosenspinats wie in E. C. Segars *Popeye* eine

Metamorphose einleitet. Beliebte Hilfsmittel beim Weltenwechsel waren auch Gänge durch Spiegel, das Verfolgen weißer Kaninchen oder das Reiben an Wunderlampen. Nicht zu vergessen die jeweils parat zu haltenden Zauberwörter und -formeln von »Mutabor!« bis zu »Shazam!« Und schließlich liefen im damals noch auf drei Kanäle beschränkten Fernsehen Serien wie *Immer wenn er Pillen nahm* und *Kleiner König Kalle Wirsch*, die liebevolle Augsburger-Puppenkiste-Adaption des Romans von Tilde Michels, die unentwegt davon erzählten, wie sich durch Einnahme der richtigen Speisen die Lebensumstände dramatisch verändern ließen.

Wenn man sich mithilfe eines Zauberpulvers und einer Zauberformel wie »Mutabor!« also von einem Menschen in einen Storch verwandeln kann, warum dann nicht auch in eine sprechende Ente? Und als solche den Weg nach Entenhausen zu finden, das konnte nicht schwieriger sein als die Reise des Schiffsarztes Lemuel Gulliver nach Laputa und zu den Houyhnhnms oder Nils Holgerssons Expedition mit den Wildgänsen.

Letztlich sind all diese Metamorphosen natürlich bloße Metaphern fürs Lesen an sich und die uns durch die Literatur gebotene Möglichkeit, mehr als tausend Leben führen zu dürfen, ohne mehr als tausend Tode sterben zu müssen. Aber wer ahnt das als Kind schon? Zumal als Kind, das mit den in schwäbischen Antiquariaten reichlich vorrätig gehaltenen Comic-Hinterlassenschaften der GIs aufwuchs. Ein Kind also, das aus den Abenteuern des Superman-Konkurrenten Captain Marvel, den C. C. Beck 1940 für den Fawcett Verlag erfand, zwar wusste, dass »Shazam!« ein Akronym war, das für »Salomon's Wisdom, Hercules' Strength, Achilles' Courage, Zeus' Powers, Atlas' Stamina und Mercury's Speed« stand, das dem verwaisten Zeitungsjungen Billy Batson von einem ägyptischen Magier anvertraut worden war und mit dessen Hilfe Billy sich beliebig in Captain Marvel und wieder zurück verwandeln konnte. Ein Kind aber, das von der restlosen Entzauberung der Welt noch nicht ganz überzeugt war. Jedenfalls nicht überzeugter als jene Kinder heute, die mühelos die meist aus dem Lateinischen abgeleiteten Zauberformeln Harry Potters herunterrattern, vom praktischen »Reparo!«, der zu Bruch Gegangenes wiederherstellt, über den Fesselungszauber »Incarcerus!« bis zum insbesondere für Literaturkritiker unentbehrlichen »Riddikulus!«, ein Zauberspruch, der lächerlich macht.

Meine Großmutter war Köchin und Kummer gewohnt. 1906 geboren hatte sie zwei Weltkriege, eine Revolution und eine Inflation mitgemacht, ihren Ehemann bei Stalingrad und ihre verbliebenen Illusionen bei einem Erbstreit verloren. Meine berufstätige Mutter und meine Großmutter hatten sich zeit ihres Lebens nie getrennt, sodass die Frage, wer bei wem wohnte, mit der Zeit ebenso unentscheidbar geworden war wie die Frage nach Leben oder Tod von Schrödingers Katze. Fürs Kochen war jedenfalls berufsbedingt die Großmutter zuständig, die eine Zeit lang für Theodor Heuss, Carlo Schmid und Hermann Leins, später dann für »die Herren«, wie sie sie nannte, von Siemens in der Küche gestanden hatte. Diese Rollenverteilung in meinem Elternhaus entsprach bis aufs Haar der Welt Entenhausens – eine Parallele, über die ich erst im zeitlichen Abstand stutze –, denn auch hier ist Oma Duck die eigentliche Köchin, deren Qualitäten insbesondere der verfressene Knecht Franz Gans zu schätzen weiß, während die städtisch-emanzipierte Daisy Duck zwar häufig beim Backen, so gut wie nie aber am Kochtopf dargestellt war. Ein Enkel, der aufgrund seiner merkwürdigen Lektüren merkwürdige Speisen forderte und so lange quengelte und nervte, bis man sie ihm vorsetzte, konnte die an Sonderwünsche mäkliger Esser gewohnte Großmutter jedenfalls nicht weiter verblüffen oder aus der Fassung bringen.

Das Erste, was ihr Enkel zu essen begehrte, war kein Gericht aus der Welt Entenhausens, sondern Wildschwein – natürlich eine Folge der von 1968 an auf Deutsch erscheinenden *Asterix*-Alben, aus denen sich unter anderem erfahren ließ, dass Gallien fantastische regionale Spezialitäten hervorbrachte von

Jambon de Paris über Salade niçoise und Bouillabaisse aus Marseille bis zu Austern und weißen Burdigala aus Bordeaux, die Asterix, Obelix und Idefix auf ihrer *Tour de France* einsammelten, Schweinskaldaunen nur mit Honig wirklich gut mundeten und beim Käsefondue vor allem eines wichtig war: niemals, wirklich niemals sein Stück Brot in den Topf fallen zu lassen.

Wildschwein also. Wer beschreibt meine Enttäuschung, als kein ganzes Wildschwein auf den Tisch kam, ja noch nicht mal ein lausiger Frischling, sondern bloß Wildschweinbraten mit Pfifferlingssoße, ein Gericht, das zwar anders, dem kindlichen Gaumen aber nicht unbedingt besser als gewöhnlicher Schweinebraten schmeckte. Auch die dazu gereichten Beilagen – mit Preiselbeeren gefüllte Birnen, handgeschabte Eierspätzle, Gurken- und Kartoffelsalat – schienen nicht wirklich dem Geist der »sola scriptura« von Albert Uderzo und René Goscinny entsprungen. Meine bittere Klage, dass dies alles nichts, aber auch gar nichts mit jenen krossen Wildschweinen zu tun habe, die am Ende vom ganzen gallischen Dorf verspeist wurden, ja dieser Braten noch nicht mal einen Knochen für Idefix enthalte, konterte meine Großmutter mit dem Verweis auf die Größe des heimischen Backofens, die Unüblichkeit derartiger Portionen im Wildfachhandel sowie die auf meinem Teller zurückgebliebenen Wildschweinbratenreste – alles Gründe, von deren fadenscheiniger Vorgeschobenheit ich tief überzeugt blieb. Ähnliche Szenen werden sich zu jener Zeit an vielen Tischen der Bundesrepublik zugetragen haben.

Aber mir ging es letztlich ja nicht um einen Platz in der gallischen Tafelrunde, sondern um den Versuch, durch eine Umstellung des Speiseplans meinen Alltag näher an den der Einwohner Entenhausens zu rücken. Und dafür war von allen Mahlzeiten das Frühstück allemal die geeignetste, da am wenigsten von den Vorlieben und Gewohnheiten anderer Familienmitglieder abhängig. Auch Donald zeigt sich in mehreren Geschichten von der Bedeutung dieser ersten Mahlzeit des Tages überzeugt. In *Wie du mir, so ich dir* von 1946 sehen wir, wie er sich morgens kurz nach sieben mit verquollenen Augen aus dem Bett quält und für Tick, Trick und Track an den Herd eilt: »Unerläßlich für schulpflichtige Kinder ist ein kräftiges Frühstück! Das hält Leib und Seele zusammen.«

Wie die meisten Amerikaner essen Donald und die Neffen in den zwischen 1943 und 1973 entstandenen Barks-Geschichten am Morgen mit Vorliebe Eier. Zwar muss die Frage, ob es sich bei den Ducks tatsächlich um Amerikaner handelt, ob also Duckburg beziehungsweise Entenhausen in Europa oder in den USA zu situieren ist, trotz aller Bemühungen des wissenschaftlichen Donaldismus als offen gelten, die Frühstücksgewohnheiten der Enten sprechen jedenfalls dafür. Onkel Dagobert verwendet zur Zubereitung seines frugalen Frühstücks in einer 1950 erschienenen Geschichte sogar eine magische Sanduhr, und im gleichen Jahr schildert Barks Donalds Versuch, durch Hühnerzucht reich zu werden, was in der Umbenennung der schönen Stadt Freudenbad in »Rührei« endet. Bei Tick, Trick und Track offenbar beliebter als Eier waren hingegen in großen Stapeln servierte dampfende Pfannkuchen, die Donald in der Geschichte *Das Horoskop* von 1955 mit einem rätselhaften Kännchen serviert. Genau so wollte ich auch frühstücken. Aber wer hatte in der Bundesrepublik Anfang der 70er-Jahre schon einmal von Pfannkuchen zum Frühstück gehört? Meine Großmutter gab sich mehr als Mühe, allein die zunächst angebotenen schwäbischen Flädle mit Himbeermarmelade waren von der Form her, insbesondere gerollt, dem Abgebildeten denn doch zu weit entfernt und so reichlich, dass sich beim besten Willen nicht mehr als zwei Stück davon verdrücken ließen. Außerdem konnte sich in Donalds Kännchen doch unmöglich Marmelade befinden. Ein zweiter Versuch, diesmal mit den der Großmutter durchaus bekannten feineren Crêpes, kam der Form zwar näher, doch waren sie einfach zu flach und entbehrten jener Fluffigkeit, die den Entenhausenern zweifellos zu eigen war. Und die geklärte Butter mit Zitrone, die meine Großmutter als Grand-Marnier-Ersatz in einem Milchkännchen dazu reichte, tropfte zwar genau so herunter wie in dem Comicpanel, machte das Ganze aber einfach zu fett. Die für ein drittes Experiment zubereiteten Waffeln überzeugten zwar in puncto Form und Konsistenz, doch beharrte der Starrsinn des Lesers darauf, dass Donald und die Neffen eben keine Waffeln, sondern Pfannkuchen frühstückten.

Die Güte meiner Großmutter gelangte an ihr Ende, als ich von ihr verlangte, ihren sensationellen Apfelstrudel in Zukunft in einer Pie-Form zu backen, wie sie Daisy und Oma Duck zum Auskühlen stets aufs Fensterbrett stellten. Strudel, rund wie ein gewöhnlicher Apfelkuchen? Dies überstieg ihre kulinarische Toleranz. Weitere Versuche mit Comic-Küche stießen auf taube Ohren. Das Experiment meiner allmählichen Entenwerdung musste als gescheitert gelten.

Dass die Sprache und nicht Entenhausen Ziel jenes Eskapismus sein könnte, der mich wie wahrscheinlich viele andere Kinder der damaligen Zeit umtrieb und bis heute umtreibt, ging mir erst sehr viel später auf. Jedenfalls erst viele Jahre, nachdem Nachbarn von einer Reise in die USA eine merkwürdige Packung mit »Pancake«-Teig und ein Fläschchen Ahornsirup mitbrachten und uns klar wurde, was Donald und Tick, Trick und Track da wirklich zum Frühstück vertilgten. Bis heute allerdings weiß ich mit den mir stets merkwürdig fad erscheinenden Pancakes wenig anzufangen. Und mit reichlich Ahornsirup übergossen schmeckt nun wirklich alles – selbst Klaas Klever kann so seine Melone herunterwürgen oder Eitel Friedrich Eidergans, Besitzer eines renommierten Entenhausener Geschäfts für Sportbekleidung, die alten Gamaschen Dagobert Ducks wegen einer verlorenen Wette.

Auf dem Schlussbild von *Weihnachten in Entenhausen* von 1958 grient Dagobert Duck über beide Backen und bietet Eidergans ein Zweiglein Petersilie zu den Gamaschen an. Dagobert selbst knabbert derweil an einem Stück Geflügel, das zu groß für ein Hühnerbein und zu klein für eine Truthahnkeule scheint. Worum handelt es sich dann? Um ein Gänsebein? Oder nicht doch um eine Entenkeule?

Und kann Donald selbst wirklich kochen? Es gibt unzählige Frühstücksszenen, selten aber wird Donald einmal bei der Zubereitung von Hauptmahlzeiten für sich und die Neffen gezeigt. Eine für die Ernährungsgewohnheiten der Enten zentrale Geschichte ist die im Original 1955 veröffentlichte *Gute Vorsätze*. Wie so oft geht es um eine Wette, die dem Verlierer einen ganzen Monat lang den Abwasch aufbürdet. Donald und die Neffen fassen für das neue Jahr gute Vorsätze. »Streit gibt es bei uns am meisten wegen des Essens«, überlegt Donald und beschließt, eine Woche lang ausschließlich zu kochen, was die Kinder gern essen. »Am liebsten mögen sie Süßspeisen, Backwerk und Näschereien. Es sei … eine Woche lang werde ich nur diese Kost auf den Tisch bringen.« Auch Tick, Trick und Track erkennen den Speiseplan als Hauptquell allen häuslichen Ärgers, fassen aber genau den gegenteiligen Vorsatz: »Wir nehmen uns also vor, nur das zu essen, was Onkel Donald für gesund und bekömmlich hält. Ja, preiswerte Kartoffeln, gesundes Schwarzbrot und Vitamin-Spinat.«

Die Komik, die Barks aus diesem Szenario zieht, ist beträchtlich. »Wie findest du rohe Rüben auf Salat?«, fragt ein Rohkost mampfender Neffe den anderen. Dessen Miene ist ein Bild veganen Jammers: »Immer noch besser als gehackter Wirsing mit Sellerie.« Donald liegen derweil die »Nußschaumküsse« und »Kartoffelklöße mit Karamelfüllung und Bananencreme« buchstäblich quer im Hals, sodass er sich die Süßspeisen in einer eigenartigen Geste der Selbst-Stopfung die Speiseröhre hinunterschieben muss. Der eindrücklichste Beleg für Donalds Kochkünste findet sich in *Die Posten-Prüfung* von 1963, einer Geschichte, in der Donald den »Felddiensthund« Spurobold seiner im Fähnlein Fieselschweif engagierten Neffen durch den »Duft köstlicher Speisen« auf Abwege zu führen versucht. Um Spurobolds Eignungstest zu torpedieren, zaubert Donald auf einem Gartengrill im Handumdrehen Köstlichkeiten wie »gebratene Rebhuhnbrüstchen« und »knusprige Kalbshachsen mit Kräutertunke«, um schließlich mit seiner letzten perfiden

Spezialität den Hund zu verlocken: »Komm schon, du Perle aller Pinscher! Wie wär's mit Masthähnchen auf Zigeunerart? Delikat!« Spurobold erliegt der Versuchung nicht, anders hingegen der »Generalfeldmeister« des Fähnlein Fieselschweifs, der Donald bescheinigt: »Wer es auch ist, kochen kann er!«

In scharfem Kontrast zu solch bürgerlichen Gerichten steht, was Dagobert Ducks Kollegen im »Klub der Milliardäre« tafeln: marinierte Marderfilets, pürierten Pumpernickel und gebratene Birkhuhnbrüstchen. Dagobert Duck selbst hingegen als Feinschmecker zu bezeichnen wäre angesichts seiner sprichwörtlichen Knausrigkeit sicherlich verfehlt. Knicker sind nun mal keine Gourmets.

Die Koppelung von Essen und Erwerbsstreben ist in den besseren Kreisen Entenhausens nicht die Ausnahme, sondern die Regel. Franz Gans, Donald, Tick, Trick und Track und Gustav Gans essen aus schierer Lust bis an die Grenze zur Völlerei, die saturierte High Society der Stadt hingegen denkt auch bei Tisch stets an Taler. So sinnenfroh Statuen des Stadtgründers Emil Erpel diesen in Pilgervätergeste mit Maiskolben in den ausgestreckten Händen darstellen, lässt Barks doch nie einen Zweifel daran, dass Entenhausen ebenso wenig wie New York oder Los Angeles ein Ort der unbeschwerten Gourmandise ist. Und die Gesetze des unentwegt expandierenden Entenhausens herrschen überall – sogar im Weltraum. In einer seiner schönsten, weil komplexesten Geschichten, *Die Insel im All* von 1959, erzählt Barks die Entdeckung Amerikas noch einmal neu in futuristischem Kostüm: Die Enten stoßen auf einen nahezu kahlen Planetoiden im Asteroidengürtel zwischen Mars und Jupiter, bewohnt von indianerähnlichen Gnomen, deren einzige Nahrungsmittel Vogeleier sind. In unmittelbarer Nähe befindet sich ein zweiter Planetoid, ein wahrer Garten Eden, auf dem prächtiges Obst und Gemüse gedeihen und Fische im Überfluss zu finden sind. Dagobert, Donald und die Neffen vertreiben durch Pistolenschüsse die Vögel und zerstören damit die Existenzgrundlage der Einheimischen. Barks hat diesen Topos der imperialistischen Zerstörung natürlicher Paradiese häufig durchgespielt – ob in Atlantis oder auf der idyllischen Insel Coca Bola in *Segelregatta in der Südsee*. In *Die Insel im All* zeigt Onkel Dagobert, der die teure Weltraumexpedition eigentlich auf der Suche nach einem sicheren Versteck für sein Geld antrat, ausnahmsweise ein weiches Herz und spannt mithilfe seines Raumschiffs ein Seil, das den Bewohnern die Übersiedlung ins Paradies ermöglicht. Der Preis für die gute Tat ist allerdings, dass man nicht ohne Tankstopp an der Raumstation »Freundschaft 2« zur Erde zurückkehren kann. Und dort herrscht das unerbittliche Gesetz vom Fressen und Gefressenwerden, wie die Preistafel hinter dem mit einer Kippe im Mundwinkel dargestellten Short-order-cook deutlich macht: »Warme Würstchen einfach« kosten 7000, »mit Senf« 8000 Taler, »Limonade einfach« 5000, »mit Strohhalm« 6000 Taler. Donald fragt Dagobert, ob er sein Geld immer noch auf eine Himmelsinsel bringen wolle, worauf der Erbonkel erwidert: »Wenn ich unsere Zeche bezahlt habe, stehen mir kaum noch nennenswerte Geldbeträge zur Verfügung.«

Umgekehrt weiß Dagobert aber auch die Regeln von Angebot und Nachfrage zu seinen Gunsten zu nutzen. In *Geld fällt vom Himmel* von 1950 wird er als »Ökonomierat« und Betreiber eines ausgedehnten landwirtschaftlichen Guts dargestellt. Als eine Windhose das in seinem Geldspeicher angesammelte Vermögen über das ganze Land verstreut und jeden Einwohner Entenhausens über Nacht zum Millionär macht, reagiert Dagobert gelassen: »Na und? Wenn ich hierbleibe und weiter meinen Kohl baue, kriege ich es schon wieder.« Die untypisch parabelhaft gehaltene Erzählung lässt Dagobert recht behalten. Am Ende verkauft er seinen Kohl für 2 000 000 Taler das Pfund, denn in einer Welt, in der jeder Millionär und jede Erwerbstätigkeit zum Erliegen gekommen ist, zwingt der schiere Hunger die Neureichen rasch, die alte Vermögensverteilung wiederherzustellen.

Bleibt ein heikles Thema anzusprechen und einem Verdacht nachzugehen, den ich weiter oben schon erwähnt habe und der sich mir beim wiederholten Studium des barksschen Oeuvres nachdrücklich aufgedrängt hat. Ich bin keineswegs der Erste, der diesen Verdacht hegt – er geistert nahezu von Beginn an durch die Sekundärliteratur zu Entenhausen und liegt wie ein dunkler Schatten über der pulsierenden Großstadt mit Dagobert Ducks Geldspeicher in ihrem Zentrum und Oma Ducks Farm am Rand: der Verdacht des Kannibalismus.

Essen Enten Enten?

Man hat versucht, die unzähligen Geflügelkarkassen in den Geschichten samt und sonders zu Truthähnen zu erklären. Tatsächlich besaß Carl Barks ein Faible für Truthahn, nicht wenige Erzählungen handeln vom Versuch Donalds, trotz der notorischen Ebbe in seinem Portemonnaie einen solchen zu Thanksgiving und Weihnachten auf den Tisch zu bringen. Aber mindestens ebenso häufig ist von Weihnachtsgänsen die Rede, und auch gebratene Hühner und von der Größe her verdächtig zwischen Huhn und Gans anzusiedelndes Geflügel tauchen in vielen Geschichten auf. Nachbar Knoll, der humanoide

Hund, der in einigen Geschichten auch Zorngiebel oder Eisenbeiß heißt, verspeist auf einer berühmt gewordenen Zeichnung so ein Federvieh mit den Worten: »Ich bin eigentlich gegen Geflügel, aber gebratenes Hähnchen ist delikat!«

Warum bricht Donald in Schweiß aus, als er seinen verletzten Neffen ein »gebratenes Hähnchen« auftischt? Gern ließe ich mich davon überzeugen, es könnte plausiblere Erklärungen dafür geben, dass die Entengeschichten nirgendwo sonst in der westlichen Welt so populär wurden wie im Westdeutschland der 50er- bis 70er-Jahre, als die instinktive Ahnung der kindlichen Leser, dass ihre Welt und die Welt von Tick, Trick und Track ein Geheimnis verbindet, ein ähnlich grauenhaftes und tabuisiertes Geheimnis birgt wie die deutsche Nazi-Vergangenheit. Ich habe nur noch keine bessere Erklärung gehört.

Setting und Terroir

Gekocht wurde im Krimi schon immer – und zwar mit Vorliebe *hardboiled*. Und doch erleben wir heute einen Wandel: Nirgendwo wird in der Gegenwartsliteratur so viel gegessen und getrunken, gesotten und gebrutzelt, frittiert, pfannengerührt, sous-vide-zubereitet und dampfgegart wie derzeit im Krimi. Insbesondere im deutschen Provinzkrimi herrscht Mordshunger – was jede Menge dumpfen Dampfnudelblues produziert.

In einem seit den Tagen Agatha Christies, Dashiell Hammetts und Friedrich Glausers mit großem Fleiß beackerten Genre erweist es sich als immer schwerer, gleichermaßen unverwechselbare wie einprägsame Krimiheld*innen zu schaffen. Deshalb gleicht das Handlungspersonal des modernen Kriminalromans immer mehr einer Freakshow. Wenn nicht einer Tierschau. Der Zwang zur Originalität beschert uns Krimileserinnen und -lesern Ermittler*innen mit immer absonderlichen Schrullen und Fähigkeiten, Faibles und Vorlieben, Gebresten und Talenten. Man hat mir von Einäugigen, Buckligen und Epileptiker*innen erzählt, von Kleinwüchsigen, Stammler*innen und Hellseher*innen, Allergiker*innen, Depressiven und Veganer*innen, Hermaphroditen und Transsexuellen, Jesuiten, Scientolog*innen, Benediktiner*innen sowie Damen, Herren und Transpersonen mit immer ausgefalleneren Ticks, Spleens und Handicaps, gern auch im Unterleib. Die Zukunft des Krimis, so scheint es, gehört der Altgriechisch sprechenden, telepathisch begabten einbeinigen IT-Spezialistin, soeben zum Zoroastrismus konvertiert und mit einer Vorliebe für die indigene Küche des bolivianischen Hochlands.

Und wissen Sie was? Gelegentlich überrasche ich mich gern selbst, »OK Boomer!« hin oder her – ich finde das richtig und gut. Literatur war schließlich immer schon die Probebühne unseres Daseins. Der Ort, wo sich manches austesten lässt – oder wo man Zeugnis darüber ablegt, dass man etwas ausgetestet hat und mit welchem Ergebnis. Wo ließe sich Diversität, mit anderen Worten die Erkenntnis, dass die Welt etwas größer und bunter ist, als wir es uns in unserem Posemuckel träumen lassen, also besser und leichter ausprobieren als im Krimi, der Fantasy und der Science Fiction?

Dass der Krimi als Spiegel unserer Welt mit einer gewissen Zwangsläufigkeit aufs Kochen kommen musste, liegt demnach auf der Hand. »Elementary, my dear Watson«, wie Conan Doyles Sherlock Holmes sagen würde. Das Krimigenre liebt nun mal klar definierte Milieus mit leicht imitierbaren Fachsprachen, gleichgültig ob italienische Bordelle, chinesische Opiumhöhlen oder französische Sterneküchen. Entdeckt hat der Kriminalroman die Kulinarik schon lange; umarmt allerdings erst seit Kurzem – mehr aus Not denn aus Tugend.

Mordende Köche und kochende Mörder kannte zwar auch schon Dorothy Sayers ebenso wie Raymond Chandler. Doch wo findet sich in der klassischen Kriminalliteratur ein sieben Seiten langer Abspann mit einer Auflistung der beliebtesten Tapas, die ein fiktives Lokal namens »Weltkarte von Bilbao« anbietet – von »Carpaccio vom Wildschwein mit grobem Meersalz und Portweinvinaigrette« über »Langusten und Hirn mit Tomatengratin, gewürzt mit Johanniskraut« bis zu »Trüffel in der Salzkruste mit Hollandaise«? In einem Buch, das in halluzinatorischem Stil vom Vorkoster des spanischen Diktators Franco und einem ETA-Anschlag erzählt und stark genug ist, ein ganzes Krimigenre zu revolutionieren. *Skorpione im eigenen Saft* heißt der düster-groteske Roman des baskischen Schriftstellers Juan Bas, der etwas ganz Unerhörtes im kulinarischen Krimi bietet: *food for thought.*

Der landläufigen Theorie zufolge steht im Mittelpunkt des britischen Kriminalromans die Verletzung und anschließende Heilung einer an sich stabilen Gesellschaftsordnung. Die Schule des amerikanischen Krimis erzählt hingegen vom Kampf des wackeren Einzelnen gegen die Mächte des Chaos, die mit den gesellschaftlichen Autoritäten im Bunde stehen. Der kulinarische Krimi, ließe sich ergänzen, erzählt von der Herstellung von Diversität und Schönheit in einer chaotischen Welt.

Zum Beispiel so, wie dies dem in Australien geborenen Österreicher Heinrich Steinfest in vielen seiner Romane gelingt. Diese werden als Krimis vermarktet, sind aber im Grunde genauso unklassifizierbar wie die Romane Heimito von Doderers. Steinfest ist ein Meister der eleganten Abschweifung und in der Handlungsführung vollkommen unberechenbar,

hat aber eine auffallende Affinität zur Kulinarik. Egal, ob er von Gemüsehändlern, Auftragskillerinnen mit behinderten Kindern oder dem Chauffeur eines hochrangigen Politikers schreibt, der sein Glück als Hotelier findet, der bekennende Vegetarier Steinfest lotet das enorme Potenzial dieses Sujets Buch um Buch aus. »Gibt es Perfektion in der Welt?«, fragt Steinfest in seinem Roman *Mariaschwarz* und findet sie ausgerechnet in der »Verbindung zwischen einem Kneipenwirt und seinem Gast« in einem abgelegenen Ort namens Mariaschwarz. Außerdem geht es in diesem skurrilen und von der ersten Seite an wundervollen Krimi um Inzest und Überraschungseier.

Der Kriminalroman lebt in besonderer Weise vom Setting, und er tat das schon seit seinem Anfang, ob man das nun mit Edgar Allan Poes 1841 erschienener Kurzgeschichte von *The Murders at the rue Morgue* in Paris ansiedelt oder zwanzig Jahre früher mit E. T. A. Hoffmanns ebenfalls in Paris spielendem *Fräulein von Scuderi*. Daneben, das sei nicht verschwiegen, gibt es natürlich noch die mir durchaus sympathische Denkschule, die auch Homers *Ilias*, Shakespeares *Hamlet* oder Voltaires *Zadig* als Krimi liest. In jedem Fall ist der Handlungsort im Krimi wichtiger als etwa im Ehedrama. Die Frage ist nur: Warum?

Jörg Maurer brachte das Kunststück fertig, mit seinen in dem »Kurort« (gemeint ist Garmisch-Partenkirchen, aber der Name der Stadt wird in keinem der Bücher genannt) spielenden Romanen um Kommissar Hubertus Jennerwein intelligente Heimatliteratur zu schreiben. Zu den einprägsamsten Figuren seines skurrilen Personals zählen die Bestatter Ursel und Ignaz Grasegger, die mit der italienischen Mafia kooperieren und sich durch eine absurde Verfressenheit auszeichnen. Die Karnivoren-Orgien der Graseggers sind eine lustvolle Attacke gegen den grassierenden Gesundheitswahn und gipfeln im Verzehr von absurden Mengen teils realer, teils fiktiver Spezialitäten wie Weißwürste, »Gamsfiletsulz« und dem legendären »panierten Wammerl«. Unter dem Titel *Wer kocht, hat keine Zeit zu morden* hat Maurer inzwischen ein Kochbuch mit den Lieblingsrezepten seiner Protagonisten publiziert.

Lord Peter Wimsey ließ sich seine *Dover sole* und Hercule Poirot seine Wachteln auf Belugalinsen einfach nur schmecken. Sie wären allerdings nie auf die Idee gekommen, diese eigenhändig zuzubereiten – ebenso wenig wie die kulinarischen Ambitionen der Helden Chandlers oder Hammetts über das Mixen des nächsten Drinks hinausgingen. Dies blieb seit den 30er-Jahren des letzten Jahrhunderts Rex Stouts Privatdetektiv Nero Wolfe vorbehalten. Der Orchideenzüchter und Biertrinker Wolfe hatte mit »Rusterman's« nicht nur ein Lieblingsrestaurant in Manhatten, sondern beschäftigte auch einen eigenen Koch, den Schweizer Fritz Brenner, der mit seinen Markklößchen, Spanferkeln, Fasanen und Aprikosenomeletts dafür sorgte, dass Wolfe sein Kampfgewicht von gut 140 Kilo nie unterschritt.

Georges Simenons Behauptung, mit zehntausend Frauen geschlafen zu haben, wird man aus guten Gründen anzweifeln dürfen. Nicht aber, dass er seinen Kommissar Maigret im Lauf der 75 Maigret-Romane an die tausend Mahlzeiten zu sich nehmen lässt. Simenons Maigret, derzeit in einer liebevollen Neuausgabe vom Kampa Verlag präsentiert, besitzt eine Vorliebe für Schmorgerichte, Muscheln und die einfache Bistroküche, wie sie niemand auf dieser Welt besser zubereitet als Madame Maigret. Konsequenterweise schickt Simenon die beiden denn auch in einem Roman zur Kur nach Vichy, wo sich Maigret vom Kurarzt fragen lassen muss: »Aha, Sie sind also nicht nur ein Gourmet, Sie sind auch ein großer Esser?«

Auf Maigret folgte der verfressene Privatdetektiv Pepe Carvalho des Spaniers Manuel Vázquez Montalbán mit seiner nahezu obsessiven Begeisterung für die katalanische Küche. In einem früheren Kapitel habe ich schon von meiner Begegnung mit dem schlitzohrigen Andrea Camilleri berichtet. Dieser taufte seinen Commissario Montalbán zu Ehren Salvo Montalbano und ließ ihn auf seinen Ermittlungen in der fiktiven sizilianischen Stadt Vigata ebenso oft Küche und Keller einbeziehen wie Montalbán die Carvalhos in Barcelona.

Zeitgleich, ab Anfang der 80er-Jahre, legte der Engländer Michael Bond mit den charmanten Retro-Romanen um Aristide Pamplemousse und den Bluthund Pommes Frites amüsante »Gastronomic Mysteries« vor – die Vincent Klink für die deutsche Ausgabe bei Zabert Sandmann mit schönen Rezepten ergänzte. Ebenfalls Anfang der 80er begann Gisbert Haefs seinen Romanzyklus um den faulen und fetten, aber genialen Baltasar Matzbach. Zehn Jahre später erschienen die ersten Brunetti-Krimis von Donna Leon. Auch für sie sind Essen und Trinken von zentraler Bedeutung – insbesondere die Familienmahlzeiten mit den Kindern als Gegenwelt zum kriminellen Venedig.

Und doch weist vieles darauf hin, dass sich seither im kulinarischen Krimi etwas Grundlegendes gewandelt hat. Jürgen Dollase würde von einer veränderten *Textur* sprechen. Ein kleiner Stilvergleich verdeutlicht den Unterschied. Wenn Donna

Leon in ihren Brunetti-Krimis von Essen schreibt, klingt das zum Beispiel in ihrem Roman *Blutige Steine* so: »In den hell erleuchteten Buden auf dem Weihnachtsmarkt lockten Händler und Erzeuger verschiedener italienischer Provinzen mit ihren Spezialitäten: papierdünnes Brot und Käse mit tiefdunkler Rinde aus Sardinien, Oliven in unterschiedlichen Formen und Farben aus allen Regionen des Landes; Öl und Käse aus der Toskana; Salami in jeder Länge, jeder Dicke und mit allen erdenklichen Zutaten aus der Reggio Emilia.« Ähnlich vage und doch Atmosphäre erzeugend, ließe sich auch über die Welt des Segelns, der Popmusik oder des Modellbaus schreiben.

Die Tonlage, die der Deutsche Carsten Sebastian Henn, Jahrgang 1973 und einige Jahre Chefredakteur der Zeitschrift *Vinum*, in *Vino Diavolo* anschlägt, ist eine ganz andere. Henn schreibt knallharte Speisekartenprosa: »Nach ›Entenstopfleber mit Schokolade und Espelettepaprika‹, ›Putenpraliné an weißer Safranschokolade mit rosa und grünem Pfeffer‹, ›Kalbsroastbeef mit Venezuela-Schokoladenorangen‹, ›Bärlauch mit Ingwer-Barriqueschokolade und Meersalz‹ und schließlich ›Maisblini mit fünfundachtzigprozentiger Chilischokoladensauce und Brokkoliröschen‹ schob Julius den kleinen Sinziger Koch auf die polierte Holzbank im Erker.« Das nenne ich einmal Verzicht auf kriminelle Action zugunsten des kulinarischen Details!

Der kulinarische Krimi ist dabei, sich als Untergenre aus eigenem Recht zu etablieren – so wie mit Rita Mae Brown und Sneaky Pie Brown der Katzenkrimi. Während Leon & Co. die kulinarischen Vorlieben ihrer Helden bloß *softboiled* zur Charakterisierung verwenden, schreibt Carsten Sebastian Henn *hardboiled*. Das funktioniert in *Vino Diavolo*, dem fünften Serienkrimi um den Koch und Weinnarren Julius Eichendorff, erstaunlich gut.

Dann allerdings ist Henn auf die unglückselige Idee einer Fusion verfallen: Warum nicht den boomenden Tierkrimi mit dem kulinarischen Krimi verschmelzen? *Tod & Trüffel* nennt Henn denn auch seinen – die Wirklichkeit ist mitunter nicht satirisch überbietbar – *Hundekrimi aus dem Piemont*. Henn erliegt darin durchweg der Gefahr, die Tierwelt zu vermenschlichen. So lässt er an einer Stelle etwa einen Hund denken: »Vielleicht ist die Welt doch eher wie eine Pizza. Vieles sieht auf ihr ähnlich aus, aber ist doch irgendwie anders.« Vielleicht.

Henns krude Story um ein Dorf in Italien, aus dem ein Freilichtmuseum werden soll, italienische Wölfe, deren Vorfahren Romulus und Remus säugten, ein Windspiel namens Niccolo und den Trüffelhund Giacomo mit einer Schwäche für Barolo (»Die Autos der Menschen brauchen stinkenden Saft, damit sie rollen, ich brauche Wein. Kein Wein, keine Nase.«) ist ein Musterbeispiel für jenen Kitsch, den der Anblick von Tieren, Kindern oder Kindern mit Tieren die Hirne mancher Menschen produzieren lässt.

Dass noch kein Mensch Geld mit einer Kombination aus Italien, Trüffel und Tierkrimi verloren hat, muss sich auch

der Deutsche Wolfgang Zdral gedacht haben. *Tartufo Mortale* heißt der bereits zweite Fall seines Ermittlers: eines Schweins namens Leonardo, das eine Schwäche für Trüffel, Rotwein und seine Padrona Eleonara hat und wenig Neugier, woher eigentlich Prosciutto kommt. »Ich blicke zurück auf eine nicht gerade unrühmliche Laufbahn als Trüffelschwein im Piemont, dem Mekka der Trüffelsammler, wie sich mittlerweile herumgesprochen haben dürfte«, lässt Zdral sein Schwein sagen. Das ganze Elend dieses öden Krimis steckt in diesem Satz.

Regelrecht erholsam dagegen die höllische Finsternis und hyperpräzise Beobachtungsgabe des spanischen Autors Pablo Tusset. Er weiß, dass die Einzigen, die etwas von Fleisch verstehen, Teufel und Vegetarier sind, und lässt seinen hypnotisch-eindringlichen Hieronymus-Bosch-Krimi *Im Namen des Schweins* mit einer Schlachthofszene beginnen, die buchstäblich unter die Haut geht. Tussets Kommissar Pujol mag Fleischklöße in Mandelsoße, ist ein würdiger Nachfolger Pepe Carvalhos und verliebt sich in diesem Roman maßlos – originellerweise in die eigene Frau.

Austern

Von Jonathan Swift stammt der schöne Satz: »Es war ein mutiger Mann, welcher die erste Auster aß.« Lange Zeit sah ich das genauso und machte einen großen Bogen um Mollusken. Schon der Gedanke ließ mich zusammenzucken. Ich weiß noch genau, wie das war: der Schauder. Das Gruseln. Die Angst. Austern? Die leben ja noch, wenn man sie isst! Wie zum Teufel kann man sich denn etwas in den Mund stecken, was noch lebt? Etwas, das glitschig im Mund herumzuckt, während Verdauungssäfte auf es einschießen? Wie krank ist das denn? Austern gehörten für mich bis zu meinem 18. Geburtstag schlicht ins Feld menschlicher Perversitäten. Zusammen mit lebenden Fackeln, Gladiatorenspielen und Kreuzigungen. Römische Dekadenz eben.

Dann aber führte mich eine mütterliche Freundin mit französischen Wurzeln zur Feier meiner Volljährigkeit groß aus. Und weil mein Geburtstag im Dezember liegt, wo jede anständige Französin und jeder anständige Franzose zumindest am 25. und am 31. jeweils ein Dutzend Austern verzehrt, bestellte sie zum Auftakt, ohne groß zu fragen, Champagner und *les huîtres.* Diese ersten Austern meines Lebens, ganz selbstverständlich sechs nur mit einem Spritzer Zitronensaft, sechs mit einer Rotwein-Schalotten-Vinaigrette verzehrt, erforderten nicht geringe Überwindung. Aber sie waren ein Erweckungserlebnis. Klar, dieses schlonzige Gefühl im Mund war zunächst nicht angenehm. Aber da musste ich durch. Denn nach ein, zwei

Bissen entfaltete sich ein Aroma, nach dem ich bis heute süchtig bin. Diese Klarheit. Diese Frische. Diese Jodigkeit. Diese Mineralität! Ein puristischer Genuss!

Austern und Deutschland, das war lange eine Passionsgeschichte, jedenfalls wenn man nicht auf Sylt, in Hamburg oder in der 6. Etage des *KaDeWe* lebte. Viele Jahre wohnte ich in Köln am Chlodwigplatz mitten in der Südstadt – der Heimat von Heinrich Böll, BAP und Dieter Wellershoff. In römischer Zeit befand sich an dieser Stelle ein Friedhof. Während der Bauarbeiten an der berüchtigten Kölner U-Bahn fand man dort zwei überirdisch schöne Glasgefäße, in denen der Leichenbrand zweier Offiziere bestattet worden war. Inzwischen sind sie im Römisch-Germanischen Museum direkt neben dem Kölner Dom ausgestellt. Die römischen Begräbnisriten sehen vor, mit den auf dem Scheiterhaufen ausgeglühten Gebeinen und der mit Wein abgelöschten Asche auch die Reste des Leichenschmauses zu bestatten. Und deshalb weiß man nun, dass die Römer in Köln vor zweitausend Jahren zumindest zu feierlichen Anlässen gern frische Austern aßen. Mitunter kommt mir der Verdacht, dass diese Römer Zugang zu frischeren Austern hatten als wir Kölner heute. Aber man soll ja nicht zynisch werden.

Seit meinem 18. Geburtstag bin ich also ein Austernenthusiast und halte es mit Theodor Fontanes Erkenntnis: »Ein Optimist ist ein Mensch, der ein Dutzend Austern bestellt, in der Hoffnung, sie mit einer Perle, die er darin findet, bezahlen zu können.« Weil aber dieser Geburtstag nun schon eine Weile her ist, konnte ich seither einige Erfahrungen mit Austern sammeln. Zu diesen zählt leider auch, dass ich, seit ich weitere 18 Jahre älter wurde, nicht mehr so viele Austern verzehren kann wie damals. Früher waren ein, zwei Dutzend Austern gar kein Problem – im Gegenteil: ein Fest! Aber irgendwann mit Mitte dreißig geriet ich an jene magische Wasserscheide des Austernkonsums, die mir ein für alle Mal klarmachte, dass ich für den Rest meines Lebens leider nur noch drei oder sechs, vielleicht, wenn die Götter gnädig mit mir sind, maximal ein Dutzend Austern konsumieren sollte. Der sogenannte »Eiweißschock« ist inzwischen als medizinische Legende entlarvt; dennoch kann man gegen bestimmte Aminosäuren, aus denen die Nahrungseiweiße bildenden Proteine bestehen, mit zunehmendem Alter Intoleranzen und Unverträglichkeiten entwickeln. Wie findet man heraus, ob die Götter es gnädig mit einem meinen? Die Sprache der Götter ist sehr einfach und kennt keinerlei Missverständnisse – diverse Toiletten von Autobahnraststätten zwischen der Normandie und Köln legen davon beredtes Zeugnis ab. Der Schauder. Das Gruseln. Die Angst … Sie wissen schon.

Anderseits gilt in der Gastronomie wie im übrigen Leben die selbstverständliche Regel: No risk, no fun! Und Spaß machen Austern ohne Ende. Ich bin allerdings immer wieder verblüfft, wie doktrinär viele Europäer an dem Grundsatz festhalten, dass Austern ausschließlich roh und höchstens mit einem Spritzer Zitronensaft verzehrt werden sollten. Selbst der gilt bisweilen schon als Sakrileg. Das ist in meinen Augen großer Quatsch. Austern halten genau wie wir Menschen eine Menge aus. Erst als ich in Gegenden lebte, wo Austern im Überfluss vorhanden sind, wurde mir bewusst, dass der nordeuropäische Kult um die rohe, durch kein Kondiment beeinflusste Auster vielleicht ein Irrweg sein könnte. Selbst in Japan, dem Mutterland der puristischen Genüsse, gelten auf allen Inseln Kaki furai, mit Pankomehl panierte, frittierte Austern, als perfekter Snack. Und wer in New Orleans schon einmal ein Oyster Po' Boy kosten durfte, also ein getoastetes Baguette mit frittierten Austern, Salat und Chili-Remoulade, weiß um die Köstlichkeit eines solchen Sandwichs. Austern Rockefeller zählen immer noch zu meinen Lieblingsvorspeisen: Mit gehacktem Spinat, Parmesan und Crème fraîche ein, zwei Minuten unter dem Backofengrill gratiniert, verwandelt sich die Konsistenz der Auster komplett. Gerade wer noch wenig Erfahrung mit Austern besitzt, kann sich mit diesem Gericht vorsichtig an die neue Geschmackswelt herantasten.

Vielen Menschen macht die Auster Angst, einfach weil sie nicht wissen, wie man die Muschelkalkfestungen knackt. Probate Hilfsmittel dafür sind ein guter, das heißt feingliedriger Kettenhandschuh und ein vernünftiges Austernmesser. Rechtshänder halten die Auster mit der dickeren Seite nach unten in der durch den Kettenhandschuh geschützten Linken und schieben die spitz zulaufende Klinge mit sanftem Druck und leicht kreisender Bewegung in den Schließmuskel am Scharnier, bis die Auster geöffnet ist. Dann fährt man mit der Klinge am Muschelrand entlang und schneidet den Muskel vom oberen Schalenrand, entsprechend löst man die Auster von der unteren Schale. Was kompliziert klingt, geht einem nach ein paar Dutzend geöffneter Austern schnell in Fleisch und Blut über. Allerdings vermisse ich bei größeren Gästerunden immer noch den Service der Austernstände vor den großen Pariser Brasserien wie dem *Lipp*, dem *Bofinger* oder dem *Terminus Nord*, wo man ein paar Dutzend *huitres à emporter* bestellen kann und diese in wagenradgroßen, flachen Styroporboxen fachgerecht verpackt bekommt. In Deutschland ist mir dieser Service bislang nicht begegnet.

Die elegante Stilistin M. F. K. Fisher hat ein ganzes Kochbuch nur über Austern geschrieben: *Consider the Oyster*, das einen allein schon mit seinem Anfangskapitel »Love and Death Among the Molluscs« ein Leben lang für diese Autorin betören kann. Fisher liefert viele Rezepte für Austern-Chowder und andere Suppen, Austern-Gumbo, allerlei gratinierte Austern sowie aufwendigere Zubereitungsarten wie Austern à la Foch, für die man frittierte Austern mit Rindertartar kombiniert, ganz zu schweigen von Truthahn mit Austern oder Gänseleber mit Austern. Das scheint mir einen Schritt zu weit zu gehen. Ein unglaublich aufwendiges Rezept heißt »Austern à la Bazeine« und schreibt neben dreierlei verschiedenen Soßen, einer Béchamel, einer Soubise und einer Velouté, hauchdünne Trüffelscheiben vor, die man in Form von Delfinen und Krabben ausstechen soll, sodann eine Bachforelle, die lebend (!) in einer mit Champagner angesetzten Court-bouillon pochiert werden soll. Die Pointe des Rezepts liegt im Schlusssatz: »Or fry oysters and serve with ale.« Dass Austern und Bier sich wunderbar ergänzen, weiß man in Belgien und in Irland, wo sogar sogenannte »Oyster Stouts« gebraut werden, Biere, die selbst Austernessenz enthalten.

Dank einiger römischer Kaiser, Ludwig XIV. und Casanova, alle große Austernfresser, ist der Mythos der Auster als Aphrodisiakum nicht aus der Welt zu bekommen. Dass Austern je nach Entwicklungsphase und Nahrungsangebot ihr Geschlecht wechseln, fasziniert bis in unsere Tage. Vergessen ist allerdings, dass Austern nicht wie heute, zusammen mit Hummer, Kaviar und Trüffel, der Sphäre des Luxus zugerechnet wurden, sondern lange als Armeleuteessen galten. Davon zeugt der noch zeitgenössische Leser verblüffende Satz von Charles Dickens in den *Pickwick Papers*, wonach Austern und Armut immer Hand in Hand gingen. Dickens' Generationsgenossen Alexandre Dumas dem Älteren verdanken wir hingegen nicht nur so wundervolle
Werke wie *Der Graf von Monte Christo* und *Die drei Musketiere*, sondern auch das Austernomelett. Erstaunlicherweise weiß man in Deutschland sehr wenig über Alexandre Dumas père, zum Beispiel kaum, dass er eine schwarze Großmutter hatte, was man ihm durchaus ansah und weshalb er immer wieder rassistischen Anfeindungen ausgesetzt war. Und erst recht nicht, dass er besessen von gutem Essen war und gegen Ende seines Lebens ein berührend persönliches Kochbuch geschrieben hat. In Dumas' *Großem Wörterbuch der Kochkunst*, das der Wiener Mandelbaum Verlag vor einigen Jahren in einer einbändigen illustrierten Prachtausgabe neu aufgelegt hat, ist sogar ein Holzstich enthalten, der Dumas am Herd bei der Zubereitung des von ihm erfundenen Austernomeletts zeigt.

Gute Ideen haben meist viele Väter oder Mütter. Das Austernomelett mag in Europa Alexandre Dumas für sich reklamieren – in der Küche Asiens spielt es aber schon jahrhundertelang eine große Rolle und wird auf den Nachtmärkten Singapurs ebenso angeboten wie auf Taiwan, den Philippinen, in Thailand und Malaysia. Angeblich ist es in den chinesischen Provinzen Fujian und Guangdong entstanden. Austern sind eben eine kulinarische Weltsprache. Das lässt sich nirgendwo so schön erleben wie in der legendären *Oyster Bar* im Untergeschoss der Grand Central Station. Wann immer ich in New York bin, führt mich einer meiner ersten Wege dorthin. Mag sein, dass sich die Stadt laufend neu erfindet, aber glücklicherweise gibt es auch einige Orte, wo alles beim Alten bleibt, und dazu zählt in New York definitiv die *Grand Central Oyster Bar*, die im damals größten Bahnhof der Welt seit 1913 ihre Pforten geöffnet hat. Sage und schreibe fünf Millionen Austern pro Jahr werden an den über 400 Plätzen des Lokals an Tischen, der Bar und den hufeisenförmigen Countern verspeist. Zwar hat man die einst über 30 angebotenen amerikanischen Austernsorten auf inzwischen gut die Hälfte reduziert, aber die Auswahl ist immer noch überwältigend: von der Sea Mam-

moth aus Washington State über die Watch Hill aus Rhode Island, die Beau Soleil aus New Brunswick, die Sweet Island Kiss aus Prince Edward Island oder die Wellfleet aus Massachusetts. Unbedingt probieren: den »Oyster Pan Roast«, seit über hundert Jahren die Spezialität der *Oyster Bar* – in der Pfanne in Butter, Sahne und süßer Chilisauce sautierte Austern auf Toast.

Die wichtigsten Austernarten sind die Europäische, die Portugiesische, die Amerikanische und die Pazifische Auster, wobei Letztere über 90 Prozent aller weltweit gezüchteten Austern stellt. Um die Verwirrung komplett zu machen, werden auch in Europa Pazifische Austern gezüchtet – zum Beispiel die Sylter Royal oder die Fines de Claire, die ihren Namen nach den *claires*, den Klärbecken trägt, in denen sie einige Wochen verbringt. Zu den Europäischen Austern, deren Marktanteil verschwindend gering ist, zählen die französische Bélon, die englische Colchester, die irische Galway, die dänische Limfjord oder die niederländische Zeeland. Viele Feinschmecker schätzen gerade diese seltenen Austernsorten wegen ihrer festen Konsistenz und feinen Kräuternoten.

Lange dachte ich, bei Gillardeau-Austern handele es sich ebenfalls um einen Sortennamen. Tatsächlich ist Gillardeau aber der Name einer Familie, die sich seit 1898 auf der Ile d'Oléron auf die Zucht und Verfeinerung von Austern spezialisiert hat. Dank des umtriebigen Gérard wurden die Gillardeaus seit den 70er-Jahren zu den berühmtesten Austernzüchtern der Welt, heute ist mit Véronique und Thierry Gillardeau die nächste Generation am Ruder. Die Gillardeaus sind für Austern das, was Maître Antony in seinem Laden in der Rue de la Montagne 5 in Vieux-Ferrette für Käse ist: Affineure. Allerdings betreibt die Familie ihre Austernbänke nicht mehr am Stammsitz in Bourcefranc-le-Chapus, sondern hauptsächlich in Irland und in der Normandie, aber auch in England, Schottland und Portugal. Das Geheimnis der Gillardeau-Austern liegt darin, dass sie vier Jahre lang kultiviert werden – doppelt so lang wie gewöhnliche Austern. Zudem gewährt man ihnen in den Netzsäcken sehr viel mehr Raum, als andere Austern-
züchter dies tun, und wendet sie während ihrer drei Jahre in tiefem Meerwasser an die 60 Mal. Schließlich wachsen Gillardeau-Austern ausschließlich im Meer heran und kommen niemals in ein Klärbecken. Dies sorgt für eine sehr fleischige, leicht süßlich-nussig schmeckende Auster mit ganz wenig Salzgeschmack und langem Nachhall. Manche finden sie den Inbegriff des Austerngeschmacks, andere schlicht ein bissel fad.

In seinem herrlichen Nonsense-Gedicht *The Walrus and the Carpenter* erzählt Lewis Carroll vom berühmtesten Strandspaziergang der englischen Literaturgeschichte. Den unternehmen darin in strahlendem Sonnenschein und hellem Mondlicht ein Walross und ein Zimmermann und fordern einige Austern auf, sie zu begleiten. Unterwegs wird munter über alles Mögliche geplaudert – die unsterblichen Verse Carrolls geben exakt den erratischen Verlauf eines guten Tischgesprächs wieder und werden gern zitiert, um die riesige Bandbreite an Themen deutlich zu machen:

»The time has come«, the Walrus said,
»To talk of many things:
Of shoes – and ships – and sealing-wax –
Of cabbages – and kings –
And why the sea is boiling hot –
And whether pigs have wings.«

Allerdings kehren Zimmermann und Walross am Ende ohne die Austern zurück, denn natürlich werden die mit Gesprächen über Könige, Kohl und Siegelwachs eingelullten Mollusken mit Essig und Pfeffer und einem gebutterten Brot schließlich verspeist. Nicht allerdings, ohne dass das Walross einige Krokodilstränen um die protestierenden Austern vergießt:

»I weep for you«, the Walrus said:
»I deeply sympathize.«

With sobs and tears he sorted out
Those of the largest size,
Holding his pocket-handkerchief
Before his streaming eyes.

»O Oysters«, said the Carpenter,
»You've had a pleasant run!
Shall we be trotting home again?«
But answer came there none –
And this was scarcely odd, because
They'd eaten every one.

Gerade als ich dachte, den Kosmos der Austern vermessen zu haben, machte ich kurz nach Trouville-sur-Mer in der Normandie eine Entdeckung, die ich nicht für möglich gehalten hätte. Beim Aufbruch aus dem Städtchen, das den nostalgischen Charme eines einstmals mondänen Seebads aus den 50er-Jahren verströmt, auf der Rückfahrt nach Paris, bemerkte ich am Straßenrand etwas, das mich meinen Augen nicht trauen

ließ: einen Austernautomaten. Strahlend blau lackiert, mit perfekter Kühlung ausgestattet und so selbstverständlich wie ein Zigarettenautomat. Aufgestellt von einer Firma namens LaCalvadosienne.fr, prall gefüllt mit Körbchen voller unterschiedlicher Austernsorten und -größen und versehen mit der Aufschrift »Huitres 24h/24, 7j/7« kam er meiner Vorstellung vom Paradies recht nah.

Pizza

Wenn es in unserer Gegenwart eine kulinarische Universalie gibt, dann Pizza. Pizza ist die meistverkaufte Mahlzeit auf diesem Planeten. Man kann Pizza in der Antarktis essen und in Ouagadougou, in Peking, Pittsburgh und in Pjöngjang. Die Hälfte aller Kinder in Deutschland geben Pizza als ihr Lieblingsessen an (Pommes und Pasta landen auf Rang zwei und drei). Und doch war dieser belegte Teigfladen selbst in weiten Teilen Italiens bis Mitte des 20. Jahrhunderts noch so gut wie unbekannt.

Pizza ist ein Flachbrot und etymologisch denn auch mit dem griechischen *pitta* verwandt und dem türkischen *pide*. Wahrscheinlich reicht die Geschichte der Pizza sehr viel weiter zurück als an den Beginn des 19. Jahrhunderts, wo ihr Alexandre Dumas der Ältere, den wir schon als Erfinder des Austernomeletts kennen, als erster verbürgter Augenzeuge begegnete. Dumas reiste 1835 durch Neapel und schrieb über die Ernährungsgewohnheiten der Unterschicht: »Der Lazzarone ernährt sich von Wassermelone und Pizza; Wassermelone im Sommer, Pizza im Winter. Die Pizza ist eine Art Käsegebäck; sie ist rund und wird aus dem gleichen Teig gemacht wie Brot. Eine Pizza für zwei Heller macht eine Person satt, eine Pizza für zwei Sous reicht für eine ganze Familie. Auf den ersten Blick scheint Pizza ein einfaches Gericht zu sein, aber bei näherer Betrachtung erweist sie sich als komplex. Es gibt Pizza mit Speck, mit Käse, mit Tomaten und kleinen Fischen.

Sie ist eine Art gastronomisches Börsenthermometer. Der Preis der Pizza steigt und fällt mit jahreszeitlicher Fülle oder Knappheit. Wenn die Fisch-Pizza einen halben Heller kostet, gab es einen guten Fang; kostet die Pizza mit Öl einen Heller, ist die Olivenernte schlecht ausgefallen. Der Preis der Pizza hängt auch vom Grad ihrer Frische ab; man wird leicht nachvollziehen, dass Pizza von gestern weniger kostet als Pizza von heute. Für kleine Geldbeutel gibt es eine Woche alte Pizza, überaus nützlich, wenn auch nicht sonderlich schmackhaft, um Schiffszwieback zu ersetzen.«

Pizza war in Neapel, der dichtbevölkertsten Metropole Europas im 19. Jahrhundert, ein Armeleuteessen. Da Neapel zudem die Hochburg der Cholera war und beim Straßenverkauf der Pizza unsägliche hygienische Bedingungen herrschten, stand Restitalien der Spezialität aus der Stadt am Vesuv überaus skeptisch gegenüber. Daran hatte auch ein Besuch des savoyischen Königspaars im Juni 1889 nichts geändert. Königin Margherita verfiel auf die geniale Publicityidee, einen stadtbekannten *Pizzaiolo* namens Raffaele Esposito in ihren Palast in Capodimonte einzuladen. Esposito bereitete drei Pizzen mit unterschiedlichem Belag für sie zu: eine mit kleinen Fischen, eine mit Öl und eine, die er mit Tomaten, Mozzarella und Basilikum in den Farben der italienischen Trikolore belegte. Das war die Geburtsstunde der Pizza Margherita. Es bedurfte allerdings der geballten Marketingmacht der USA nach dem Zweiten Weltkrieg, um die Pizza in ganz Italien heimisch zu machen. Denn bereits 1905 hatte mit *Lombardi's* die erste Pizzeria in New York eröffnet.

Als kleines Kind habe ich miterlebt, wie die Pizza Deutschland im Sturm eroberte. Wie unsagbar exotisch uns damals eine Pizza erschien, ist heute kaum noch vermittelbar. Anfang der 70er-Jahre eröffnete in einem winzigen schwäbischen Kaff rund 30 Kilometer vom Stuttgarter Hauptbahnhof entfernt ein neues Restaurant mit revolutionärem Konzept. Quasi eine Event-Lokalität. Es hieß *Pizzeria* und verfügte über eine unerhörte Innovation: einen Holzbackofen. Dem Pizzabäcker dabei zuzusehen, wie er aus einer riesigen Schüssel Teig eine kleine Kugel abstach, sie mehrmals mit der Gestik eines Zirkusakrobaten in die Luft warf, geschickt wieder auffing, sie blitzschnell zu einem wagenradgroßen Fladen ausrollte, mit der Tomatengrundsoße und den gewünschten Zutaten belegte, um sie dann mit einem riesigen Schieber an den Rand der im Ofen flackernden Holzscheite zu platzieren, machte mindestens so viel Vergnügen, wie eine Pizza zu essen. Noch heute meine ich die Hitze des Ofens auf meinem Gesicht zu spüren.

Nun aber löst Pizza eher Zornesröte in mir aus. Die Zahlen machen schlicht fassungslos. Angeblich isst der Durchschnittsdeutsche an jedem vierten Tag im Jahr einen Teigfladen – egal, ob man ihn nun Pizza, Flamm- oder Salzkuchen nennt. 1970 kam die erste in Deutschland hergestellte Tiefkühlpizza auf den Markt. Allein im Jahr 2021 wurden in Deutschland

388.215 Tonnen Tiefkühlpizza verkauft, das macht irrsinnige 4,6 Kilo pro Kopf. US-Amerikaner verzehren mit 13 Kilo Tiefkühlpizza pro Jahr weltweit am meisten. Und am unglaublichsten ist, dass der Markt für Tiefkühlpizzen nach wie vor wächst.

Seit 2017 zählt die Pizza zum immateriellen Weltkulturerbe – ein Triumph der 1984 gegründeten Associazione Verace Pizza Napoletana, die über die Wahrung der handwerklichen Tradition beim Pizzabacken wacht und an Lokale, die ihre Vorgaben einhalten, ein eigenes Signet verleiht: ein Pulcinell mit Pizzaschieber in der Hand. Eine echte neapolitanische Pizza muss der AVPN zufolge von Hand so geformt werden, dass ein gleichmäßiger runder Fladen mit einem Durchmesser von nicht mehr als 35 Zentimetern entsteht. Sie soll in der Mitte nicht dicker als drei Millimeter und am Rand nicht höher als zwei Zentimeter sein. Der Backvorgang muss in einem bis zu 485 Grad heißen Holzofen erfolgen und soll nicht länger als anderthalb Minuten dauern.

Vor zehn Jahren fasste ich für eine Reportage einen kühnen Plan. Eine Woche bin ich durch Neapel gestreunt wie ein obdachloser Hund. Ich wollte es einfach wissen: Wo ist die Pizza entstanden? Ich habe mir den Dankesbrief angesehen, den der Haushofmeister der Königin an Raffaele Esposito richtete und in dem er seine drei verschieden belegten Pizzen als »köstlich« bezeichnet. Im *Brandi*, wie Espositos Pizzeria an der Salita S. Anna di Palazzo inzwischen heißt, ist er immer noch zu sehen. Ich war bei *Sorbillo* in der Via die Tribunali, das mittlerweile Filialen nicht nur in Rom und Mailand, sondern auch in Genf, New York, Miami und Tokio eröffnet hat, bei den Pizzapuristen *L'Antica Pizzeria da Michele* in der Via Cesare Sersale 1, die ausschließlich Pizza Margherita und Pizza Marinara verkaufen, und natürlich auch im *Trianon Da Ciro*, dem 1923 gegründeten Jugendstil-Tempel, deren Pizzaioli an einem Tag, an dem ihnen langweilig war, die »Pizza mit allem« erfanden, die insbesondere die US-amerikanische Kundschaft anspricht. Am Ende der sieben Tage war ich zwei Kilo schwerer, konnte keine Pizza mehr sehen, geschweige denn riechen, und hatte jede Lust an dem Thema verloren. Immerhin hatte ich herausgefunden, dass viele Neapolitaner die Ur-Pizza gar nicht in der Margherita oder in der Marinara sehen. Letztere heißt nicht etwa wegen ihres Seafood-Belags so – eine Marinara ist eine Pizza mit Tomatensoße, Oregano, Knoblauch und Olivenöl –, sondern weil sie früher, wie schon von Dumas erwähnt, Seeleuten als Proviant diente, von denen man in Neapel die Angewohnheit übernommen hat, die Pizza wie ein Taschentuch zu falten. Als urtümliche *pizza del popolo* gilt jedoch die *pizza fritta*, die in Öl frittierte Pizza. Das leuchtet insofern ein, als Brennholz früher viel zu teuer war, um für ein Armeleuteessen in einem Holzofen verfeuert zu werden. Einig war man sich bei meiner Recherche unter neopalitanischen Pizzaioli, dass zwei Faktoren für den Geschmack einer guten Pizza ausschlaggebend sind: die Ruhezeit des Teigs und der Ofen. In einen Pizzateig gehört nichts außer Hefe, Mehl aus Kampanien mit einem hohen Proteingehalt, Wasser und Salz. Eine Zugabe von Zucker oder Olivenöl, wie es viele in Deutschland verbreitete

Rezepte für Pizzateig vorsehen, untersagen die Richtlinien der Associazione Verace Pizza Napoletana ausdrücklich. Die AVPN empfiehlt maximal 28 Stunden, aber ob der Hefeteig nach dem Gehen dann nicht doch zwei, drei oder gar vier Tage ruhen soll, darüber gehen die Ansichten auseinander. Fest steht: Eine gute Pizza ist definitiv kein Fast Food.

Tatsächlich aber ist der Ofen für den Geschmack der Pizza alles entscheidend. Längst habe ich es aufgegeben, in meinem Backofen Pizza zu backen. 2012 gründete der pizzabegeisterte Finne Kristian Tapaninaho zusammen mit seiner schottischen Frau Darina Garland die Firma Ooni. Tapaninaho war ein großer Pizzaenthusiast und zunehmend frustriert davon, dass er in seinem heimischen Backofen einfach nicht die hohen Temperaturen erzielte, die zum Backen einer knusprigen Pizza erforderlich sind. Also entwickelte er einen tragbaren Pizzaofen, der sowohl mit Holz als auch mit Kohle oder Gas beheizt werden kann und schon nach einer Viertelstunde Temperaturen bis zu 500 Grad erreicht. Am verblüffendsten dabei: Das Designwunder verbraucht erstaunlich wenig Brennmaterial. Ooni ist inzwischen der Rolls Royce unter den Pizzaöfen.

Und was ist nun meine Lieblingspizza? Ich bin konvertiert. Lange lebte ich in dem primitiven Irrglauben, auf eine Pizza gehörten Beläge wie Zwiebel, Paprika, Schinken, Salami, Thunfisch oder Garnelen. Vor Scheußlichkeiten wie Brokkoli, Putenbrust, Hackfleisch, Mais oder Ananas bin ich zwar immer zurückgeschreckt; auch kenne ich wenig Widerlicheres als die amerikanische »deep dish« Pizza, eine Spezialität Chicagos, die aus einem ohnehin nicht gerade leichten Snack eine fetttriefende Kalorienbombe macht. Dennoch graut mir heute vor meinem früheren Geschmack. Das Erschrecken über sich selbst zählt zu den besten Fähigkeiten, mit denen uns die Natur ausgestattet hat. Längst weiß ich, dass nichts köstlicher ist als eine Pizza Margherita mit feinem Mozzarella di Bufala aus Kampanien. Höchstens eine Pizza mit Sardellen und Kapern kann mich in Versuchung führen, diesen kulinarischen Königsweg zu verlassen.

E. Dehillerin

In Orhan Pamuks *Museum der Unschuld* in Istanbul, einem der skurrilsten Museen der Welt, das ausschließlich Artefakte der unerwiderten Liebe eines Mannes zu einer verstorbenen Frau zeigt, sah ich einmal ein Küchengerät, das ich nicht benennen konnte. Es sah irgendwie insektoid aus. Wie die kleine Schwester von Philippe Starcks berühmter Zitronenpresse. Eine Quittenreibe, wie mir der Hausherr auf meine Nachfrage hin erklärte. Seither frage ich mich, wie ich nur so lange ohne Quittenreibe leben konnte.

Mein Lieblingssalat im Moment ist Puntarelle. Seine milden Bitternoten nehmen für dieses Gemüse ein, eine italienische Variante des Chicorée, die man gekocht auch zu Pasta verwenden kann. Äußerlich ähnelt ein Kopf Puntarelle einem ins Kraut geschossenen Löwenzahn, doch auch wenn man die äußeren Blätter durchaus verwenden kann, steht kulinarisch der innere Teil der Puntarelle im Zentrum. Dort finden sich die miteinander verwachsenen Pflanzentriebe, die ein wenig an Spargelstangen erinnern, was der Pflanze ihren deutschen Namen »Vulkanspargel« eingetragen hat. Ich wurde auf dieses Gemüse aufmerksam, als ich in einem Küchenladen in Rom auf ein seltsames Holzgerät stieß, das ein eingefasstes Metallgitter aus Eisendraht aufwies. Als ich fragte, wozu dieses Instrument diene, erklärte man mir, das sei ein Puntarellenschneider. Derart neugierig geworden entdeckte ich kurz darauf auf der Speisekarte einer kleinen Enoteca tatsächlich eine

Vorspeise namens Puntarelle alla Romana, die ich seither während der Puntarelle-Saison von November bis Ende April leidenschaftlich gern koche. Man schneidet dazu die Puntarelle in etwa streichholzlange Streifen – eines Puntarellenschneiders bedarf es dazu nicht, mir reicht mein kleines, scharfes Küchenmesserchen. Die Streifen sogleich in eine Schale mit Eiswasser legen, denn sie sollen sich kräuseln wie Locken. Das Dressing für den Salat besteht aus bestem Olivenöl, in das man je nach Geschmack reichlich Sardellenfilets püriert, schließlich einige fein gehackte Knoblauchzehen hinzugibt und mit Verjus oder Weißweinessig abschmeckt. Wer mag, kann über den Salat noch etwas gereiften Parmesan reiben – ich lasse ihn immer öfter weg.

Ich bin leider ein Junkie, was Kochutensilien angeht. Und der schlimmste Dealer, den ich kenne, heißt Dehillerin und residiert in der Rue Coquillière18–20 im ersten Arrondissement von Paris. Bei Dehillerin haben sich schon Dumas und Escoffier mit Pfannen und Töpfen, Geschirr und Besteck, Pastetenformen und Servierplatten eingedeckt. Hier stattete die White Star Line die Küchen der *Titanic* aus – eine Bain-Marie (also ein doppelwandiger Topf, der das Warmhalten von Speisen im Wasserbad ermöglicht) von Dehillerin zählte tatsächlich zu den in den 90er-Jahren aus dem Wrack geborgenen Utensilien. Und hier kauft natürlich auch der Élysée-Palast alles, was er zur Zubereitung seiner legendären Staatsbankette benötigt. Eine so lange Firmengeschichte wie die E. Dehillerins kennt nicht nur Glanzpunkte. Die düsterste Zäsur erfolgte im Zweiten Weltkrieg. Nach einer Denunziation verhaftete die Gestapo im von Deutschen besetzten Paris den Chef des Hauses Maurice Dehillerin wegen Beteiligung an der Resistance; er wurde nach Deutschland deportiert und im Frühjahr 1944 im Konzentrationslager Mittelbau-Dora umgebracht.

Das Motto von E. Dehillerin ist ein Musterbeispiel für Understatement: *Aider modestement à promouvoir la cuisine française,* einen bescheidenen Beitrag zur Verbreitung der französischen

Kochkunst möchte man hier leisten. Seit über zweihundert Jahren existiert dieser Laden, seit über hundertdreißig Jahren an derselben Adresse, und seine riesigen Geschäftsräume zu betreten heißt in eine Wunderwelt der Gourmandise einzutauchen, die so kein zweites Mal auf diesem Planeten existiert. Noch bis in die 60er-Jahre beschäftigte Dehillerin über hundert Facharbeiter heute so gut wie ausgestorbener Gewerke wie Blechschmiede, Kesselmacher, Spengler, Wagner und Pfannenschmiede, die für die Gastronomie Serviermöbel wie etwa Käsewagen, Rechauds, Tafelaufsätze und das berühmte Zinn- und Kupfergeschirr herstellten. Einerseits hochprofessionell hat es Dehillerin andererseits geschafft, sich etwas vom Charme eines Trödelladens zu bewahren. Von den hohen Decken hängen unzählige Schöpfkellen, Kochlöffel und Rührbesen in allen Größen und Formen. In den riesigen Holzregalen stapeln sich Töpfe und Pfannen aus Kupfer und Zinn in allen Größen und Formen. Wo sonst bekommt man eine Entenpresse? Eine mit Zinn beschichtete Backform in Gestalt eines stolzen gallischen Hahns? Oder sogenannte Hâtelets, über die mich *Meyers Konversationslexikon* von 1895 belehrt, dass es sich dabei um »Silberspieße zum Garnieren großer Stücke handelt, auf die man schwarze Trüffel, Hahnenkämme, Krebse oder Gemüse steckt«?

Nirgendwo stellt sich mir Erich Fromms Frage *Haben oder Sein?* eindringlicher als bei E. Dehillerin. Brauch ich das alles? Natürlich braucht das kein Mensch. Aber es ist schön, dass es so etwas gibt. Und noch schöner zu wissen, wo man es findet. Neulich erst bin ich wieder mit der Nase darauf gestoßen worden, als ich Simone de Beauvoirs zu Lebzeiten unveröffentlichten Roman *Die Unzertrennlichen* über ihre Liebe zu einer Mitschülerin las, die im Roman Andrée hieß und aus einem großbürgerlichen Haushalt stammte: »Nach dem Essen, als niemand mehr in der Küche war, ging Andrée hinunter, und ich begleitete sie; es war ein riesiger Raum, der das halbe Untergeschoss einnahm; tagsüber sah man an der Kellerluke Beine,

Perlhühner, Hunde und menschliche Füße vorübergehen, doch um diese Zeit rührte sich draußen nichts mehr, nur Mirza winselte leise am Ende ihrer Kette. Das Feuer bullerte im gusseisernen Ofen; das war das einzige Geräusch. Während Andrée Eier aufschlug, Zucker und Hefe dosierte, inspizierte ich den Ort, öffnete die Büfettschränke. Das Kupfergeschirr glänzte: Unmengen von Kasserollen, Kesseln, Schaumlöffeln, Schüsseln, Bettpfannen, die einst die Laken der bärtigen Vorfahren erwärmt hatten: ich bewunderte die Reihen kindlich bunter Emailleteller auf dem Bord. Die Schmortöpfe, Suppentöpfe, Henkeltöpfe, Tiegel, Bräter, Näpfe, Pfannen und Sauteusen, Siebe, Platten, Pastetenschalen, Backformen, Hackmesser, Mühlen und Mörser aus Gusseisen, Ton, Steingut, Porzellan, Aluminium, Zinn! Was für eine Auswahl an Schälchen, Tassen, Gläsern, Kelchen, Bechern, Tellern, Untertassen, Saucieren, Krügen, Kruken, Kannen und Karaffen! Fand wirklich jede Sorte Löffel, Kelle, Gabel, Messer ihre spezielle Anwendung? Gab es tatsächlich so viele verschiedene Bedürfnisse zu befriedigen? Diese geheime Welt hätte sich an der Oberfläche in riesigen, raffinierten Festen manifestieren müssen, die, soweit mir bekannt war, nirgends stattfanden.

»Wird das alles benutzt?«, fragte ich Andrée.

»Mehr oder weniger, es gibt einen Haufen Traditionen«, sagte sie.

Simone de Beauvoir legt den Finger in die Wunde. Uns sind mit dem Untergang großbürgerlicher Lebensformen nach dem Ersten Weltkrieg nicht nur die Tarte- und Timbale-, Pasteten- und Sturzformen abhandengekommen. Uns fehlen die Traditionen. Die großen Familien- und Nachbarschaftsfeste. Die ritualisierten Feiertage. Die endlosen Sommerfrischen. Und ohne diese macht all dieser Küchenplunder leider gar keinen Sinn mehr. Aber Traditionen können neu begründet werden. So gibt es bei mir seit einigen Jahren zu Ostern immer einen Spinatpudding mit Morchelsauce, den ich in einer bei E. Dehillerin erworbenen Puddingform zubereite. Wenn es einen Verwandten im Geiste von E. Dehillerin gibt, dann ist das Ollivanders – das Fachgeschäft für Zauberstäbe in der Winkelgasse aus *Harry Potter*. Freuen wir uns also, dass es diese Art Magie auch in unserem Alltag geben kann.

Georg Bernardini, der Schokoladen-tester

Georg Bernardini ist ein Besessener. Für sein im Selbstverlag (!) erschienenes fast tausendseitiges Handbuch *Schokolade – Das Standardwerk* hat Bernardini 4000 Produkte von 550 Unternehmen aus 70 Ländern verkostet und bewertet und damit erstmals und gründlich ein bislang brachliegendes Wissensfeld vermessen.

Es wird zu viel gelobt auf der Welt. Hier nicht. Dieses Buch ist ein Schlachtfest und ein Massaker, ein Gemetzel und eine Orgie der Zurückweisung. Endlich sagt mal einer Nein. Endlich steht mal einer auf und wehrt sich gegen Papp und Schmu, gegen Zumutungen und Abgeschmacktheiten, gegen alles, was unser Alltag an Fadem und Banalem bereithält. Hier wird penibel Perfektion eingefordert. Hier werden Werte keinem faulen Kompromiss geopfert. Hier wird auf Ansprüchen beharrt – ohne jeden Rabatt, dafür mit kräftig Rabatz. Schließlich geht es um etwas sehr, sehr Wichtiges: Es geht um Schokolade!

Niemand ist geeigneter, mit einigen mythischen Schokoladen-Marken abzurechnen, als der Schokoladentester Georg Bernardini. Der 1967 geborene Sohn einer deutsch-italienischen Gastronomenfamilie ist gelernter Konditor und Mitgründer der Confiserie Coppeneur, einer Pionierfirma im deutschen Schokoladenmarkt. Für sein Buch hat Bernardini Schokolade mit Kamelmilch gegessen, Kakao aus Vietnam verkostet und sich Konfekt mit Zwiebelfüllung in den Mund gesteckt. Sein Erfahrungswissen verleiht ihm die Kompetenz, einige schillernde Seifenblasen der Schokoladenwelt zum Platzen zu bringen. Zum Beispiel Konfekt von »Godiva« … »Die Produkte sind alle von einfacher Qualität. Fettige, buttrige und viel zu süße Füllungen …« »Ferrero Kinderschokolade« … »Eine süße, im Mund etwas klebrig-schmierige Füllung. Schmeckt dezent nach Milch und auch nicht übermäßig nach Kakao. Ein Produkt, das vor allem als Kohlenhydrat-Lieferant dient.« »Hersheys Milchschokolade« … »Schmeckt extrem ranzig-käsig. Extrem süß, kaum Kakao-Charakter, etwas milchig. Mit künstlichen Aromastoffen. Ungenießbar.«

Schokolade von »Lindt & Sprüngli« … »Lindt-Produkte sind allgegenwärtig, und Lindt ist wohl die weltweit bekannteste Schokoladenmarke. Das beruht nicht auf der heutigen Qualität der Produkte, sondern auch auf historischen Ereignissen und überaus professionellem und cleverem Marketing und Vertrieb.« »Milka Zartherb«, »Milka Alpenmilch« und »Milka Weiße Schokolade« … »Diese drei getesteten Schokoladen sind des Namens Schokolade unwürdig, und es ist kaum zu glauben, dass jedes Jahr alleine in Lörrach 140 000 Tonnen von diesem ungenießbaren und absolut überflüssigen Zeug hergestellt und demnach auch verkauft werden.« »Sarotti Schokolade« aus Berlin … »Ich möchte ja keinem Menschen und besonders nicht meinen Lesern auf die Füße treten oder sie gar beleidigen. In keiner Weise soll es respektlos klingen und arrogant erscheinen, und ich versuche mich so vorsichtig wie möglich auszudrücken. Welcher Mensch ist in der Lage (…) diese Art Produkte zu essen, geschweige denn zu genießen? Bei allem Verständnis, ich kann das einfach nicht nachvollziehen.« »Schokolade von Suchard« … »Die Produkte sind so schlecht, dass sich ein weiterer Kommentar erübrigt. Schlechter Geschmack, schlechtes Aroma und minderwertige Rohstoffe. Dieser Satz auf der Website von Suchard hat Comedy-Potenzial: ›Philippe Suchards Streben nach Qualität hat alle Veränderungen überdauert: Nur die besten Zutaten und besondere Rezepte werden zur Herstellung unwiderstehlicher Schokoladenkompositionen verwendet, um das Leben unserer Kunden mit feinster Suchard-Schokolade zu versüßen.‹ Das schreibt ein Unternehmen, das künstliche Aromastoffe in seinen Produkten systematisch einsetzt.«

Mitunter trifft Georg Bernardinis Bannspruch sogar ganze Länder und ihre international hochgeschätzten Confiserie-Stars: »Liebe Belgier, jetzt müssen Sie alle stark und mutig sein, um diese Zeilen zu lesen (…) Belgien hat seine Schokoladenkultur fast gänzlich verloren. (…) Warum typisch belgisches Konfekt ein so großes Ansehen genießt, werde ich nie verstehen. Ich assoziiere es mit Leonidas, Neuhaus, Guylian oder Godiva: einfache, süße und aromaschwere Schokolade, fettige, schwere und süße Füllungen mit wenig Aroma und Geschmack. Diese Hersteller zähle ich nicht zu den guten Confiseuren, aber sicher zu den guten Unternehmern, deren Marketingleistung große Anerkennung verdient. Mit mittelmäßigen bis unterdurchschnittlichen Produkten weltweit einen guten Ruf aufzubauen verdient größten Respekt.«

Georg Bernardini ist ein Freund klarer Worte. Das merkt man schon am Titel. Hieß die erste Auflage von 2012 noch »Der Schokoladentester«, so nennt Bernardini die Neuauflage von 2015 selbstbewusst: *Schokolade – Das Standardwerk*. Der Titel ist keine Untertreibung. Georg Bernardini erzählt in einem selbst schon buchlangen Teil die Kulturgeschichte der Schokolade von der Kakaobohne zum Konfekt und lässt dabei auch die dunklen Seiten der Schokolade nicht aus – Kinderarbeit auf Kakaoplantagen ist keine Seltenheit. In früheren Jahrhunderten waren Schokolade und Sklaverei fast Synonyme. Und ganz en passant rührt Georg Bernardini dabei an die Kernfragen der Art, wie wir uns ernähren: »Haben Sie Spaß daran, ein Schokoladenprodukt mit naturidentischen oder künstlichen Aromastoffen zu essen und zu wissen, dass Ihnen nur vorgegaukelt wird, es handele sich um ein Naturprodukt? Finden Sie es wirklich interessant und genussvoll, wenn ein Hersteller nur mit Aromastoffen in der Lage ist, das Aroma und den Geschmack der namensgebenden Zutat zu treffen? Wäre es nicht weitaus befriedigender, ein Fruchtkonfekt zu konsumieren, das nicht nur das Aroma, sondern auch den Charakter der Frucht besitzt – und das mit rein natürlichen Rohstoffen, ohne Tricksereien mit Aromastoffen? Wollen Sie Ihrem Gaumen weiterhin zumuten, von Aromen überlistet, betrogen und geprägt zu werden? Glauben Sie ernsthaft, dass es Ihrem Gaumen auch nach jahrelangem Konsum von Aromastoffen noch möglich ist, das natürliche Aroma ausreichend zu erkennen und zu genießen? Ich glaube es nicht.«

Georg Bernardini lässt seinen Lesern zwar hin und wieder das Wasser im Mund zusammenlaufen, schmiert ihnen aber keinen Honig ums Maul. Und wie nebenbei weiht Bernardini kompetent in die Mysterien der Herstellung von Nugat, Konfekt und Schokolade ein: »Erwärmen auf ca. 45 °C, abkühlen auf 28 °C und wieder erwärmen auf 32 °C. (…) Durch das Durchlaufen der unterschiedlichen Temperaturen können die Fettkristalle der Kakaobutter eine stabile Struktur aufbauen. Nur so ist es möglich, alle gewünschten Eigenschaften der Schokolade zu erhalten. Geringe Abweichungen der Temperaturkurve können bei der Weiterverarbeitung gravierende Folgen nach sich ziehen. Eines der großen Geheimnisse, warum Schokolade im Mund so unvergleichlich zart zergeht, liegt im Schmelzpunkt der Kakaobutter – er liegt bei ca. 34 °C und damit knapp unterhalb der menschlichen Körpertemperatur. Schokolade, die andere Fette enthält, weist nicht annähernd einen so angenehmen Schmelz auf, da deren Schmelzpunkt weit unter dem der Kakaobutter liegt.«

Manchmal ist das Geheimnis einer glücklichen Kindheit sehr prosaisch. »All you need is love – ab und zu ein bisschen Schokolade ist aber auch nicht schlecht.« Längst hat sich diese Erkenntnis Bahn gebrochen, die der *Peanuts*-Zeichner Charles M. Schulz seinem Beagle Snoopy ins Maul legte. Doch Schokolade ist nicht gleich Schokolade. Georg Bernardini legt seine Kriterien offen und benennt, was er in Schokolade gar nicht mag: künstliche Aromen wie Vanillin, Kakaobutter-Zusatz, aber auch geschmacksverzerrende echte Vanille in Ursprungsschokoladen.

Auch den gesundheitlichen Aspekten des Schokoladenkonsums widmet Georg Bernardini breiten Raum. Sehr einleuchtend dabei ist, dass er dem weltweiten Trend zur *Raw Chocolate*, also zur Rohkostschokolade, skeptisch gegenüber bleibt. Bernardini beklagt deren fehlende Aromenentwicklung, spricht von »Panscherei« und fragt, woher denn ohne Rösten und Fermentation der Kakaobohnen die Aromen kommen sollen. Auch die Sirenenklänge medizinischer Heilsversprechungen sogenannter Superfoods stoßen bei Georg Bernardini auf taube Ohren. »Camu Camu Berry, Mesquite Pod, Maca Root, Ashwaganda, Gotu Kola, Damiana, Fo Ti, Yohimbe, Dong Quai, Reishi Mushroom, Lucumafrucht, Acaibeeren, Spirulina oder Yaconsirup. Hört sich alles spannend und exotisch an, ist aber

nicht immer schmackhaft. (…) Ich habe schon einige Produkte mit diesen Wunderzutaten gekostet, die letztendlich ungenießbar waren. (…) Bei Raw Chocolate und bei Superfood geht es in erster Linie um Gesundheit und nicht um Genuss. Bei Gesundheitsthemen jedoch bedarf es ganz besonderen Vertrauens. Das kann ich nicht in Unternehmen haben, die keinerlei gesetzlichen Bestimmungen unterliegen und wenig Auskunft von und über sich geben.«

In wenigen Ländern ist der Pro-Kopf-Konsum an Schokolade so hoch wie in Deutschland. Das vernichtendste Urteil für eine Schokolade in Georg Bernardinis Genusskosmos heißt: Kohlenhydrat-Lieferant. Bernardini weiß um die Schattenseite der Schokolade: »Innerhalb von neun Monaten habe ich für mein erstes Buch täglich ca. 9–10 Schokoladenprodukte verkostet, mit einem Durchschnitt von 100–150 g. Gleichzeitig habe ich in dieser Zeit nahezu keinerlei Sport betrieben. Meine sonstige Ernährung blieb normal, vergleichbar mit der Zeit vor der intensiven Verkostung. Nach den neun Monaten brachte ich sechs Kilogramm mehr Gewicht auf die Waage. Es ist sicher unüblich, über einen längeren Zeitraum so extrem viele Süßigkeiten zu verzehren, ich würde auch jedem davon abraten und es selbst nicht noch einmal tun. Zumindest nicht, ohne regelmäßig Sport zu treiben.«

Georg Bernardini hat nicht nur seinem Körper einiges zugemutet, sondern für seine Recherchen rund um den Globus viel Zeit und Geld investiert. Die »Belize Chocolate Company« etwa produziert in winzigen Chargen von gerade mal 110 oder 120 Tafeln und nummeriert jede einzelne Tafel fortlaufend durch. Bernardinis Verkostungsnotiz dazu lautet: »70 % Dark: Nur Kakaobohnen und Rohrzucker, beides aus Belize. Mildherb, mit feinem Schmelz und weder sauer noch adstringierend. Überraschend süß für den ›niedrigen‹ Kakaogehalt. Mit Aromen von Tropenfrüchten und Gewürzen.« Bernardini aß Tafel 66 von einer Edition von 120.

Für die langweilige Konfektionsware in unseren Supermarktregalen gilt »Raider heißt jetzt Twix, sonst ändert sich nix«. Anders als die Einheitskost der Redundanzesser ist die Welt der Beans-to-Bar-Hersteller jedoch in ständigem Umbruch. Berlin, Brandenburg und Sachsen sind zurzeit die Zentren dieser seit etwa 20 Jahren existierenden Szene von Schokoladenmanufakturen, die nicht auf fertige Kakaomassen oder Kuvertüren zurückgreifen, sondern ihre Schokolade von der Kakaobohne an bis zur fertigen Tafel selbst reinigen, rösten, brechen, mahlen, conchieren, gießen oder Konfekt daraus herstellen: Denn just das und nichts anderes bedeutet »bean to bar«. Anders als für Österreich mit Zotter oder für die Schweiz mit Idilio findet sich aber kein deutscher Hersteller unter Georg Bernardinis Top-Twenty five-Liste jener Unternehmen, die für ihn den Maßstab für Schokoladenkunst der Gegenwart definieren. Zu Bernardinis Favoriten zählen Demarquette aus London, Es Koyama aus Japan, La Maison du Chocolat in Paris, Marcolini in Brüssel, Nobile aus der Schweiz und Domori aus Italien: »Domori bleibt bei dunkler Schokolade der Maßstab aller Dinge. Nicht jede Schokolade ist ein Volltreffer, jedoch kann insgesamt kein anderer Hersteller dieses hohe Niveau vorweisen. Auch in anderen Kategorien setzte Domori das eine oder andere Mal Maßstäbe, sodass im Gesamten keiner Domori den Spitzenplatz als bester Schokoladenhersteller der Welt streitig machen kann.«

Komplexität ist immer schön, und die Vermesser der irdischen Vielfalt öffnen den Weg ins Paradies. Georg Bernardinis *Schokolade – Das Standardwerk* liefert genau, was der Titel verspricht. Entstanden ist tatsächlich ein Standardwerk – für Schokolade so etwas wie der *MICHEL*-Katalog für Briefmarken oder Gerhard Schöns *Kleiner deutscher Münzkatalog* für Numismatiker. Dank Bernardini wissen nun auch Laien um die Scharlatane in der Schokoladenindustrie, den Unterschied zwischen Bean-to-Bar und Mass-to-Bar und warum Zotter, Domori oder Pierre Marcolini die besten Schokoladen der Welt herstellen.

Trou normand

Den schönsten Urlaub meines Lebens verbrachte ich in einer Hängematte zwischen zwei Apfelbäumen in der Normandie. Ich las den sechsbändigen Romanzyklus eines mexikanischen Autors, dachte an wenig anderes als an eine unerwiderte Liebe und ans Abendessen und hatte eine sehr gute Zeit. Eine Auszeit. Eine Aufhebung der normalen Abläufe. Ich fiel gewissermaßen in ein Kaninchenloch, wie es Lewis Carroll in seinem 1865 veröffentlichten Roman *Alice im Wunderland* beschreibt, und danach war nichts mehr wie vorher. Denn ich lernte Calvados und Käse kennen.

Lange glaubte ich, Calvados sei ein mehr oder minder ordinärer Apfelschnaps. Ein Rachenputzer. Als Wirkungsdroge gerade gut genug, um einen schnell auf Touren zu bringen. Meine Erfahrungen mit Calvados beschränkten sich allerdings auf einige deutsche Studentenpartys, wo immer irgendjemand eine Flasche Aldi-Calvados mitbrachte, und auf zwei, drei auf französischen Bauernmärkten im Winter getrunkene *Café calva*, die einem die Kälte aus den Knochen treiben sollten. Dass ein gereifter Calvados ein Genuss sein kann, der es an Finesse und Nuancenreichtum mit jedem Cognac oder Armagnac aufnehmen kann, habe ich erst während der drei Wochen in der Normandie erfahren. Ein Calvados Hors d'age oder X.O liegt mindestens sechs Jahre im Eichenfass. Ich hatte aber bei einigen der kleinen Calvadosbrenner rund um das Mühlengut meiner Gastgeber das Glück, zwanzig, dreißig, ja fünfzig

Jahre alten Calvados verkosten zu dürfen, und weiß, seit ich an diesem bernstein- oder honigfarbenen Nektar nippte, wie warme Glückseligkeit schmeckt. Calvados gibt es übrigens auch in der Bretagne, dort heißt er Lambig. Wenig anfreunden kann ich mich mit der als »Pommeau« verkauften Mischung aus Calvados und Apfelsaft, die über ein Jahr in ein Eichenfass geschlagen wird. Für mich ist das Ergebnis nichts Halbes und nichts Ganzes, in der Normandie wird ein Pommeau aber gern gekühlt als Aperitif oder zu Gänseleber gereicht. Muss man mögen.

Vielleicht war ich so empfänglich für Calvados, weil ich natürlich auch die Ausgangsprodukte, den normannischen Cidre und Poiré, zu schätzen lernte. In meiner Kindheit hatte jeder ordentliche schwäbische Haushalt auf dem Land seinen eigenen Most im Keller. In meinem Fall war das jeweils ein Fass Apfel- und Birnenmost, was zu meiner frühen kulinarischen Prägung auf Cidre und Poiré beigetragen haben mag. Die meisten Cidre, die man in Deutschland kaufen kann, sind unerträglich süß. Ein richtig guter Most aber muss »räß« schmecken, also herb und mit Biss: Sonst taugt er nicht als Durstlöscher.

In der Normandie bin ich gleich in zweifacher Hinsicht in ein Loch gefallen. Denn während der üppigen Abendgelage meiner Gastgeber lernte ich auch das *trou normand*, das normannische Loch kennen: den meist zwischen Fisch und Fleisch servierten Zwischengang bestehend aus einem Apfel- oder Zitronensorbet mit einem Glas Calvados. Im Englischen nennt man so ein Gericht, das Lust auf kommende Gaumenfreuden machen soll, einen *palate cleanser*, also einen Gaumenreiniger. In der Literatur war mir das *trou normand* schon öfter begegnet. Zuerst im Comic *Asterix und die Normannen*, wo die aus dem hohen Norden an die Küste des kleinen gallischen Dorfs angereisten Normannen ihr Lieblingsgetränk »Calva« als Proviant mitgebracht haben und am Strand auf Befehl ihres Häuptlings Maulaf »schöne normannische Löcher« graben. Und im Kino der 70er-Jahre, wo Louis de Funès in *Der Querkopf* seinen japanischen Kunden versicherte: »Normannisches Loch, alter französischer Brauch, wie Harakiri, alter japanischer Brauch.«

Der *Larousse Gastronomique* definiert ein *trou normand* als »Tischsitte, nach der man ein Gläschen Branntwein (Calvados, daher der Name, auch Cognac, Kirschwasser oder Obstwasser) inmitten eines üppigen Mahles genießt, um die Verdauung zu fördern und so den Appetit vor den weiteren Gängen anzuregen.«

So, wie Calvados nicht zwingend ein Apfelbrand ist – er kann als Calvados Domfrontais auch aus einer Mischung von Äpfeln und Birnen, ja sogar als reiner Birnenbrand gebrannt werden –, so lässt sich ein *trou normand* auch mit Sorbets anderer Obstsorten herstellen. Etwa von Ananas, Birnen oder Zitronen mit Kirschwasser, Birnengeist oder Wodka. Heiß umstritten ist allerdings die Frage, ob der Schnaps separat serviert werden muss oder in die Schale mit der Sorbetkugel gegossen werden soll. Ich hänge der Glaubensrichtung an, dass der Schnaps mit dem Sorbet gelöffelt werden sollte, allein schon, um die Möglichkeit eines weiteren Digestivs am Ende des Menüs zu eröffnen. So oder so liebe ich die Möglichkeit, inmitten einer Speisenabfolge eine radikale Zäsur zu setzen – sei es durch ein Zitronensorbet mit Champagner, ein Rhabarbersorbet mit Rosé oder ein Yuzu-Sorbet mit Sake.

In der französischen Gastronomie heißt ein mit Wodka aufgegossenes Zitronensorbet »Colonel« – ohne dass ich je herausfinden konnte, woher diese Bezeichnung rührt. Der Colonel verbindet den Calvados mit der zweiten Spezialität der Normandie: dem Käse. Mein normannischer Liebling ist der Livarot, ein recht intensiv schmeckender AOC-Rohmilchkäse mit gewaschener Rinde, der im Pays d'Auge hergestellt sein muss; ein Quatre-Quart Livarot mit zwölf Zentimetern Durchmesser heißt »Colonel« wegen der fünf Halme aus Riedgras, mit denen er umwickelt ist – so viele goldene Litzen zierten früher die Uniform eines Oberst. Neben dem Livarot tragen in der Normandie auch noch der herzförmige mild-säuerliche Neufchâtel und der quadratische Rotschimmelkäse Pont-l'Evêque die begehrte *Appellation d'origine contrôlée.* Der berühmteste normannische Käse ist aber der Camembert. Für einen gut gereiften – mindestens fünf Wochen alt sollte er sein! – Camembert mit herrlich rotschrumpeliger Rinde lasse ich alles stehen und liegen. Mein Urlaubsort lag nur wenige Kilometer vom Dorf Camembert und dessen Käsemuseum entfernt. Camembert ist Kult – jedenfalls in Frankreich. Die Geburtsstunde des Camembert fällt in ein Jahr mit der Französischen Revolution: ein katholischer Geistlicher namens Bonvoust soll 1791 bei der Bäuerin Marie Harel Unterschlupf gefunden haben und ihr zum Dank ein Geheimrezept zur Käseherstellung verraten haben, das eigentlich für Brie galt. Was ist der Unterschied zwischen Brie und Camembert? Beides sind Kuhmilchkäse mit 45 %-Fettgehalt. Sowohl der Brie de Meaux und der Brie de Melun wie der Camembert besitzen das AOC-Gütesiegel. Doch während ein Brie groß wie ein flacher Kuchen sein und bis zu drei Kilo auf die Waage bringen kann, ist ein Camembert mit höchstens elf Zentimetern Durchmesser viel kleiner. Entscheidend sind, neben dem AOC-Siegel, zwei weitere Qualitätshinweise auf der berühmten Spanholzschachtel der Verpackung: die Angaben *Lait cru* und *Moulé à la Louche*, denn der Käse soll aus roher Kuhmilch hergestellt sein – nur so kann sich sein typisches Aroma entwickeln, bei pasteurisierter Milch geht es so gut wie ganz verloren – und der Käsebruch mit einem Schöpflöffel in die Form gegossen werden. So wie in Deutschland Postkarten oder Briefmarken gesammelt werden, gibt es in Frankreich Sammler von Camembertetiketten, die seit 1880 auf die typischen Spanschachteln aus Pappelholz gedruckt wurden. Das Französische kennt für sie das schöne Wort »tyrosémiophile«, nach Altgriechisch »turós« (Käse), »sēmeĩon« (Zeichen) und »phílos« (Freund). Mit der Kenntnis dieses Worts kann man jeden noch so arroganten französischen Muttersprachler erbleichen lassen.

Hygge from hell!

Das Auge isst mit, so viel haben wir schon festgestellt. Aber was, wenn nicht?

Eine der besten Mahlzeiten meines Lebens aß ich in einem von Neonröhren erleuchteten Kabuff, dessen Möblierung an das Verhörzimmer eines DDR-Grenzübergangs erinnerte. Der weiße Kachelboden hätte jedem Leichenschauhaus zur Ehre gereicht. Die rauen Sitzkanten der Sperrholzstühle trieben einem Holzspreißel in die Oberschenkel. Den einzigen Schmuck auf der Resopalplatte der Tische bildeten türkisfarbene Plastikdöschen mit Zahnstochern und Papierserviettenspender, deren Aluminium die salzige Meerluft zum Ausblühen animierte. Die dickwandigen Gläser erinnerten an Ausstellungsstücke aus Museen für römische Provinzialarchäologie, jene ganz frühe Phase, als die Barbaren jenseits der Alpen erstmals mit der Kunst der Glasschmelze in Berührung kamen. Für das ganze Ensemble fielen heutigen Designern vermutlich Formulierungen ein wie *hygge from hell*. Und dennoch fühlte ich mich in diesem Loch mit dem Charme einer bankrotten Eisdiele, als hätte ich von goldenen Tellern gegessen. Das lag einzig und allein am Koch. Dieser war ein früherer Souschef von Ferran Adrià, der sich in die Tochter eines Fischers im Küstenstädtchen Roses verliebt hatte und nun das zubereitete, was sein Schwiegervater Morgen um Morgen an der Costa Brava anlandete. So geht's also auch, dachte ich mir, während der an einer Plancha stehende Koch in einer märchenhaft opulenten Abfolge scheinbar mühelos von Seeigeln und Schwertmuscheln über Sardinen, Carabineros und Langusten bis hin zu Makrelen und Seeteufeln ein Feuerwerk der mediterranen Fischküche aufsteigen ließ.

Ich habe übrigens tatsächlich einmal von goldenen Tellern gegessen. Das war beim Emir von Dubai, der ein guter Dichter ist, aber, so man den Aussagen einer seiner Töchter und einer seiner sechs Nebenfrauen Glauben schenken darf, ein scheußlicher Familientyrann sein muss. Davon wusste ich nichts, als ich vor gut zehn Jahren während des Ramadans zur Rechten des Emirs mitsamt seinem Kabinett zum abendlichen Fastenbrechen auf einem riesigen Teppich Platz nehmen durfte. Ich war damals überrascht, dass diesem Kabinett auch Frauen angehörten, die mit auf dem Teppich speisten. Mir gingen die Augen über, als ich die in goldenen Schalen aufgetragenen Köstlichkeiten sah: alle Arten von Hummus, gegrilltes Ziegen-

fleisch und Salate mit Granatapfelkernen. Huhn al Machboos mit dem Loomi genannten Pulver aus den Schalen der kleinen schwarzen Zitronen, Zwiebeln und Safran. Lamm al Harees, ein Eintopf mit Weizen und einem wunderbar intensiven Zimtaroma. Direkt vor mir stand ein herrlich nach Safran und Exotischerem duftender Shrimp-Eintopf, daneben große Platten mit Fisch und Meeresfrüchten. Noch während ich im ungewohnten Schneidersitz damit beschäftigt war, meine Gliedmaßen zu ordnen, fragte Hoheit nach meinen Vorlieben, griff beherzt in die Schüsseln und Platten und klatschte mir mit der Rechten das Gewünschte auf meinen goldenen Teller. Im Paradies schlägt dem Glücklichen keine Stunde, sehr wohl aber am Hof des Emirs von Dubai. Denn dort gilt die Regel: Hört Hoheit auf zu essen, hören alle auf zu essen. Der Emir von Dubai ist leider ein sehr, sehr schneller Esser. Nach zwanzig Minuten klatschte er in die Hände, erhob sich und widmete sich seinen Pferden. Der Emir ist nebenbei auch der größte Pferdezüchter der Welt. Das war das Ende dieser kulinarischen Fata Morgana, von der ich seither gelegentlich träume. Während des Ramadans dienen die Überbleibsel der Mahlzeiten des Emirs übrigens der Armenspeisung. Hätte ich gewusst, wo man sich anstellen muss, ich hätte nicht gezögert, denn mir knurrte der Magen, und nach den Maßstäben Dubais hätte ich mich gewiss als geradezu bettelarm qualifiziert.

Je länger ich unterwegs bin, desto mehr sehne ich mich nach Restaurants, die nicht nur eine spannende Küche, sondern auch ein mit ihrem Ort zusammenhängendes Erlebnis zu bieten haben. Das 1798 als Austernbar in London gegründete *Rules* ist ein Paradebeispiel dafür. Vergangenen Sommer habe ich dort zum ersten Mal in meinem Leben »grouse«, also Moorschneehuhn gegessen und kann nun verstehen, warum die Briten dem »Glorious Twelth«, dem zwölften August eines jeden Jahres, entgegenfiebern, wenn die Jagd auf die Moorschneehühner eröffnet wird. Das ungeheuer dichte Aroma dieses butterzarten, aber sehr fettarmen Geflügels ist in der Tat unvergesslich. Moorschneehuhn schmeckt köstlich und wirklich wild – man meint das schottische Hochland mit seinen Kräutern und Heidelbeeren herauszuschmecken. Für diesen Genuss nahm ich auch gern die zwei, drei Schrotkugeln in Kauf, immerhin Indiz für die waidmännisch korrekte Erlegung des Tiers.

Wir besitzen in Deutschland gar nicht so wenige Restaurants, die dem *Rules*, dem ältesten Restaurant Londons, in Sachen Geschichte und Tradition locker das Wasser reichen können. Die Lübecker *Schiffergesellschaft* etwa kann auf eine bis ins Jahr 1401 zurückreichende Tradition zurückblicken. Auch wenn die heutige Innenausstattung »nur« aus dem 17. Jahrhundert stammt und die *Schiffergesellschaft* erst seit 1866 als öffentliches Restaurant geführt wird: Das Dekor ist atemberaubend. Lange Bankreihen, eingeteilt nach den von den Schifffahrtskompanien angelaufenen Hansestädten. Riesige Wandgemälde mit alttestamentarischen Motiven, Auftragsarbeiten italienischer Wandermaler. Von der Decke hängen zahlreiche historische Schiffsmodelle und ein irgendwann von einer Klosterkirche in Zahlung gegebener riesiger Kronleuchter. Ich weiß das, weil ein fröhlicher und stupend gebildeter Kellner, Herr Kurath, mir davon mit solch ansteckender Lebenslust erzählte, dass ich sofort wusste: Hier bist du ausnahmsweise mal zur richtigen Zeit am richtigen Ort. Dabei ist die Küche der *Schiffergesellschaft* im Vergleich zum Augenschmaus der Einrichtung erstaunlich bodenständig: reell, aber im Grunde unspektakulär. Neben Vegetarischem hat man Steaks, halbe Enten, ja selbst Burger im Angebot. Doch wer hier nicht Labskaus, Krabben, Matjes, Dorsch oder Scholle isst, dem ist nicht zu helfen.

Und wenn mir nun eine kulinarische gute Fee erschiene und mich fragte, wo ich am liebsten noch einmal essen möchte – von den goldenen Tellern des Emirs von Dubai, im Londoner *Rules* oder in der Lübecker *Schiffergesellschaft*? Ich würde keine Sekunde zögern und mich sofort wieder in das kleine, schäbige Loch an der Costa Brava zurückwünschen.

Zu Tisch bei Kapitän Nemo

Es war eines der größten Schiffsunglücke in der Geschichte der Menschheit. Beim Untergang der chinesischen Dreimaster-Dschunke *Tek Sing* starben mehr Menschen als an Bord der *Titanic*. Und doch erinnerte sich im Westen so gut wie niemand an das Schicksal dieses Schiffes, seiner Besatzung und seiner Passagiere, bis Anfang des neuen Jahrtausends bei einer der spektakulärsten Porzellanauktionen der Welt seine Fracht unter den Hammer kam. Das Stuttgarter Auktionshaus Nagel versteigerte vom 17. bis 25. November 2000 über 350 000 Stücke aus dem Wrack der *Tek Sing*; noch heute tauchen Teile davon relativ häufig auf Auktionsplattformen auf. Ich hätte das Porzellan nicht gekauft, hätte ich die genauen Umstände seiner Bergung gekannt.

Am 14. Januar 1822 verließ die 55 Meter lange, zehn Meter breite Dreimaster-Dschunke *Tek Sing* (Chinesisch für »Leitstern«) die chinesische Hafenstadt Xiamen und nahm Kurs nach Batavia, dem heutigen Jakarta in Indonesien. An Bord befanden sich rund 1800 Passagiere, die meisten davon chinesische Auswanderer, die in unvorstellbarer Enge und unter katastrophalen hygienischen Bedingungen über die fünf Decks der Dschunke verteilt die mehrwöchige Schiffsreise durchlitten. Aus unbekannten Gründen änderte der Kapitän der *Tek Sing*, ein Mann namens Io Tauko, seinen Kurs und entschied, aus dem Südchinesischen Meer statt durch die Bangka-Straße durch die weiter östlich gelegene Gaspar-Straße in die Javasee zu segeln – ob aus Angst vor einem Piratenüberfall oder im Versuch, die Reisezeit abzukürzen, lässt sich heute nicht mehr feststellen. 23 Tage nach dem Auslaufen aus Xiamen zerschellte die Dschunke am 5. Februar 1822 am Belvidere-Riff und sank. Ein Begleitschiff segelte weiter, ohne sich um die Überlebenden zu kümmern – wohl aus Furcht, durch die große Zahl der im Meer treibenden Menschen selbst in Seenot zu geraten. Erst zwei Tage später konnte die unter dem Kommando von Kapitän James Pearl segelnde *Indiana* 190 Schiffbrüchige retten.

Doch die *Tek Sing* hatte nicht nur Menschen an Bord. Sie war nach heutigen Begriffen völlig überladen mit Handelswaren wie Lackmöbeln und Seidenstoffen, Gewürzen, Schildpatt, Sandelholz, Myrrhe und Tee. Vor allem bargen ihre Laderäume aber eine unvorstellbare Menge an chinesischem Gebrauchsporzellan, das ohne Rücksicht auf den europäischen Geschmack für den Export in asiatische Staaten produziert worden war. Der britische Schatzsucher Michael Hatcher, der schon für die Bergung eines U-Boots und der *Geldermalsen* der Niederländischen Ostindienkompagnie verantwortlich war, spürte die *Tek Sing* 1999 auf. Er kam dem Wrack durch Auswertung von Aufzeichnungen in James Horsburghs *Directions for Sailing to and from the East Indies, China, New Holland, Cape of Good Hope, and the Interjacent Ports* auf die Spur. Horsburgh hatte 1786 im Indischen Ozean selbst Schiffbruch erlitten und es sich zur Lebensaufgabe gemacht, ein navigatorisches Standardwerk für diesen Teil der Welt zu erstellen.

Die Geschichte der *Tek Sing* ist eine Geschichte menschlicher Dummheit und Gier. Niemals hätte das Schiff so viele Passagiere aufnehmen dürfen. Und niemals hätte so viel Fracht geladen werden dürfen. Aber diese Geschichte von Dummheit und Gier setzt sich leider bis in unsere Gegenwart fort. Denn als Michael Hatcher in den Laderäumen der *Tek Sing* auf über eine Million fast unversehrter Stücke Gebrauchsporzellan stieß, ließ er aus der Überlegung heraus, so den Wert der übrig gebliebenen Funde zu steigern, zwei Drittel davon mutwillig

in Scherben zerschlagen. Mich überkommen immer wieder von neuem Zorn und Fassungslosigkeit angesichts dieser zerstörerischen Dreistigkeit. Fast zweihundert Jahre hatte das nie benutzte Porzellan in seiner Originalverpackung am Grund des Südchinesischen Meers überlebt, bis ein britischer Barbar mit seinem Kapitalistenverstand eine einfache Rechnung anstellte und zum Hammer griff. Manchmal überkommt mich so großer Ekel vor der Menschheit, dass ich ihr am liebsten nicht länger angehören möchte.

Vor mir stehen zwei Fundstücke aus der *Tek Sing*: eine kleine Teeschale und ein Tellerchen mit Lotusdekor, beide in Blau-Weiß, beide überkrustet mit weißlichen Ablagerungen – eine Erinnerung an ihren langen Schlaf auf dem Meeresgrund. In meinen Augen strahlen sie in ihrer eleganten Schlichtheit eine fast überirdische Schönheit aus: Es ist, als säße man zu Tisch bei Kapitän Nemo auf der *Nautilus*. Auch Jules Vernes Kapitän Nemo kannte diesen Ekel vor der Menschheit: Es ist dieses Gefühl, das ihn ihr den Rücken wenden und sich aufs Meer zurückziehen lässt. Wenig hat meinen persönlichen Geschmack wohl stärker geprägt als die Schilderung in *20 000 Meilen unter dem Meer*, als Kapitän Nemo den Meeresbiologen

Professor Aronnax auf der *Nautilus* zum Essen einlädt: »Der Tisch in der Mitte war reich gedeckt. Nemo wies mir meinen Platz und forderte mich auf zuzugreifen. Am Jodgeschmack der Speisen konnte ich erkennen, dass sie alle aus dem Meer waren. Nemo erklärte mir, dass die Speisen allesamt gesund und nahrhaft seien. Alles, was er und seine Mannschaft aßen, holten sie sich aus dem Meer. Es gab Meerschildkröte, Delfinleber, die wie Schweineragout schmeckte, eingemachte Seegurke und sogar Sahne, die er aus Seesäugermilch gewann. Als Nachtisch reichte er mir Seeanemonenkonfekt.« Ich serviere meinen Gästen auf dem Porzellan von Bord der *Tek Sing* am liebsten Sashimi.

Streetfood

Ein Granatapfelsaft in Israel. Ein Foufou aus Maniok und Kochbananen zu einer Okrasuppe in Nigeria. Eine Gelbwurst in Frankfurt. Xiao Long Bao, Schweinehack-Dumplings mit einem Schwapps heißer Soße zwischen Füllung und Teig in Taipeh. Rievkooche in Köln. Frittierte Zucchiniblüten in Rom. Ein Salzkuchen mit Kümmel auf einer schwäbischen Hocketse. Einen halben Schafskopf vom Grill in Island. Falafel in Beirut. Ein warm geräucherter Lachs auf Gotland. Eine sorgsam gefaltete Pizza Marinara in Neapel. Ein LKW – kurz für »Leberkäsweckle« – in Schwäbisch Hall. Ein Hotdog mit Senf und Sauerkraut in Chicago. Fish and Chips in London. Quesadillas in Ciudad Juárez. Eine Schale Lammkuttelsuppe mit oder ohne Lammauge, je nach Stand des Mutbarometers, in Istanbul. Som Tam, der im Idealfall höllisch scharfe Papayasalat in Bangkok. Walderdbeeren auf Vanilleeis im Waffelbecher im Val di Zoldo in Südtirol. Ein frisches Kokosnusswasser in Rio an der Copacabana. Eine Kalbsbratwurst mit Bürli in Zürich. Shansi Leng Mian, kalte Nudeln mit heißer Aalsoße, in Schanghai. Bitterballen aus der Tüte in Nijmegen. Ein Steckerlfisch am Traunfall. Eine Eitrige mit Kren und einer Dosn 16er-Blech in Wien.

Sage keiner, ich hätte was gegen Streetfood. Streetfood ist der schnellste Weg, um mit der Küche der Einheimischen in Kontakt zu kommen. Wer Streetfood ablehnt, macht sich kulinarisch zum Idioten. Da geschmäcklerisch herumzuzicken hieße, sich blind und taub zu machen für die kulinarischen

Wurzeln eines Ortes, sich abzuschneiden von allem, was den engen Horizont der mitgebrachten Erwartungen erweitert. Die aufregendste Stadt für Streetfood ist, nach allem, was ich höre und lese, Singapur mit seinen legendären Nachtmärkten. Aber in Singapur war ich leider nur ein paarmal zum Umsteigen am Flughafen – und habe selbst dort exzellent gegessen. Ich stimme dieses Hohelied auf Streetfood nur deshalb an, um meine kulinarische *street credibilty* zu unterstreichen und klarzumachen, dass ich kein Snob bin, der Essen auf die Hand per se ablehnt. Das neben der Pizza populärste Streetfood der Welt würde ich aber sehr gern in den kulinarischen Orkus verdammen: den Hamburger.

Ein Hamburger ist ein hässliches Wort für eine hässliche Sache. Zwei pappige Teiglinge, für die sich jeder deutsche Bäcker in Grund und Boden schämen würde, dazwischen ein Patty genannter Klops, der aus knorpeligem, sehnigem Hackfleisch unklarer Provenienz besteht. Dazu ein dünnes, matschiges Essiggurkenstück, einige gequetschte Zwiebeln und eine wässerige Tomatenscheibe sowie viel zu süße und aromenstarke Würzsoßen, die noch stundenlang nach Verzehr die Papillen im Mundraum betäuben. So es sich denn um einen Cheeseburger handelt, kommt außerdem noch eine Scheibe Analogkäse hinzu – ein gastronomisches Grauen, dem durch Proteste enragierter Verbraucher in den 2010er-Jahren schon der Garaus bereitet zu sein schien, bis der Analogkäse als »veganer Käse« unverhofft sein Leben als Untoter der Küche fortsetzte. Ich habe in Dallas studiert und weiß ein traditionelles texanisches Barbecue durchaus zu schätzen. Und natürlich gehören dazu auch Hamburger frisch vom Grill. Nur sind die jeweils knapp ein Pfund schwer, bestehen aus Dry Aged Short-Rib, Nierenzapfen oder Filet mignon oder Mischungen aus Schulter, Roastbeef und Bauchlappen und kommen vom Grill optimalerweise im Gargrad *still moving* – im Grunde ein Steak tartare mit Maillard-Reaktion an der Außenfläche.

Die bei Burger King, McDonald's oder anderen Ketten angebotenen Bratklopse lösen in mir noch nicht mal entfernte Assoziationen an das Geschmacksbild Fleisch aus. Industriell gefertigte Hamburger schmecken für mich nach irgendwas zwischen »neues Auto«, »trockener Waschlappen« und »Staubsaugertüte«; für mich zählen sie nicht zu den Lebensmitteln. Umso mehr verblüfft mich, dass McDonald's in seinen Filialen weltweit im Schnitt 75 Hamburger pro Sekunde verkauft.

Selten war ich daher fassungsloser, als der Jahrhundertkoch Ferran Adrià McDonald's für seine Hamburger lobte. In einem Interview 2008 bekannte Ferran Adrià zwar, erst dreimal in seinem Leben einen Hamburger gegessen zu haben, formulierte aber kühn, weder er noch die zehn besten Köche der Welt könnten einen Hamburger zu diesem Preis besser machen als McDonald's. Diese Aussage war aus zwei Gründen ein Ärgernis. Manchmal muss man Missstände deutlich benennen: Hamburger bei McDonald's und anderen Billigbrutzlern wie Burger King und entsprechende Angebote von Quälfleisch-Ketten wie Kentucky Fried Chicken sind ein schlimmes Verbrechen am Tier, begangen durch skrupellose Produzenten, ermöglicht durch idiotische Verbraucher und begünstigt durch ihrer ethischen Verantwortung nicht gerecht werdende Aufsichtsbehörden. Ein Hamburger kostet 2022 bei McDonald's in Deutschland 1,29 €, ein Cheeseburger 1,59 €. Indem Adrià seine Aussage, man könne Hamburger nicht besser machen als McDonald's, mit dem Hinweis auf den Preis einschränkt, vermischt er die Kategorien Qualität und Kosten und erweckt den Eindruck, McDonald's liefere ein anständiges Produkt zu einem fairen Preis. Dies ist aber nicht der Fall. Den wahren Preis für die Hamburger bei McDonald's zahlen die Tiere. Allein in Deutschland werden jedes Jahr 750 Millionen Tiere geschlachtet. Für ein so mieses Produkt ist das damit verbundene Tierleid nicht zu rechtfertigen.

Dass Ferran Adrià aber auch mit dem ersten Teil seiner Behauptung über Hamburger unrecht hatte, bewies kurz darauf der Amerikaner Nathan Myhrvold. Sein Kochbuch

Modernist Cuisine sprengte 2011 alle Dimensionen des bisher Dagewesenen. Es war der Big Bang unter den Kochbüchern: Größenwahnsinnig in seinem Ehrgeiz. Schier undurchführbar in seiner Konzeption. Und zudem irrwitzig schön! Ein Buch, das Maßstäbe setzte und sie gleichermaßen übertrumpfte. *Modernist Cuisine* bringt annähernd 20 Kilo auf die Waage, umfasst zweieinhalbtausend Seiten in sechs Bänden, kostet 500 Euro und verspricht nichts weniger als eine »Revolution der Kochkunst«. Nun verhält es sich mit Revolutionen gemeinhin so, dass sie am seltensten dort stattfinden, wo am meisten von ihnen die Rede ist. Im Fall von *Modernist Cuisine* ist das anders. Seine Autoren nehmen den Mund keineswegs zu voll, wenn sie behaupten, ihr Buch dokumentiere eine Revolution, die in den letzten beiden Jahrzehnten alles, was wir über Kochen zu wissen glaubten, auf den Kopf gestellt hat. Bannerträger dieser Revolution sind erfindungsreiche Köche wie Ferran Adrià oder Heston Blumenthal. *Modernist Cuisine* ist viel mehr als ein Buch über Molekularküche: Es ist eine Kulturgeschichte der menschlichen Ernährung und zugleich ein Buch über die Physik und die Chemie des Kochens, ein Rezeptbuch, eine Enzyklopädie der Lebensmittel und ihrer Zubereitung, eine Bestandsaufnahme dessen, was dank technischer Innovationen wie Pacojet, Sous-vide-Zubereitungsarten oder Rotationsverdampfern heute in der Küche möglich ist.

Hinter *Modernist Cuisine* steckt ein sehr kluger Kopf: Nathan Myhrvold, eine Art Daniel Düsentrieb mit Kochschürze. Der promovierte Physiker hat als Assistent bei Stephen Hawking gearbeitet, ehe er als Technikvorstand bei Microsoft anheuerte und mit Bill Gates über alle Maßen reich wurde. Einen Teil seines Vermögens investiert der leidenschaftliche Hobbykoch und Fotograf Myhrvold seither in sein »Cooking Lab« in Seattle und produziert dort in unglaublich aufwendigen Versuchsreihen mehrbändige Kochbücher, etwa über Brot oder über Pizza. *Modernist Cuisine* und der 2021 erschienene Folgeband *Modernist Cuisine at Home* ist eine Unternehmung wie aus einem Jules-

Verne-Roman: Sie hat quasi kapitalistische Poesie, den überaus seltenen Charme von Geld, Geschmack und Genie.

Zu den ehrgeizigsten Rezepten in *Modernist Cuisine* zählt ein »Mushroom Swiss Burger«, für dessen Zubereitung Myhrvold inklusive der Gehzeiten für den Brötchenteig bescheidene 30 Stunden veranschlagt. Der Eisbergsalat wird über Hickory geräuchert, die Käsescheibe aus einer Mischung aus Emmentaler und Comté konstruiert, die Tomate in einem Sous-vide-Verfahren komprimiert, das Patty besteht aus Short Rib, der Maitake-Pilz wird kurz angebraten und mit einem Pilz-Ketchup kombiniert. Im für den Hausgebrauch gedachten *Modernist Cuisine at Home* lassen sich Myhrvold und sein Co-Autor Maxime Bilet auf eine Zubereitungszeit von zwei Stunden herunterhandeln, garen die aus Querrippe, Rib-Eye-Steak und Hanger-Steak bestehenden Patties sous vide bei 54 °C 45 Minuten vor und frittieren sie anschließend in 220 °C heißem Öl. Hier trennen sich die Wege von Mr Myhrvold und mir, denn wenn schon, muss für mich ein Hamburger vom Grill und nicht aus der Fritteuse kommen.

Wer aber glaubt, mit einem Hamburger von McDonald's den Zirkel des kulinarischen Grauens ausgeschritten zu haben, der war noch nicht in einem McDonald's in Kanada. Dort hält man Poutine im Angebot: eine in Quebec entstandene Frühstücksspezialität bestehend aus mit Bratensoße übergossenen Pommes frites und Cheese Curds. 1740 Kalorien – und ein Gefühl im Mund, als hätte man ein Stinktier geküsst.

Hennes’ Finest

Der seltsamste Einbruch der Kölner Kriminalgeschichte fand um drei Uhr in der Nacht vom 14. auf den 15. März 2012 in der Stammstraße im Stadtteil Ehrenfeld statt. Mit einem Stein aus einem Baucontainer warfen Einbrecher die Schaufensterscheibe eines gerade frisch renovierten Ladenlokals ein. Der Lärm weckte eine Anwohnerin. Vertrieben durch das Rollladengeräusch der aus dem Schlaf Gerissenen, flohen die Einbrecher mit ihrer hastig zusammengerafften Beute. Die Sore bestand aus exakt einem weißen, einem schwarzen und einem roten Pfefferkorn.

Die Diebe wurden ein Opfer der gewitzten Schaufenstergestaltung der *Pfeffer-Boutique*. Die drei Gründer von *Hennes’ Finest*, die Sportstudenten Sebastian Brimmers, Bastian Stollwerk und Martin Gompelmann, hatten das Schaufenster ihres in Eigenarbeit gerade hergerichteten Verkaufsraums wie die Auslage eines Edel-Juweliers dekoriert: Ein Silberring fasste ein schwarzes Pfefferkorn, um einen Puppenhals hing ein weißes, das rote lag wie ein Edelstein in der Nachbildung einer geöffneten Hand. Eine ironische Reverenz an Zeiten, als Pfeffer tatsächlich noch mit Gold aufgewogen wurde …

Neugierig gemacht durch die Lokalberichterstattung – »Kölns dümmste Einbrecher!«, »Räuber halten Gewürze für Diamanten!« –, fuhr ich tags darauf nach Ehrenfeld, um mir die ein Jahr zuvor eröffnete *Pfeffer-Boutique*, unter der ich mir wenig vorstellen konnte, einmal anzusehen. Ich weiß noch, dass ich mich selten in meinem Leben meiner Lieblingsfigur aus der Literatur, dem ganz nach seinen Launen – englisch *whimsies* – lebenden Lord Peter Wimsey aus Dorothy L. Sayers' genialen Kriminalromanen aus den 20er- und 30er-Jahren näher fühlte als in diesem Moment: Man liest etwas Kurioses in der Zeitung, macht sich ein Bild vor Ort, und das eigene Leben verändert sich schlagartig. Seither bin ich süchtig – nach Dorothy L. Sayers sowieso, nach *Hennes' Finest* aber auch.

Kampot-Pfeffer ist ein echtes Geschmackserlebnis. Zwar kannte ich schon den wunderbaren, wie *Tausendundeiner Nacht* entstiegenen Gewürzhändler Izraël in der rue François Miron in Paris und die nicht genug zu preisenden *Altes Gewürzamt*-Produkte des deutschen Gewürzmüllers Ingo Holland in Klingenberg am Main, aber die klaren, hoch präzisen Geschmäcker und Aromen von *Hennes' Finest* entführten mich doch in eine neue und aufregende Welt. Kampot-Pfeffer riecht nach Zitrusfrüchten und Minze, weist aber auch Holz-, Frucht- und florale Noten auf, je nach Sorte lassen sich Zeder, Blutorange, Grapefruit, Mandarine, Pfirsich oder Kirsche herausschmecken.

Hennes' Finest ist entstanden, wo der Pfeffer wächst: in Kambodscha. Dort begegnete der Kölner Sportstudent Sebastian Brimmers 2010 in einer Bar zufällig dem Franzosen Jerome, einem studierten Informatiker. Dieser Jerome hatte 2006 als Entwicklungshilfeprojekt in der kambodschanischen Provinz Kampot eine Genossenschaft namens Farmlink für einige kleine Pfeffer-Farmer gegründet und erzählte Sebastian Brimmers in glühenden Farben davon. Der Pfefferanbau in Südostasien besitzt eine lange, bis ins 13. Jahrhundert zurückreichende Tradition. Die furchtbaren Steinzeit-Kommunisten der Roten Khmer unter Führung Pol Pots setzten dem ein blutiges Ende – unter ihrem Regime mussten die Flächen für den Reisanbau herhalten. Jerome suchte nun Vertriebspartner für seine Kleinbauern in Europa, und das brachte Sebastian Brimmers auf die Idee, in den Pfefferhandel einzusteigen. Tatsächlich konnte er zwei Kommilitonen an der Sporthochschule für das Projekt begeistern, und so gründete sich Ende 2010 die nach dem Geißbock-Maskottchen des 1. FC Köln benannte Pfeffer-Company *Hennes' Finest*.

Eigentlich stammt Pfeffer aus Indien. Sein historisches Hauptanbaugebiet liegt an der Malabarküste am Arabischen Meer, die sich über die drei Bundesstaaten Karnataka, Kerala und Tamil Nadu erstreckt. Pfeffer ist eine der legendenumwobensten Handelswaren der Welt und wurde in Europa in der Antike und im Mittelalter auch als Währung benutzt. Um Pfeffer wurden Kriege geführt, der Pfefferhandel begründete ganze Imperien, und mit ihm und ohne ihn gingen sie wieder unter. Allein die sprachlichen Spuren des Pfeffers im Deutschen – von »Pfeffersäcken« über »gepfefferte Preise«, »Pfeffer im Hintern haben« oder wenn man eben »jemanden dahin wünscht, wo der Pfeffer wächst«, das heißt ans fernste Ende der damals bekannten Welt – machen klar, dass Pfeffer einst

etwas sehr Kostbares und Bedeutendes gewesen ist. Der Import nach Europa begann schon vor geschätzt 3000 Jahren entlang der alten Handelsrouten über die Seidenstraße auf dem Landweg oder übers Meer von der indischen Malabarküste über die Indus-Häfen, die arabische Halbinsel und das Rote Meer mit den wichtigsten Häfen Myos Hormos und Berenike.

Das sogenannte »Bremer Pfefferkorn« ist der früheste Beleg für Pfefferkonsum im Mittelalter jenseits der Alpen. Es handelt sich um ein Korn weißen Pfeffers aus der ersten Hälfte des 13. Jahrhunderts, das 1989 bei einer Notgrabung in der Bremer Innenstadt entdeckt wurde und seither in einer eigenen Vitrine mit einer Lupe zur besseren Betrachtung des nur drei Millimeter messenden Fundstücks im Bremer Focke-Museum ausgestellt wird.

Angeblich gibt es über 1400 Gewürzpflanzen, die Pfeffer im Namen tragen: zum Beispiel Cayennepfeffer, der in Wahrheit ein Gewürz aus gemahlenen Chilis ist, Szechuanpfeffer, Kubebenpfeffer oder Tasmanischer Bergpfeffer. Echter Pfeffer stammt hingegen immer vom Pfefferstrauch *Piper nigrum*.

Schwarzer, weißer, grüner und roter Pfeffer sind allesamt die Früchte dieser Pflanze, nur in unterschiedlichen Reifegraden. Pfefferpflanzen sind Ranken, die in der freien Natur an Bäumen wachsen und bis zwölf Meter hoch werden können. In Pfefferplantagen kultiviert man sie an Stangen und Spalieren bis zu einer Höhe von drei bis vier Metern, um bequemer die Rispen ernten zu können; nach drei Jahren bringt eine Pfefferpflanze erstmals Früchte hervor. Zweimal im Jahr kann geerntet werden, jede Rispe trägt bis zu 30 Früchte. Der Ertrag pro Pflanze liegt bei rund zwei Kilo Pfefferkörnern. Knapp 30.000 Tonnen Pfeffer importiert die Bundesrepublik jedes Jahr, das heißt, der Durchschnittsdeutsche verzehrt um die 365 Gramm Pfeffer pro Kopf.

Im Mittelalter war Pfeffer hauptsächlich ein Camouflage-Gewürz, das den Gammelgeruch von überlagertem Fleisch und Fisch überdecken konnte. Seine Schärfe hängt vom Gehalt des Alkaloids Piperin ab. Deshalb schmeckt weißer Pfeffer schärfer als schwarzer, denn weißer Pfeffer enthält mehr Piperin, grüner Pfeffer ist der mildeste. Der rote liegt zwischen grünem und schwarzem Pfeffer, denn zwar weist sein Kern den höchsten Piperingehalt auf, aber das reife Fruchtfleisch gleicht das durch seine süßlich-fruchtige Note wieder aus. Das Aroma des Pfeffers wird von den in ihm enthaltenen ätherischen Ölen bestimmt. Grüner Pfeffer ist deshalb am mildesten, weil er am frühesten unreif geerntet wird; man kann ihn frisch essen, fermentiert, getrocknet oder eingelegt. Allerdings ist auch der schwarze Pfeffer ein unreif geernteter Pfeffer, der allerdings ein wenig länger an der Ranke hängt und dann eine grünliche oder gelbliche Färbung aufweist. Seine von braun über grau bis zu schwarz reichende Farbe erhält dieser Pfeffer durch Trocknung an der Sonne, die im Fleisch der Pfefferfrucht enthaltenen Enzyme lösen einen Fermentationsprozess aus. Beim weißen Pfeffer schleichen sich oft Fehlaromen ein – das liegt an der mangelnden Sorgfalt bei der Trocknung, denn weißer Pfeffer wird in einem Wasserbad so lange gewaschen, bis das Fruchtfleisch komplett abgelöst ist und nur der Kern übrig bleibt. Echter roter Pfeffer ist sehr selten und wird im Handel oft durch die sogenannte Rosa Beere, die Frucht des brasilianischen Pfefferbaums *Schinus terebinthifolius*, ersetzt. Diese besitzt keinerlei Schärfe, sieht aber recht hübsch aus und macht sich prächtig etwa in Kombination mit Schokolade in Desserts. Echter roter Pfeffer ist deshalb eine Rarität, weil die Regenzeit dafür sorgt, dass nur wenige Regionen überhaupt in der Lage sind, die Rispen so lange an den Ranken ausreifen zu lassen, bis sie sich rot färben.

Ein großes Küchenvergnügen ist, mit einer selbst gemachten Mayonnaise oder besser noch einer Aioli die Pfeffer von *Hennes' Finest* zu verkosten. Genauso gut ginge es auch mit einem schönen Olivenöl oder einer Rohmilchbutter – Fett ist ein idealer Geschmacksverlängerer –, aber nach langer Zeit der Abstinenz hatte ich neulich Lust auf eine Aioli, die mir schon wegen ihres Schriftbilds immer als eines der Urgeschmacksbilder erschien. Also nichts wie los und zwei Eigelb mit einem großzügigen Teelöffel sehr scharfem Senf und ein oder auch zwei Esslöffeln Zitronensaft und drei klein gehackten oder durch die Knoblauchpresse gedrückten Knoblauchzehen sowie ganz langsam als Faden hinzugefügtem 125 Milliliter Olivenöl aufschlagen. Wichtig ist, dass alle Zutaten dieselbe Temperatur aufweisen, sonst flockt die Aioli aus. Ich mach das gern im Thermomix, geht aber natürlich auch freihändig. Selbstverständlich kann man eine Mayonnaise oder Aioli auch mit Rapsöl oder Sonnenblumenöl aufschlagen, aber wer wird halbwegs bei Sinnen ein gutes Olivenöl durch Raps- oder Sonnenblumenöl ersetzen wollen? Ist mir in der Küche nie nachvollziehbar gewesen.

Der Pfeffer von *Hennes' Finest* ist schon optisch ein Leckerbissen. Die Pfefferkörner sind homogen groß und alle vollkommen ausgebildet, da ist keine Bruchware dazwischengemogelt. Das liegt daran, dass alle Pfeffer von *Hennes' Finest* aufwendig von Hand sortiert werden. Das Besondere: Durch einen Herkunfts-Code auf der Packung kann man den Pfeffer von *Hennes' Finest* tatsächlich zu den Kleinbauern in Kampot zurückverfolgen, die sie erzeugt haben – man landet auf einer Farmlink-Website mit Fotos der Bauern auf ihren Pfefferplantagen und kann sogar per E-Mail mit ihnen in Kontakt treten. Brutal lokal eben – es sind solche Ideen, die den Pfeffer von *Hennes' Finest* und Farmlink politisch machen. Es geht um Nachhaltigkeit, um den Verzicht auf Chemie, um Lebenssicherheit und faire Entlohnung für die Kleinbauern – und nicht zuletzt um ein kulinarisches Spitzenprodukt. Bei der Verkostung fällt mir auf, wie scharf so ein frisch gemahlener weißer Pfeffer sein kann – der hat richtig Wumms! Aber auch ein schön breites Aromenspektrum, das von Zitrustönen bis hin zu warmem Muskat- und Brotgeschmack reicht. Ein besonderer Lieblingspfeffer von mir ist der mit Meersalz fermentierte grüne Pfeffer, der mit seiner ätherisch-minzigen Frische grob geschrotet perfekt zur Ente passt. Der rote Kampot duftet tatsächlich nach Rosen und Preiselbeeren, seine Schärfe wird aufs Feinste durch seine fruchtige Süße eingebunden, ich verwende ihn im Mörser geschrotet zu Wild und habe eine Schwäche für die in der Nouvelle Cuisine der 70er-Jahre entwickelte Kombination mit Walderdbeeren. Der dunkelrote Pfeffer beeindruckt durch lange nachhallende Schärfe und füllt mit seinem Umami-Geschmack den Mundraum vollkommen aus, er passt am besten zu der Aioli und ist ein Idealbegleiter zu Fisch und Meeresfrüchten. Ob der lange rote Pfeffer überhaupt ein »echter« Pfeffer ist, darüber streiten die Fachleute noch – in jedem Fall war er der erste Pfeffer, der Europa erreichte. Der Legende nach kam er mit Alexander dem Großen aus Indien, aber tatsächlich kannte Europa den Pfeffer schon viel früher. Langer roter Pfeffer hat eine hohe, klare Schärfe und ein Aroma von Hagebutten, er macht sich besonders gut in Schmorgerichten, aber erstaunlicherweise auch in Desserts mit roten Früchten.

In Zusammenarbeit mit dem Craft-Bierbrauer Sebastian Sauer von *Freigeist Bierkultur* bietet *Hennes' Finest* auch das Weizenbier »Pfefferkørner« an, das seine klare pfeffrige Schärfe durch einen Sud aus weißem Kampot-Pfeffer erhält und dessen deutliches Pfefferaroma neben den vertrauten Hopfen-, Zitronen- und Bananentönen des Obergärigen erstaunlich harmonisch hervortritt. Eine echte Bereicherung und eine überraschende Begleitung etwa zu einem Gulasch. Mitunter habe ich das Gefühl, meinem Leben fehlt es an Würze. Ein Besuch in der *Pfeffer-Boutique* schafft da rasch Abhilfe. Man muss ja nicht gleich einbrechen. Auch wenn die Kampot-Pfeffer von *Hennes' Finest* mit Preisen um die zehn Euro für das 50-Gramm-Glas deutlich teurer als Pfeffer aus dem Supermarkt sind, lohnt der Aufpreis schon allein, um den politischen Anspruch des Projekts zu unterstützen.

Omakase

Das Beste, was man tun kann, ist öfter über den eigenen Tellerrand zu schauen. Neue Erfahrungen machen. Also raus aus unseren Bubbles! Wir müssen die Schneekugeln unserer lieb gewordenen Lebensgewohnheiten zerbrechen. Die Echoräume unserer sich selbst verstärkenden Meinungsschleifen verlassen. Die japanische Küche kennt dafür ein ebenso simples wie einleuchtendes Konzept. Es heißt Omakase.

Wenn da nur nicht die Angst wäre. Die Angst vor dem Fremden. Und die Angst vor dem Kontrollverlust. Insbesondere weiße Männer einer bestimmten Altersschicht – nämlich meiner, ältere sowieso! – sind von dieser Angst regelrecht besessen. Bloß nicht das Steuer aus der Hand geben! Immer am Ball bleiben! Und das heißt, immer an Deck sein. Immer auf dem Quivive. Immer die Hosen anhaben. Bestimmen. Entscheiden.

Omakase ist das kulinarische Gegenteil davon und heißt auf Japanisch: »Ich überlasse mich Ihrer Obhut.« Omakase gibt dem Koch *carte blanche*. Nicht der Gast, sondern der Koch darf entscheiden, was gegessen wird. Kein Wunder, dass das Omakase-Prinzip vor allem an den Tresen von Sushi-Restaurants praktiziert wird: Omakase ist Essen und Ehrensache zugleich – und deshalb natürlich auch in einer so ehrpusseligen Kultur wie der japanischen entstanden. Ich tat mich lange eher schwer damit. Mir erschien Omakase ein wenig wie das Pendant zu BDSM-Sex. Dem Willen eines anderen total ausgeliefert zu sein mag ja für manche Menschen reizvoll sein und auf sie entlastend wirken. Auf mich aber wirkte diese Kontrollabgabe zugegeben viele Jahre eher bedrohlich. Ich möchte jedenfalls beim Essen – gar nicht unbedingt so sehr beim Sex – im Driver's Seat sitzen. Oder in den Worten von Clint Eastwood alias Dirty Harry: »I have a very strict gun control policy: if there's a gun around, I want to be in control of it.« Aber seien wir ehrlich: Die Tage von Dirty Harry sind lange vorbei.

Omakase bedeutet einen Vertrauensvorschuss an die Küche. Nicht immer wird dieser so hoch verzinst wie in der neu eröffneten *NOMU Sake Bar* in der Ludwigkirchstraße in Wilmersdorf. Dass sich das *NOMU* als »Izakaya«, also als Sake-Kneipe bezeichnet, darf man mit einem Körnchen Salz verstehen. Betritt man das schlauchförmige Lokal durch den für ein Izakaya typischen Eingangsvorhang in dem schönen Berliner Altbau, fällt der Blick als Erstes auf die schlichten und gerade deshalb einladenden Holztresentische. Das Design setzt auf puristisches Understatement, die Wandbemalung in Blau- und Beigetönen wirkt beruhigend aufs Auge. Blickt man aber zur Decke, entdeckt man an die tausend dort festgenagelte formschöne alte Holzkästchen, genannt Masu. Ursprünglich waren diese Masu Messbecher, aus denen man bis heute in Japan Sake trinkt – das *NOMU* serviert seine Sakes jedoch im Glas und in Porzellan. Den Auftakt des Omakase-Menüs bilden drei spektakuläre Amuse bouche: wilder Brokkoli mit köstlichem Wasabizuke, einer fermentierten Paste aus Wasabi-Meerrettich und Sake-Hefen; ein gedämpfter Daikon-Rettich mit Yuzu und Shisokresse auf einem Algenblatt und ein seidiger Kyoto-Tofu mit Enoki-Pilzen in Sojasauce, Frühlingszwiebeln und Lachskaviar. Es folgt ein Chawanmushi, also ein japanischer Eierstich, dessen perfekte Cremigkeit das ideale Umami-Umfeld für die leicht bittere Ginkgonuss und die kleinen, auf den Punkt gegarten Garnelenstücke und Seespinnenscheren sind. Eine zarte Ankimo – Seeteufelleber – wird mit Julienne vom Daikon-Rettich, einer aromatischen Shiso-Blüte, in einer Ponzusauce serviert und bringt eine in Deutschland viel zu wenig bekannte Delikatesse in angenehmste Erinnerung: Ankimo ist tatsächlich, wie auf der Karte angekündigt, die *foie gras of the sea* … Drei Streifen zart geräucherter Makrele mit dünn gehobeltem Ingwer unterstreichen handwerkliche Perfektion, ehe mit Tempura vom Seeigel mein persönliches Highlight des Menüs auftaucht: in Tempurateig ausgebackene Streifen von der Norialge und Shisokresse mit Seeigel und wieder einigen Perlen Lachskaviar – Letzterer kommt für meinen Geschmack ein bisschen zu oft im Menü vor – bilden eine unwiderstehliche Kombination von Heiß und Kalt, Schmelzigem und Krossem, Kräuterig-Würzigem und Fettem. Diese beiden Bissen lösen in mir das größte Kompliment aus, das man einer Küche machen kann – ich muss einfach eine zweite Portion ordern … Hernach folgt ein Nigiri mit Wagyu Aburi, also ein Sushi mit einer zwei Millimeter dünnen Tranche nur wenige Sekunden geflämmten Wagyu-Rinder-Filets, die durch ihren hohen Fettanteil dafür sorgt, dass sie am Gaumen schmilzt und einen wunderbar langen Nachhall entwickelt. Mit ein paar Flocken Fleur-de-Sel und etwas frisch geriebenem Wasabi ein lange in Erinnerung bleibender Leckerbissen. Sashimi von der Goldbrasse mit Umeboshi, also Salz-Aprikosen, in einer Dashi-Brühe, ist der letzte Hauptgang: ein perfekt ausbalancierter Teller mit überaus befriedigendem Suppen-Feeling, dem die Umeboshi genau den richtigen exotischen Kick verleihen. Den Abschluss bildet zum Dessert die originelle Interpretation eines Käsekuchens aus Sake-Hefe, braunem Zucker und mit Sake getränktem Kinako-Sojabohnenmehl: cheese cake als Bindeglied zwischen New York, Berlin, Tokio.

Apropos Sake. Das NOMU versteht sich als Sake-Bar und offeriert zu seinem Omakase-Menü eine günstige Sake-Begleitung, die mittels einer eigenen Landkarte zwischen den Geschmackspolen »Fruchtig«, »Leicht«, »Vollmundig« und »Erdig« spannende Erkundungsgänge auf dieser für die meisten europäischen Gaumen unbekannten Insel des Geschmacks ermöglicht. Mich haben die als Speisebegleiter angebotenen Sakes bei einem ersten Besuch durchaus begeistert. Auch japanisches Craft-Beer ist im Angebot. Leider aber kein Wein, den ich zugegebenermaßen doch vermisst habe. Bei meinem nächsten Besuch im *NOMU* werde ich über ein Korkengeld verhandeln müssen. Denn Omakase hin oder her: So ganz möchte ich denn doch nicht das Ruder aus der Hand geben. Wahrscheinlich eine Generationenfrage.

Die unterirdische Bibliothek

Als Kind gehörte zu meinen grimmschen Lieblingsmärchen das vom schlauen Hirtenbüblein, das auf die Frage des Königs, wie viele Sekunden die Ewigkeit zähle, von einem Vögelchen berichtet, das alle hundert Jahre sein Schnäbelchen an einem Berg wetzt. Wenn der Berg abgetragen sei, so das Hirtenbüblein, dann sei die erste Sekunde der Ewigkeit vergangen. Der letzte Domänenrat von *Schloss Johannisberg*, Wolfgang Schleicher, erzählte gern, für einen Liter seines Lieblingsweins, einer 1967er Schloss Johannisberger Trockenbeerenauslese, hätten dreißig Leserinnen dreißig Stunden die fast auf Rosinengröße eingeschrumpelten Beeren sammeln müssen. Das Ergebnis erscheint so oder so märchenhaft. *Schloss Johannisberg* ist eine Lektion in Demut.

Weingüter gibt es viele, *Schloss Johannisberg* aber ist eine Legende. Angeblich ließ kein Geringerer als Karl der Große hier Weinberge anlegen, weil ihm aufgefallen war, dass auf dem ganz nach Süden ausgerichteten Johannisberg der Schnee am frühestens schmolz. Um 1100 als Benediktinerkloster gegründet ist *Schloss Johannisberg* vermutlich der älteste Riesling-Rebberg der Welt. Hier hat man die Spätlese der Trauben erfunden – das Denkmal des »Spätlesereiters« im Wirtschaftshof des Schlosses erinnert an den Kurier vom Fürstabt in Fulda, der 1775 um viele Tage zu spät mit der Erlaubnis zur Traubenlese eintraf, sodass die Trauben bereits an den Rebstöcken zu faulen begonnen hatten. Hier hat man im 18. Jahrhundert zum ersten Mal in Deutschland Wein nach jahrelanger Fasslagerung massenweise auf Flaschen zum Verkauf abgefüllt. Seit 1720 wird hier ausschließlich Riesling angebaut, weshalb sich *Schloss Johannisberg* das »erste Riesling-Weingut der Welt« nennt. Hier wurde 1779 der Begriff Kabinettwein erfunden, was man damals noch ganz im Bann des französischen Absolutismus *Cabinet* schrieb. Und hier wurde 1858 der erste Eiswein der Welt gekeltert. Zudem gehört *Schloss Johannisberg* zur Gemeinde Geisenheim, wo seit 1872 Generationen deutscher Winzerinnen und Winzer Weinbau studieren und dabei die Riesling-Legende *Schloss Johannisberg* immer fest im Blick haben.

Der Kopf schwirrt, will man sich vor Augen führen, womit sich *Schloss Johannisberg* alles in die Geschichte des Weins eingeschrieben hat. Am besten erholt man sich davon bei einem Teller Frankfurter Grie Soß und einem Glas Riesling auf der Terrasse. Wie schmeckt er nun, der Johannisberg-Riesling? Der Silberlack GG 2018 strahlt strohgelb im Glas und duftet nach feinen Kräuternoten und weißen Johannisbeeren, untergründig meine ich einen leichten Anisduft wahrzunehmen. Ich schmecke Aprikose und Ananas, die vom Quarzit, Löss und Schiefer des Weinbergs stammende Mineralität eingebunden in schöne Säure: Der Wein hat Rückgrat und eine unheimlich schöne Länge. Tatsächlich ein Getränk für Könige. Erhaben fühlt man sich hier, über dem Rhein schwebend, und Ort wie Wein wirken gleichermaßen aufs Denken ein. Goethe hat diesen Effekt sehr schön in seinem Tagebuch *Im Rheingau Herbsttage* beschrieben, als er zufällig Zeuge wurde, wie *Schloss Johannisberg* 1815 offiziell der Familie des Fürsten von Metternich übereignet wurdem zum Dank für dessen diplomatisches Geschick beim Wiener Kongress. Wahrscheinlich trank Goethe dabei ein Glas des von ihm so gefeierten Kometenjahrgangs 1811er, des »weißen Eilfer«, von dem sich selbst in der legendären *bibliotheca subterranea*, der unterirdische Bibliothek genannten Weinschatzkammer des Schlosses, kein einziger

Tropfen mehr findet. Seine Gastgeberin im Rheingau Antonie Brentano erinnerte sich später: »Von unserem Rheinweine … konnte er ganz fürchterlich viel trinken, besonders von dem 11er, und mein Mann machte ihm oft eine große Freude mit dem Geschenk eines Fäßchens Wein.« Immerhin erhalten hat sich in der *bibliotheca subterranea* eine Bouteille Riesling aus dem Jahr 1748, seit 1933 sind alle Jahrgänge lückenlos vertreten.

Die Metternichs verstanden etwas vom Wein und führten eine Reihe von Marketingcoups ein, die teilweise bis heute unser Verständnis vom Wein prägen, wie etwa das Bildetikett. Schon ein Jahr nach der Übernahme von *Schloss Johannisberg* ließ Fürst Metternich 1816 die Flaschen mit verschiedenfarbigen Lacken versiegeln, um eine Einteilung in Güteklassen durchzuführen. So entstand das bis heute praktizierte System der mit farbigen Kapseln signalisierten Prädikatsstufen vom einfachen Gelblack-Qualitätswein über den Rotlack-Kabinett, die Grünlack-Spätlese bis zur Goldlack-Trockenbeerenauslese und dem Himmelblaulack-Eiswein.

Das 19. Jahrhundert schätzte die Weine von *Schloss Johannisberg* viel höher, als wir es heute tun – alte Weinkarten rufen für die großen Johannisberg-Jahrgänge sogar leicht höhere Preise auf als für die der begehrtesten Bordeaux- oder Burgunderweine. Eine Weinkarte aus dem New Yorker Hotel Ritz-Carlton von 1940 listet etwa einen Johannisberg Cabinet sogar einen halben Dollar teurer als einen Romanée-Conti. Heute kommt man an diesen rarsten Roten aus dem Burgund schwer unter 10.000 Euro die Flasche heran, während der Silberlack von Schloss Johannisberg – das Große Gewächs des Hauses – für deutlich unter 50 Euro über den Tisch geht. Immerhin erzielte eine Flasche 1920er Riesling Trockenbeerenauslese *Schloss Johannisberg* auf einer Weinversteigerung 2019 den Fabelpreis von 18 000 Euro. Inzwischen ist das Weingut, das seit 1980 im Besitz der Familie Oetker ist, seit 2021 Teil der Geschwister Oetker KG von Julia, Alfred und Carl Ferdinand Oetker. Schätzen wir uns also glücklich, dass heute ein Wein vom *Schloss Johannisberg* fast schon ein demokratisches Vergnügen ist. Denn wie schwärmte schon Heinrich Heine? »Mon Dieu, wenn ich doch so viel Glauben in mir hätte, dass ich Berge versetzen könnte: Der Johannisberg wäre just derjenige Berg, den ich mir überall nachkommen ließe.«

Seelenheimat

Unsere Zeit ist eine Zeit der Dürstenden. Dass unsere Innenstädte immer mehr einer Wüste ähneln, lässt sich schon an der wachsenden Zahl von Menschen ablesen, die diese nur mit einer Wasserflasche in der Hand zu durchqueren imstande sind. Auch wenn die Klage über die Verödung unserer Zentren inzwischen zum Klischee geronnen ist, bleibt sie doch wahr, und kaum ein Jahr vergeht in Köln, ohne dass hier ein Fachgeschäft seine Pforten schließt, dort ein Handwerker dichtmacht und nebenan ein alteingesessenes Café durch noch eine Pappbecher-Plörrerei verdrängt wird. Das direkt neben Dom und Hauptbahnhof gelegene *Excelsior Hotel Ernst* ist insofern eine Oase in mehrfacher Hinsicht. Wer auch nur einen Schritt ins Foyer setzt, ist wie im Londoner *Claridge's* oder im *Cipriani* in Venedig tatsächlich angekommen. Nicht wenige Einheimische nutzen die urgemütliche Piano Bar für Abschieds- oder Willkommensdrinks und fühlen sich erst dann wieder so ganz in ihrer Heimatstadt zu Hause, wenn sie dort das erste Glas geleert haben. Auch mein Kölner Nachbar, der mit einem untrüglichen Sinn für die Bedeutung von Ambiente ausgestattete Harald Schmidt, lud zu Zeiten, als er noch ein Studio besaß und noch nicht »Privatier mit abgeschlossener Vermögensbildung« war, zum Interview gern in die Bar des *Excelsior Hotel Ernst* statt in die eigenen Geschäftsräume und wusste dies klug zu begründen: »Hier sieht es immer teurer aus, als es ist. Und es sieht vor allem nach großem Business aus und nicht nach Klitsche.«

Hotels kennt die alte Stadt am Rhein viele, doch nur eines ist eine Kölner Institution. Seit seiner Eröffnung 1863 ist das *Excelsior Hotel Ernst* die gute Stube der Stadt und für seine Gäste paradoxerweise gleichzeitig Repräsentations- und Rückzugsort, Powerhouse und Retreat, Wohlfühlplatz und Seelenheimat. Dass dieses Hotel all diese einander im Grunde ja ausschließenden Funktionen erfüllen kann, liegt zum einen an seiner Größe und weitläufigen Anlage, zum anderen an der Gelassenheit des Personals, das frei von jeder Rückgratverkrümmung ganz auf die Erfüllung der Wünsche seiner Gäste fokussiert ist. Das Kölner *Excelsior Hotel Ernst* befindet sich gemeinsam mit dem *Baur au Lac*, seinem Zürcher Schwesterhaus, im Besitz der deutsch-schweizer Familie Kracht-Roulet. Bis zum Ersten Weltkrieg komplettierte ein drittes Haus in Brüssel den Verbund, was nach den deutschen Gräueltaten gegen die Belgier zu Beginn des Krieges nicht zu halten war.

Passt ein Grandhotel ins 21. Jahrhundert? Unbedingt – so es die Innovationskraft des *Excelsior Ernst* an den Tag legt. Schon vor der Jahrtausendwende bewies der damalige Hoteldirektor Manfred Brennfleck einen erstaunlichen Riecher für kulinarische Trends, als er neben dem Traditionslokal *Hanse Stube* das asiatisch ausgerichtete *taku* einrichtete. In dem mit einem Michelin-Stern ausgezeichneten Kellerlokal, das auch innenarchitektonisch eine Augenweide ist, bittet Küchenchef Mirko Gaul zur Rundreise durch die Küchen Asiens und serviert scharfe malaysische Currys, japanisches Sashimi und unter der Überschrift »Ente^2« seine Version einer Pekingente. Wem dies zu exotisch anmutet, der ist beim bodenständiger, aber nicht weniger sublim kochenden Joschua Tepner in der *Hanse Stube* besser aufgehoben, einer der besten Fischadressen in der Stadt und insbesondere ein Tipp für Genießer, die bei ein paar Austern und einem Glas Wein eine kurze Auszeit suchen.

Kurt Tucholsky wusste, dass die meisten Hotels etwas verkaufen, was sie gar nicht haben: Ruhe. Das *Excelsior Hotel Ernst* verbindet mit dem Dom nebenan, dass es diese Ruhe tatsächlich besitzt und auf seine Gäste zu übertragen vermag. Insofern ist das Grandhotel wie der Dom eigentlich zu jenen raren Orten der Läuterung zu zählen, die einen zu besseren Menschen machen, indem sie ihre Gäste dazu einladen, strengere Maßstäbe an sich anzulegen, als man dies in seinem realen oder spirituellen Zuhause sonst tun würde.

Bottarga

»Wir haben ihn, wir haben ihn!« Freude, ja regelrechten Jubel in anderen Menschen auszulösen ist ja eigentlich immer etwas Schönes. An diesem Tag am Frankfurter Flughafen sorgte der begeisterte Ausruf einer jungen Frau aber eher dafür, dass mir enger ums Herz wurde. Die Auszubildende steckte nämlich in einer Uniform des deutschen Zolls, und ihr von Diensteifer zeugendes Begeisterungsgeheul galt weniger mir als frisch aus Palermo gelandetem Passagier, sondern vielmehr dem, was ihr Kollege aus meinem Handgepäck zwischen einigen Büchern und meinem Reisenecessaire hervorholt und triumphierend in die Höhe gehalten hatte: vier in Folie eingeschweißte braune Rechtecke, deren verblüffende Ähnlichkeit mit vier Barren Rohopium mir erst in diesem Moment schlagartig bewusst wurde.

Das Missverständnis beim Zoll ließ sich rascher aufklären als gedacht. Ich fühlte mich dennoch ertappt. Zugegeben: Das ist durchaus ein Grundgefühl meines Lebens als Erwachsener. Aber offenbar bin ich hier einmal als falscher Fisch ins Netz gegangen. Bottarga und Opium mögen ähnlich aussehen, riechen und schmecken aber sehr unterschiedlich. Süchtig machen allerdings beide. Und ich bin süchtig nach Bottarga, keine Frage. Allerdings nach *Bottarga di tonno*, nicht nach der weitaus leichter erhältlichen *Bottarga di muggine*, einer Spezialität Sardiniens, die von der Meeräsche stammt. Diese hat zwar durchaus auch ihre Berechtigung, geschmacklich aber liegen

Welten zwischen beiden. Die sardische Bottarga ist viel kleiner, besitzt weniger Aroma und schmeckt pur oft wächsern, die sizilianische Thunfisch-Bottarga ist bedeutend wandlungsreicher, weist in Scheiben geschnitten eine deutlich nuanciertere Struktur auf und schmeckt intensiver. Sagen wir es freiheraus: Bottarga ist nicht jedermanns und jederfraus Sache. Nicht wenige erinnert es an den für viele schwer erträglichen Geruch des Fischfutters »Tetramin«, dessen Duft meine Kindheit als Aquarianer durchzog. Es ist ein starker, ein ehrlicher Geschmack. Love it or leave it … I love it!

Zum ersten Mal las ich von einem Lebensmittel namens Bottarga in einem Kochbuch von Martina Meuth und Bernd Neuner-Duttenhofer über Sizilien in den 90er-Jahren. Mein Blick blieb wie magisch angezogen auf der Fotografie eines Glastellers hängen, auf dem neben einem Schnitz Zitrone und zwei Schnitten Maisbrot fünf hauchdünne Scheibchen eines wie Bündnerfleisch aussehenden hellorangefarbenen Blocks lagen.

Der Thunfischfang hat auf Sizilien eine jahrtausendealte Tradition. Schon Phöniziern, Griechen und Römern waren die Schwärme roter Thunfische aufgefallen, die aus dem Nordatlantik durch die Straße von Gibraltar und aus dem Schwarzen Meer durch den Bosporus in Richtung Afrika zogen und dabei an Siziliens Küsten entlangschwammen. Über die Jahrtausende hinweg entwickelte sich eine komplexe Fangtechnik: Mithilfe von Stellnetzen wurden die Fische in Buchten gelockt und dort durch eine Reihe von Kammern geschleust, an deren Ende in der *camera della morte* das erfolgte, für das sich das Wort *Mattanza* (das »Abschlachten«) einbürgerte. Seit Beginn des neuen Jahrtausends finden auf Sizilien die früher viele Hundert Arbeitsplätze schaffenden Mattanze zwar nur noch als Touristenfeste statt, weil die großen Thunfischschwärme ausbleiben beziehungsweise auf offener See den internationalen Fischfangflotten mit ihrer modernen Technik in die Netze gehen. Geblieben aber sind die lokalen Spezialitäten vom Thunfisch.

Dazu zählt die Mosciame del tonno, in Salz gepökeltes und in der Sonne getrocknetes Thunfischfilet, das wunderbar mild schmeckt, eine Art roher Schinken aus dem Meer. Und eben die Bottarga di tonno. Dafür wird der Rogen des Thunfischs gesalzen und durch Auspressen von Hand von allen Luftblasen befreit, der ganze Rogensack dann rund 30 Tage im Salz und mitunter auch in einer Salz-Zucker-Mischung zwischen mit Steinen beschwerten Holzbrettern gepresst und anschließend weitere sechs Wochen in der Sonne getrocknet. Das fertige Produkt erinnert durch seine bernsteinfarbene bis dunkelbraune Farbe dann tatsächlich an einen luftgetrockneten Schinken wie Bresaola oder an Bündnerfleisch.

Die Bottarga hat eine lange Geschichte. Die erste Darstellung ihrer Produktion ist auf einem ägyptischen Relief aus dem 10. Jahrhundert v. Chr. zu sehen. Es gibt Bottarga-Varianten in Spanien, Frankreich, Kroatien und Griechen-

land, auch Tunesien und Marokko, Japan, Korea, Taiwan und die USA kennen es. Ein Rogensack vom Thunfisch kann gut zehn Kilo wiegen und bis zu einem Meter lang sein. Die Eiersäcke der Meeräsche sind hingegen meist nur um die zwanzig Zentimeter lang und wiegen meist so um die 120 Gramm; in der Regel wird das fertige sardische Produkt in Bienenwachs getaucht, um so vor dem Austrocknen bewahrt zu werden. Die sizilianische Bottarga wird in Tücher eingewickelt. Beides gilt es vor dem Weiterverarbeiten zu erkennen und zu entfernen, will man unliebsame Überraschungen vermeiden.

Und was stellt man nun mit der Bottarga in der Küche an? Regel Nummer eins: Everything goes with Bottarga! Die rohe Bottarga di tonno ist so geschmacksintensiv, dass man sie im Grunde wie ein Gewürz einsetzen kann. Zum Beispiel ganz simpel auf einem halben wachsweichen Ei. Raffinierter ist natürlich, ein Onsen-Ei zuzubereiten (60 Minuten bei 64 Grad im Dampfgarer, Eiweiß vorsichtig entfernen, Eigelb zurück in die Eierschale gleiten lassen: Übung macht den Meister …), etwas Pankomehl, also japanische Semmelbrösel, mit Olivenöl

Farbe annehmen lassen und davon eine Schicht von einem halben Zentimeter auf das Eigelb setzen, dann mit geriebener Bottarga toppen und lauwarm servieren … Verzückung garantiert! Meine Lieblingsvorspeise ist ein mit der Mandoline gehobeltes Carpaccio von rohen Artischocken mit geriebener Bottargo di tonno, Zitronenzesten und Olivenöl. Gern auch in der Variante, die Artischockenspäne in etwas Olivenöl kurz anzubraten und die Bottarga ganz zum Schluss zusammen mit etwas Semmelbröseln hinzuzufügen. Statt Artischocken ist auch roher Fenchel eine schöne Alternative. Bottarga verträgt definitiv keine Hitze, die ist ein Aromenkiller, deshalb immer erst ganz am Ende über warme Speisen reiben. Eine etwas gröbere Microblade-Reibe ermöglicht einem, schöne Späne vom Bottarga-Block abzuschneiden, was perfekt zu frischem Spargel passt. Auch Rührei mit Bottarga oder eine kleine Mozzarella-Kugel mit ein, zwei hauchdünnen Scheiben Cedri-Zitrone, ein paar Minzblättchen und einer Perücke aus frisch geriebenen Bottarga-Locken ist ein Hochgenuss.

Der Klassiker schlechthin sind natürlich die Spaghetti con bottarga – auch hier präferiere ich die Variante mit Semmelbröseln und geriebener Bottarga im Verhältnis 50:50. Im Olivenöl sollte man vorher je nach Geschmack eine oder mehrere rote Chilischoten, Knoblauchzehen und glatte Petersilie anbraten, das Ganze mit einem ordentlichen Schwapps vom Spaghettiwasser zu einer sämigen Sauce einkochen und wirklich bis zum letzten Moment warten, ehe man die Bottarga darüberreibt. Köstlich übrigens auch zu Spaghetti alle vongole. Und dass ein Artischocken- oder Fenchel-Risotto mit Bottarga di tonno der Himmel auf Erden ist, muss nun wohl nicht weiter erläutert werden.

In den Händen von Spitzenköchinnen und -köchen verwandelt sich Bottarga endgültig zur Küchenmagie. Anna Sgroi aus Hamburg kombiniert gebratene Jakobsmuscheln mit weißen Bohnen, Würfelchen von Karotten, Tomate und Stangensellerie sowie Bottarga di tonno. Eric Menchon, der Koch aus dem

Kölner *Le Moissonnier*, serviert eine gewagte Kombination aus einer mit Wasabi gewürzten warmen Creme vom Romanasalat, Erbsenpüree, gehackten Sauerkirschen und Bottargabröseln: definitiv ein Knaller! Jean-Claude Bourgueil vom Düsseldorfer *Schiffchen* verfeinerte im Bistro *Da Enzo*, seinem ebenso dreisten wie wegweisenden Versuch, als Franzose italienisch zu kochen, ein ringsum auf dem Teller ausgebreitetes Vitello tonnato in der Mitte mit einer Scheibe Thunfisch mit Bottargaflocken. Harald Wohlfahrt würzt Jakobsmuschel-Ravioli auf einem Kompott von roter Paprika und Escabechesud mit Bottarga, Olivenöl und Zitronensaft, während Nils Henkel, einst Nachfolger von Dieter Müller auf *Schloss Lerbach* und ewig unbelohnter Klassenbester unter den deutschen Sterneköchen, Bottarga vom Pulpo und Steinbutt kreierte.

Auf Sardinien wird gar ein Eis mit Bottarga di muggine angeboten. Das erscheint selbst mir als Bottarga-Enthusiasten ein klitzeklein wenig übertrieben. Obwohl …?

Alles ganz einfach …

Brot und Salz. Brot und Salz und Olivenöl. Brot und Salz und Olivenöl und Käse. Was klingt wie der Beginn einer besonders mediterranen Variante von »Ich packe meinen Koffer …«, ist das Bekenntnis eines nicht auszurottenden kulinarischen Wunderglaubens. Der Vorstellung nämlich, große Küche müsse doch auch ganz einfach gehen. Dem Wunschtraum, durch Weglassen, Verzicht und Frugalität zum wahren Kern ihres Wesens vorstoßen zu können. *Haute Cuisine* pur, entschlackt, wenn man so will: nackt. Das ist für meine Begriffe in etwa so, wie wenn man Vogelfedern im Wald sammelt in der Hoffnung, damit eines Tages einen Düsenjet bauen zu können. Aber auch ich erliege diesem Phantasma jeden Tag aufs Neue.

Kann es etwas Köstlicheres geben als einen Teller Spaghetti aglio e olio? Was könnte einen simpleren, schlichteren Genuss versprechen? Dieses Gericht lässt sich in einer Viertelstunde zubereiten. Am Ende streut man noch etwas glatte Petersilie auf die Nudeln und reibt etwas Parmesan darüber, natürlich wird gepfeffert und gesalzen, ganz Verwöhnte insistieren möglicherweise, dass neben dem Knoblauch auch noch getrocknete oder frische Peperoncini oder Chilis mit angebraten werden, und fertig ist die Laube. Aber mit den 15 Minuten Zubereitungszeit macht man sich natürlich gewaltig etwas vor. Wie lange hat es gedauert, das erstklassige Olivenöl zu pressen? Wie viel handwerkliches Know-how steckt wohl in der Pasta artisanale unseres Vertrauens? Und wie viel im Parmesan – der gern 36 Monate reifen darf? Auch die Petersilie, die Peperoncini oder Chilis wachsen nicht am Straßenrand. Vom Salz aus dem australischen Murray River und dem Pfeffer aus Kambodscha ganz zu schweigen … In unsere vermeintlich so einfache Mahlzeit sind viele Stunden, ja Tage, Monate und Jahre des geduldigen Tuns, der Vorarbeit und Hege eingeflossen. Nur haben wir keinen Gedanken daran verschwendet. Wir leben, müssen wir bei einigem Nachdenken erkennen, kulinarisch in der Regel von geborgtem Kapital. Buchstäblich von der Hand in den Mund. Und dies gerade, wenn wir es mal ausnahmsweise »ganz einfach« halten wollen.

Nehmen wir nur das im Ausland aufgrund seiner Wortpoesie berühmte »deutsche Abendbrot«. Als Schwabe sage ich dazu natürlich eher »Vesper«, aber call it by any name: Hauptsache, eine ordentliche Rohmilchbutter ist mit im Spiel! Ein würziges Sauerteigbrot und ein knackiges Baguette (tut mir

leid, da bin ich eigen: Alle in der Weltgeschichte bekannten Revolutionen brachen meines Wissens letztlich wegen Brotknappheit aus, und das Leben ist wirklich zu kurz, um bei einem Vesper neben einem ordentlichen Schwarzbrot oder Sauerteigbrot auf ein gutes Weißbrot zu verzichten …). Dann natürlich Gemüse first: Radieschen, Paprika, Tomate, Schlangengurke, Staudensellerie, gern ein schöner hauchdünn aufgeschnittener bayrischer Radi … Ich persönlich habe ein Faible für frisch gehobelten Fenchel. Wem das zu rohkostig ist, mag das Gemüse auch ein paar Minuten dämpfen. Auch frischer Meerrettich von der Reibe sollte nicht fehlen … Insbesondere, wenn Schinken oder Roastbeef auf dem Tisch stehen. Zwingend ist natürlich mindestens ein Salat: Kräuter oder Kopfsalat, Grün-, Rot- oder Spitzkohl, auch Romana, Frisée, Radicchio oder Puntarelle, aber ganz nach Geschmack. Kartoffel-, Ochsenmaul-, Wurst- oder Eiersalat sind eine schöne Ergänzung, aber kein Ersatz für Ersteren. Nicht fehlen darf ein perfekt gereifter Camembert, ein Comté, Roquefort oder Chavignol. Betonung wohlgemerkt auf: oder! Eine Käsesorte reicht vollkommen. Denn das Leben, erst recht das einfache, ist bekanntlich eines der härtesten. Genauso sollte aber eine Sorte Wurst im Spiel sein: eine nach Thymian duftende Wildleberwurst zum Beispiel. Eine aromatische Ahle Wurst aus Nordhessen. Eine Frankfurter Gelbwurst. Ein Bierschinken aus Schwaben. Ein Leberkäse aus Bayern. Eine Chorizo aus Andalusien. Eine Mortadella aus Bologna. Oder eine Salami aus Mailand. Der Kulturschatz der tausend tollen Würste Europas ist damit natürlich nicht einmal andeutungsweise ausgeschritten, aber wir reden von Abendbrot, nicht von Wunschkonzert! Roher Schinken bitte gern in Form von Pata Negra de Bellota Puro aus Spanien. Gekochter Schinken vom Biometzger Ihres Vertrauens. Und dann wären da noch die Gewürzgurken und Kapern: Am liebsten sind mir die Nonpareille, also die kleinsten und feinsten, eben die »Unvergleichbaren«. Eine Heidenarbeit in der Herstellung, aber geschmacklich ganz weit vorn und ihren gröberen Geschwistern definitiv überlegen. Was habe ich vergessen? Na, alles, was unseren individuellen Geschmack erfreut: eingelegte Paprika und Artischocken, getrocknete Tomaten. Allein über Oliven ließe sich leicht ein eigenes Kapitel schreiben. Aber habe ich nicht einen aus der britischen Aristokratie stammende Bekannten, nebenbei der einzige bekennende Marxist meines Freundeskreises, der mir einmal erklärte, sein Großvater habe ihm schon in Jugendjahren alles Wissenswerte über Wein in einem Satz verraten: »Wine is red and it comes from Bordeaux!« Ganz so leicht ist es bei den Oliven nicht. Mir schmecken die eher kleinen und schön bitteren Oliven aus Nyons, die großen Kalamata aus Griechenland und die grünen und schwarzen Cerignola-Oliven aus Apulien am besten.

Doch wie so oft im Leben machen wir es uns auch mit den einfachen Genüssen schlicht zu einfach. Wir haben die wahren Produktionskosten unserer Lebensmittel in unserer Vorstellungswelt nicht eingepreist. Genauso, wie wir aus irgendeinem Grund unfähig scheinen, uns die echten Kosten der vermeintlich so billigen Lebensmittel wie spanische Folienerdbeeren, das durch Quälfleisch produzierte Tierelend, die Sauerei der Massentierhaltung vor Augen zu führen und entsprechende Konsequenzen in unserem Konsumverhalten zu ziehen. Wie blöd kann man eigentlich sein? Wie blöd darf man eigentlich sein? Wir sind nun einmal das erzählende Tier und besitzen in wahrlich atemberaubendem Ausmaß die Fähigkeit, uns in die Tasche zu lügen, uns etwas vorzumachen und uns hinters Licht zu führen. Jedenfalls an der Kasse unserer Supermärkte, Metzger und Lebensmittelgeschäfte. Wir sitzen wieder und wieder unseren eigenen Märchen auf, was unser Essen und Trinken angeht.

Aber wie sähe sie denn nun aus, die vermeintlich einfache Mahlzeit unserer Tage? Darauf gibt es drei Antworten. Eine vegetarische, eine karnivore und eine pescetarische. Ich kenne wenig Verlockenderes als ein traditionell britisches Finger Sandwich belegt mit Gurke und Kresse auf einer hauchdünn aufgetragenen scharfen Chili-Mayonnaise. Auch ein belegtes Brot mit salziger Rohmilchbutter, gutem Schinken und frischem Meerrettich ist kaum zu toppen. Und dann ist da eben noch die dritte Variante – das Essen der Könige der Küche: die Jahrgangssardine.

Erstaunlich viele Profiköchinnen und -köche meines Bekanntenkreises bekennen sich zu dieser Spezialität aus Frankreich, Portugal oder Spanien. So hart ein Tag und die halbe Nacht in der Küche auch gewesen sein mag, so viel Energie wie nötig ist, eine Dose Jahrgangssardinen zu öffnen und mit einem guten Brot zu verzehren, hat man immer. Auch in diesen Dosen steckt jahrtausendealtes Know-how und enormes handwerkliches Können. Jahrgangssardinen fängt man im September, wenn die wilden Fischschwärme besonders fett sind. Sie werden in hübsch etikettierten Dosen in qualitativ bestem kalt gepresstem Olivenöl eingelegt und wie Wein mit ihrem Produktionsjahr gekennzeichnet, was sich unter Kennern als Qualitätssigel herumgesprochen hat. Mit der Zeit schmecken die Sardinen immer mürber und intensiver. Neben der puristischen Variante nur mit Olivenöl gibt es zahllose Dosen, die auch Aromate wie Oliven, Zitronen, Thymian, Piment d'Espelette oder Chilies enthalten. In Berlin-Schöneberg hat der Koch Thomas Vetter mit seiner *Sardinen.Bar* ein ganz auf diese Spezialität ausgerichtetes Restaurant eröffnet, dessen Karte über hundert verschiedene Dosen auflistet. Sogar in Fassbutter eingelegte Sardinen sind erhältlich, die im Wasserbad in der Dose erhitzt und warm serviert werden. Auf ihrer Website bietet die *Sardinen.Bar* die Dosen auch zum Verkauf und Versand an. Alles ganz einfach … simply the best!

»A Eitrige mit an Krokodü und an 16er-Blech«

Als Süddeutscher wohnt mein Kaiser in Wien und nicht in Berlin. Aber wenn wir Bismarck unseligen Angedenken wegens schon politisch auf eine kleindeutsche Lösung gesetzt haben, habe ich nie verstanden, warum sich das Österreichische gegen das Deutsche nicht zumindest in der Küche durchgesetzt hat. Wer möchte Blumenkohl essen, wenn er Karfiol haben kann? Wer grüne Bohnen, wenn Fisolen auf den Tisch kommen können? Paradeiser statt Tomaten? Kren statt Meerrettich? Und was ist schon eine Aprikose gegen eine Marille? Von Radis, Ribiseln oder Schwammerln ganz zu schweigen …

Längst Klischee ist natürlich der Satz »A Eitrige mit an G'schissenen, an Krokodü und an 16er-Blech«, mit dem waschechte Wiener am legendären *Wiener Würstelstand* am Graben ein Paar Käsekrainer mit süßem Senf, eine Essiggurke und eine Dose Ottakringer bestellen. Übersetzungshilfe gefällig? Die Ottakringer Brauerei steht im 16. Bezirk. »Eitrige« für Käsekrainer, also die mit Emmentaler und mild geräuchertem Schweinebrät gefüllte Grillwurst, und »Krokodü« erklärt sich im Grunde von selbst ebenso wie der »G'schissene« für den Kremser Senf, eine ursprünglich in Krems an der Donau, inzwischen aber in Wien hergestellte süße Senfsorte.

Die alte Erkenntnis von Karl Kraus, dass Deutschland und Österreich zwei Länder sind, getrennt durch ihre gemeinsame Sprache (dasselbe hat George Bernard Shaw von Großbritan-

nien und den Vereinigten Staaten behauptet, einer von beiden muss da beim anderen abgekupfert haben …), nirgendwo kann man sie anschaulicher erfahren als im *Steirereck* mitten im Wiener Stadtpark. Es gilt als Österreichs bestes Restaurant. Ganz sicher ist es nach dem futuristischen Umbau 2014 das schönste. Heinz Reitbauer hat das *Steirereck* von seinen Eltern geerbt, leitet es gemeinsam mit seiner Frau Birgit und ist mit seiner Küche 2014 in einen hypermodernen Pavillon-Anbau der parallel betriebenen *Meierei* in den Wiener Stadtpark umgezogen. Der bei laufendem Betrieb erfolgte Umbau von PPAG Architects wirkt immer noch wie die erste Botschaft Außerirdischer auf der Erde – inklusive eines Kräutergartens auf dem Dach. »Schweins Schlepp mit Mangold, Perilla und Johannisbeeren«, lese ich auf der Karte. Ist der Schlepp nun das Ohr oder der Schwanz des Schweins?, grübele ich und bin schon froh, dass mir einfällt, dass man Perilla eher unter dem Namen Roter Shiso aus der Küche Japans kennt. Der »Schlepp« entpuppt sich dann tatsächlich als Ringelschwanz, der ausgelöst, confiert und knusprig gebraten wird – zusammen mit dem frittierten Shiso, einer Creme von Kohlsprossen und warm mariniertem

Mangold sowie in Verjus eingelegten schwarzen Johannisbeeren eine traumhaft gelungene Kombination und ein unvergessliches Beispiel für echtes Nose-to-tail-Eating. Das *Steirereck* wurde zigmal unter die 50 besten Restaurants der Welt gewählt, besitzt 5 Hauben, wie man die Gault-Millau-Toques in Österreich nennt, und zwei Michelin-Sterne, aber das ist spätestens dann alles Firlefanz, Schall und Rauch, sobald der opulent bestückte Brotwagen vor einen gerollt wird. Definitiv eine Sünde wert: das ofenwarme Blunzenbrot, also Brot mit eingebackener Blutwurst. So ein Brot hatte ich schon einmal im mit drei Michelin-Sternen bewerteten Berliner Restaurant *Rutz* gekostet und war nicht so recht überzeugt. Hier im *Steirereck* hingegen schmelzen Blutwurst und Brotkrume so wunderbar ineinander, dass es einen eigenständigen Gang ergibt. Demut lehrt auch der perfekt ausdekorierte Teller mit hinreißend geschmortem und glaciertem jungem Fenchel mit einer Fenchel-Bergamotte-Creme, Salzfeigen und gerösteten Hanfsamen. Reitbauers Gemüseküche ist sublim und überzeugt mit feiner Aromenfinesse – der knackige Fenchel und die mit aufregender Süß-sauer-Balance verlockende Creme werden mit einer Sauce von Fenchel-Schmorsaft und geröstetem Fenchelsamen-Liebstöckel-Öl angegossen, die einen harmonischen Akkord zu dem leicht säuerlichen Fenchelgeschmack bildet und diesem eine wundersame Tiefe verleiht, als äße man ein über Stunden geschmortes Ossobuco. Herausragend auch eine mir bislang völlig unbekannte Kombination von Osietra-Kaviar mit Beluga-Linsen, denen ein Auszug vom luftgetrockneten Schinken mit Bananen-Essig und Schnittlauchöl eine dezente Säure verleiht: ungewöhnlich und genial!

»Ich mag das Essen, aber ich mag nicht die Leute, die da essen«, hat mir Christoph Ransmayr erzählt, als ich ihm tags darauf von meinem Besuch im *Steirereck* vorschwärme. Ransmayr ist seit seinem *Atlas eines ängstlichen Mannes* von allen deutschsprachigen Schriftstellern derjenige, dem ich am meisten den Literaturnobelpreis wünsche. Mir fehlt als Piefke das

Sensorium für die Klientel des *Steirereck*, aber ich kann Ransmayrs Haltung dennoch gut nachvollziehen. Sebastian Kurz, Karin Kneissl, Heinz-Christian Strache, Kurt Waldheim oder Jörg Haider können und konnten einem in der Tat den Appetit vergehen lassen. Andererseits: Mir gefällt ja gerade diese Funktion des Restaurants als Bühne des politischen Lebens. Noch besser zu erleben auf der Terrasse des legendären, seit 1618 bestehenden *Zum Schwarzen Kameel* in der Bognergasse 5. Dort zu sitzen, einen Grünen Veltliner zu trinken und dazu zwei, drei der mit Beinschinken und Kren, Eiersalat, Roastbeef oder Linsensalat (ein Knaller!) belegten Brote zu knabbern, während man die Gästeschar mustert, den Gesprächsfetzen von den Nebentischen nachlauscht (»Die OPEC ist mit an Bord ...«, »Der springt auf alles, was nicht bis drei auf den Bäumen is ...«, »Das Innenministerium ist definitiv raus ...«) und vielleicht versucht, einen Roman von Thomas Bernhard zu lesen, ist der Traumstart für jeden Wien-Urlaub.

Ransmayr ist passionierter Hobby-Astronom und geht vielleicht deshalb gern in ein Restaurant mit dem schönen Namen *Zum finsteren Stern* um die Ecke vom Stephansdom. Ob der Restaurantname wirklich eine Anspielung auf den unterhaltsamen SF-Filmklassiker *Dark Star* von John Carpenter ist, weiß ich nicht. Aber das tranquile *Zum finsteren Stern* ist der schiere Gegenpol zum »Sehen-und-gesehen-werden«-Gequirle des *Schwarzen Kameel*, obwohl nur ein paar Hundert Meter zwischen ihnen liegen. *Zum finsteren Stern* ist ein ruhiges, sehr entspanntes Lokal mit einer kleinen Karte, das mit feiner Gemüseküche wie einem mild abgeschmeckten Karfiol-Salat, wöchentlich wechselnden saisonalen Gerichten wie Spinat-Topfenküchlein zum grünen Spargel oder einer Wildhendlkeule auf Risotto und guter Weinauswahl punktet. Ein Wohlfühlort.

Tags zuvor hatte mich Ransmayr ins *Kiang Wine & Dine* geschickt. Joseph Kiang und seine Frau Li Chen haben erst ein chinesisches Lokal in Wien und dann ein österreichisches in Peking betrieben. Jetzt führen die beiden fröhlich wirkenden Gastgeber in der Grünentorgasse 19 ein auf chinesische Tapas und Innereien spezialisiertes Lokal mit Schanigarten, das durch einen grandios sortierten Weinkeller glänzt. Joseph Kiang begegnete mir zuerst auf den Seiten von Christoph Ransmayrs schönstem Roman *Cox*, dort übersetzt die nach ihm benannte Figur für die europäischen Uhrmacher des Kaisers von China. Auf keinen Fall sollte man sich hier bei den Kiangs die Hundertjährigen Eier mit Reisessig, Ingwer und Koriander entgehen lassen, den scharfen Kuttelflecksalat mit Lauch, das chinesische Fladenbrot mit Grammeln, Lardo und jungen Zwiebeln, das Goldbrassenfilet in süßsaurer Sojasauce oder den cremigen Seidentofu mit Bonitoflocken. Am besten vertraut man sich einfach den kundigen Gastgebern an, die einem buchstäblich jeden Wunsch von den Augen ablesen.

Endgültig im Land hinter den kulinarischen Spiegeln lande ich in Wien bei einem Besuch in der *Palette* im Stuwerviertel.

Deutsche Freunde, professionelle Foodjournalisten, hatten mir Gerd Sievers empfohlen. Dieser hat unzählige Kochbücher verfasst und betreibt nun auf dem Vorgartenmarkt ein Bistro mit klassischer französischer Küche und ein Fine-Dining-Restaurant mit Chef's Table, das zurzeit die wohl ungewöhnlichste Adresse in der Wiener Top-Gastronomie darstellt. Denn das Restaurant fungiert gleichzeitig auch noch als Marktstand, wo man sich Fisch, Meeresfrüchte und Schnecken einpacken lassen kann. Überhaupt ist Sievers ein wandelndes Zutatenlexikon auf zwei Beinen: ein großes Vergnügen, mit diesem Mann über Qualitäten und Bezugsquellen zu fachsimpeln. Am Anfang meines von Sievers für mich zusammengestellten Menüs steht ein sublimes »Crudo« von Garnelen und Wildlachs, also die seit über zweitausend Jahren bekannte italienische Variante des Sashimi, überstäubt mit einer raffinierten Gewürzmischung aus Chili und Fenchelpollen. Es folgt ein Carpaccio vom Wolfsbarsch mit fruchtigem Olivenöl aus Mallorca und Tobiko, also Rogen vom Fliegenden Fisch. Sievers kennt sich sehr gut mit Fermentation aus und lässt seine Fische teilweise in Tüchern reifen. Diese Dry-aging-Technik beim Fisch ist mir bislang nie untergekommen, sorgt aber etwa beim Lachs für sensationelle Konsistenzen. Dann ein klassisches Schneckengericht. Neben Kutteln gilt den Mollusken die ganze Leidenschaft des Hausherrn, zart und erdig im Geschmack sind sie und ganz traditionell mit schaumiger knoblauchdurchwirkter Kräuterbutter im Gehäuse im Schneckenpfännchen serviert: ein in der Gegenwart schon wieder rarer großer Genuss mit einer Scheibe Baguette. Bis ich überwältigt die Serviette als weiße Fahne schwenke, folgen noch eine perfekt frittierte Soft-shell-crab, saftige Froschschenkel auf Paprikagemüse sowie zum Schluss die obligaten Trippa, exotisch als Curry zubereitet, mit einem schmelzigen panierten Herzbries obenauf. Dazwischen überrascht Sievers mit in einem Glasgefäß angerichteten grünen Linsen mit Beluga-Kaviar und Milch vom Stör: just das Gericht, das mich im *Steirereck* so begeistert hat, hier in der *Palette* voller Stolz als Signature Dish auf der Karte angekündigt. Als ich Sievers auf die ungewöhnliche Parallele anspreche, lacht der nur und sagt, dass auch in der Sternegastronomie neue Ideen dünn gesät seien und hier wohl jemand bei ihm abgekupfert habe. Womit wir wieder bei Karl Kraus und George Bernard Shaw wären … Die Pointe aber besteht darin, dass weder Shaw noch Kraus diesen Gedanken jemals explizit formuliert haben. Nichts Neues unter der Sonne.

Ganz schön: Wild!

Wenig bringt Menschen in Deutschland so sehr auf die Barrikaden wie die Jagd. Die allermeisten wissen wenig davon, entwickeln aber starke Meinungen. Jäger? Das sind doch sadistische Perverse, die in ihrer Freizeit in Loden schlüpfen, um arme wehrlose Tiere im Wald abzuknallen. Jägerinnen und Jäger gibt es überraschenderweise ganz schön viele

in Deutschland: Über 400.000 Menschen befanden sich in der Bundesrepublik im Jahr 2022 im Besitz eines Jagdscheins. Offen gestanden hätte ich, ehe ich mich selbst unter die Jägerinnen und Jäger mischte, die Zahl um den Faktor 10 kleiner geschätzt.

Ich jage. Ich mache das, weil ich Fleisch essen möchte. Und weil ich die Jagd für den ethisch vertretbarsten Weg halte, Fleisch zu essen. Ich bin alles andere als ein Nimrod. Ich töte nicht gern. Ich weiß, wie es sich anfühlt, mit der Verantwortung zu leben, einen tödlichen Schuss abgegeben zu haben. Alles in mir sagt: Das darfst du nicht! Was maßt du dir an? Bist du der Herr über Leben und Tod? Willst du das sein? Das Tier, das du getötet hast, hat sehr gern gelebt – wie rechtfertigst du seinen Tod?

Ich weiß, dass die Wilddichte in deutschen Wäldern absurd hoch ist. Ich weiß aber auch, dass trotz dieser absurd hohen Wilddichte neun von zehn meiner Pirschgänge ohne Jagderfolg bleiben. Sie enden als meditative Landschaftsbetrachtungen und Stunden stiller Einkehr. Mag sein, dass ich ein miserabler Jäger bin. Zugegeben, ich lese gelegentlich auch auf dem Hochsitz. Berufskrankheit. Aber ich bin überzeugt, dass das

Delegieren des Tötens der Tiere, die wir essen, an ausgebeutete osteuropäische Leiharbeiter in Schlachthöfen, die wir aus unseren Innenstädten irgendwo an Autobahnkreuze fernab unserer Wohnorte verbannt haben, also unsere reale und mentale Distanz vom Schlachten, die Ursünde in unserem Verhältnis zum Fleischessen ist. Wir möchten uns unbedingt einreden, das Schnitzel wachse am Schnitzelbaum. Daher der enorme Aufwand, den wir betreiben, um uns darüber hinwegzutäuschen, dass für Fleisch niedlich aussehende Tiere sterben müssen. Mir sind schon die Verpackungen von Fleisch und fleischhaltigen Produkten im Supermarkt oft ein Graus. Vor allem: Wir lassen unsere Kinder in diesem Glauben aufwachsen. Ich denke, dass wir für diesen Kinderglauben rund ums Fleisch einen sehr hohen Preis bezahlen. In Form von den in den letzten Jahrzehnten exponentiell gewachsenen Essstörungen und in Form der seit den 70er-Jahren um zwei Drittel gestiegenen Ablehnung von Innereien auf dem Teller, ja dem perversen Anheben der Ekelschwelle gegenüber jeder Art von Fleisch, das nicht dem Beuteschema »Filet« entspricht.

Ohne die Jagd wäre ich nie auf den Geschmack von Wildinnereien gekommen. Im Märchen spielen solche Wildinnereien eine große Rolle – man denke nur an die Lunge und Leber vom Reh, die der Jäger der bösen Königin anstelle der von Schneewittchen bringt. Auf der Jagd spricht bis heute das sogenannte Kleine Jägerrecht demjenigen Leber, Herz, Niere und, so unverletzt, auch Lunge eines erlegten Tieres zu, der das erlegte Tier tatsächlich aufbricht, also ausweidet. Früher spielte dieses Kleine Jägerrecht eine größere Rolle als heute, wo selbst viele Jäger wenig mit Innereien anfangen können. Ich allerdings kann mir kaum Köstlicheres vorstellen als ein Beuschel vom Reh oder Hirsch – also Herz und Lunge in einer Weißwein-Essig-Sauce mit Kapern, Thymian, Zitronenzesten und saurer Sahne. Für eine frische – und das heißt weniger als 24 Stunden alte – Hirsch- oder Rehleber, in dünne Tranchen geschnitten, nur Sekunden auf dem glühend heißen Gasgrill zubereitet und dann sofort mit Röstzwiebeln auf buttrigem Kartoffelpüree serviert, lasse ich gern jeden Rücken oder jedes Filet stehen. Auch würde ich mich nicht trauen, privat ein *carne crudo* vom Reh mit Parmesan, Zitrone, Kapern und hauchdünn geschnittenem Stangensellerie anzubieten, wenn ich das Wild nicht selbst erlegt hätte und deshalb genau wüsste, wie das Tier gestorben ist und anschließend verarbeitet wurde.

Auf die Idee für das Rehtartar hat mich ein Rezept von Karl-Josef Fuchs gebracht. In sechster Generation führt er zusammen mit seiner Frau Sabine das im Münstertal im Schwarzwald gelegene Traumhotel *Spielweg*, für das er in der Küche einen Michelin-Stern erkochte und in der von ihm gegründeten Käserei äußerst wohlschmeckende eigene Käsesorten herstellt. Fuchs gilt als der »Wildpapst« unter Deutschlands Sterneköchen. Dafür sorgten legendäre Gerichte wie »Pfifferlingrisotto mit Wildentenleber und Onsen-Ei«, »Fasanenbrust auf Pulpoterrine«, »Rehrücken im Kräuterflädle« oder »Saure Hirschkalbsleber mit Brägele«, zu denen er anmerkt: »Ein Lebergericht wird im Badischen gerne mit Brägele serviert. ›Brägeln‹ bedeutet auf Alemannisch, ›etwas im heißen Fett braten‹. (…) Meine Brägele werden nicht wie Bratkartoffeln durcheinandergeschwenkt, sondern an einem Stück gewendet und gebraten.« Sein enormes Wissen über die Wildzubereitung liegt inzwischen in vier aufwendig gestalteten Kochbüchern vor, in denen sich auch gewöhnungsbedürftige Hardcore-Rezepte finden für »Krähenbrüste mit Milzschnitten in Wildconsommé«, »Kormoranbrust Stroganoff«, »Biberkeule mit karamellisierten Maronen und Pancakes mit Ahornsirup«, »Dachsragout mit Sellerie-Kartoffel-Gratin Al Forno« oder »Steinbocknuss mit Thymiankruste und Graupenrisotto«. Diesen Rezeptteil beginnt Fuchs vorsichtshalber mit den Sätzen: »Einige Regeln sollten Sie beachten. Manche der folgenden Tiere unterliegen nicht dem Jagdrecht, sondern stehen unter Artenschutz. Letztere dürfen nur in manchen Regionen und mit Erlaubnis der Jagdbehörden erlegt werden. Bitte erkundigen Sie sich bei Ihrer zuständigen Behörde danach. Dass trotzdem einige Rezepte in das Buch gefunden haben, ist meiner kulinarischen Neugier und Anfragen von Jagdkollegen geschuldet.«

Ich durfte schon mit Karl-Josef Fuchs in seinem unmittelbar an das *Spielweg* angrenzenden Revier auf die Jagd gehen und freute mich, von der Kompetenz und dem über Jahrzehnte erworbenen Wissen eines so erfahrenen Jägers etwas lernen zu dürfen. Aber: »Wildpapst?« Über solche Zuschreibungen kann der Bär von einem Mann zum Glück nur lachen. Fuchs ist allerdings ein Bär, der einen harten Schlag hinzunehmen hatte – und an diesem Schicksal so gewachsen ist, dass er für mich ein schwer zu erreichendes charakterliches Vorbild wurde. So wie Karl-Josef Fuchs habe ich mir immer Odysseus vorgestellt – und der listenreiche Odysseus ist für mich natürlich der Held schlechthin. Ein Hirnaneurysma hat den passionierten Jäger Fuchs mit Mitte fünfzig plötzlich aus der Bahn geworfen. Der Weg zurück ins aktive Leben war dornenreich und lang – und ist es bis heute noch. Vom Herd musste sich Fuchs zurückziehen. Er gibt aber noch zahlreiche Kochkurse, wo er mit seinem immer wieder aufblitzenden Humor an einem langen Jagdstock gehend eine unvergessliche Erscheinung abgibt. Bei ihm habe ich etwa gelernt, wie man eine standfeste Wildblutwurst herstellt, die kross gebraten als dünne Scheibe spektakulär gut zu Jakobsmuscheln, Kabeljau, ja selbst zu Austern schmeckt. Nach dem Schicksalsschlag des Vaters sprangen die Töchter Viktoria und Kristin, beide damals unter dreißig, notgedrungen von einem Tag auf den anderen ein und übernahmen Hotel und Küche. Vicky Fuchs hatte damals schon eine beeindruckende Reihe von Stationen auf ihren Wanderjahren als Jungköchin hinter sich: bei Douce Steiner im *Hirschen* in Sulzburg, bei Ali Güngörmüş im *Le Canard Nouveau* in Hamburg, aber auch in Hongkong. Und dieser asiatische Einfluss durch Vicky Fuchs hat der Karte des *Spielweg* einen ganz entscheidenden Kick verliehen: Wehe dem, der hier war und nicht die Dim Sum vom Wildschwein gekostet hat!

Wann immer ich die Welt satthabe, versuche ich ein paar Tage im *Spielweg* zu verbringen. Das *Spielweg* scheint der Zeit enthoben und besticht nicht nur durch sein sensationelles Restaurant, dessen junge Karte reizvoll mit der Zirbelstubenromantik des Interieurs kontrastiert, sondern auch durch einen schönen Wellnessbereich mit einer Liegewiese direkt am Schwarzwaldbach: Idylle pur! Die Außengastronomie begeistert mit einem Blick auf den Hausberg, eine Art Schwarzwald-Fuji, dessen Charme man einfach erliegen muss. Wer mit einem Glas Gutedel hier den Sonnenuntergang erleben darf, hat nicht alles im Leben verkehrt gemacht.

Ferment it, Baby!

Das Neue ist meist das Alte. Wenn es einen Megatrend in der Gastronomie heute weltweit gibt, dann Fermentation. Unter hippen Jungköchinnen und -köchen gilt Fermentation als der derzeit heißeste Scheiß überhaupt. Aber streng genommen beruhen zwei Drittel dessen, was unsere Küchen und Keller hergeben, auf Fermentation, also auf dem kontrollierten Verrotten- und Verfaulenlassen von Lebensmitteln. Nicht nur Sauerkraut, an das jeder zuerst denkt, auch Milchprodukte wie Joghurt, Kefir, Sauermilch, Quark und jede Form von Käse, Tafeloliven, Matjes, Salami, Mettwurst oder Landjäger, Bier, Wein und Essig, Sauerrahmbutter, Sauerteigbrot, Eingelegtes wie Silberzwiebeln, Saure Gurken, Kapern, Kimchi, Kaffee und Kakao, Sojasauce oder das allgegenwärtige Maggi: alles Ergebnis von Fermentation.

Fermentation ist die älteste Biotechnologie der Welt. Organisches Material wird durch Enzyme, Bakterien, Pilz- oder andere Zellkulturen kontrolliert in seiner Struktur, seiner Textur und in seinem Geschmack verändert. Seit Urzeiten war Fermentation eine Konservierungstechnik, die es uns ermöglichte, auch im Winter Gemüse auf den Teller zu bekommen. »Grobgemüse« nennen Ernährungshistoriker mit Milchsäure vergorene gehackte oder gehobelte Kohlköpfe oder Rüben. Lange dachte ich auch so, aber was in der Sternegastronomie derzeit aus Fermentiertem gemacht wird, hat mit Grobgemüse wirklich nichts zu tun. Der Niederländer Jonnie Boer macht es mit fermentiertem Getreide und Gemüse im *De Librije* vor. René Redzepi vom *Noma* in Kopenhagen hat 2019 zusammen mit David Zilber und Evan Sung ein richtungsweisendes Handbuch über Fermentationstechniken veröffentlicht. Und die genialen deutschen Gemüseköche vom *Essigbrätlein* in Nürnberg, Andree Köthe und Yves Ollech, haben Steckrüben, Petersilienwurzeln und Fenchel schon fermentiert, als die meisten ihrer Kolleginnen und Kollegen noch nicht wussten, wie man das schreibt.

Wir Deutsche tragen zwar unseren amerikanischen Spitznamen »Krauts« nach dem Sauerkraut, tatsächlich stammt das Sauerkraut aber aus China und wurde dort schon vor über zweieinhalbtausend Jahren gegessen. Auch die Römer kannten Sauerkraut, das erste Rezept dafür findet sich bei Plinius dem Älteren. Über viele Jahrhunderte war Kohl von Norddeutschland bis Süditalien für die meisten Menschen das am leich-

testen zur Verfügung stehende Gemüse; Schwarzkohlsorten dominieren südlich der Alpen, Weißkohl und Grünkohl im Norden. Kapitän James Cook hat im 18. Jahrhundert auf seinen Weltumseglungen mit dem hohen Vitamin-C-Gehalt des Sauerkrauts seiner Besatzung den Skorbut erspart. Wilhelm Busch stattete im zweiten Streich von *Max und Moritz* seine Witwe Bolte mit einer besonderen Vorliebe für Sauerkraut aus: »Eben geht mit einem Teller/Witwe Bolte in den Keller,/Daß sie von dem Sauerkohle/Eine Portion sich hole,/Wofür sie besonders schwärmt,/Wenn er wieder aufgewärmt.« Wieso Sauerkraut und Grünkohl manchen Menschen besser schmecken, wenn es zwei-, drei- oder auch viermal wiederaufgewärmt wurde, muss zu den ewigen Rätseln der Kulinarik zählen. Bei mir ist das jedenfalls nicht so. Auch meide ich strikt die in Deutschland heute vorherrschenden Sauerkrautkonserven aus der Dose oder dem Glas, weil sie immer pasteurisiertes und häufig auch viel zu junges, mildes und zu wenig knackiges und zu wenig wirklich saures Kraut enthalten. Frisches Sauerkraut ist in vielen Reformhäusern und Metzgereien erhältlich. Dass frisches

Sauerkraut insbesondere zu Fisch, Fasan sowie Blut- und Leberwürsten eine Delikatesse sein kann, weiß jeder Elsassreisende.

In Wien bei *Kiang Wine & Dine* aß ich wie erwähnt nach langer Zeit wieder einmal Tausendjährige Eier: Hühner- beziehungsweise Enteneier, die roh mit einem Brei aus Teeblättern, Sägespänen, Piniennadeln, Asche, Kalk, Salz, Zitrone, Anis und Fenchel ummantelt werden. Nach drei Monaten hat sich das Eiweiß durch einen Fermentationsprozess in ein bernsteinfarbenes Gallert verwandelt, das Eigelb verfärbt sich in ein schönes Achatgrün und besitzt eine wunderbare Konsistenz, die an Seidentofu erinnert. Richtig zubereitet sind Tausendjährige Eier eine große Köstlichkeit. Ein Hühnerei besteht aus über 40 Proteinen, davon kommt im Eiklar Ovalbumin mengenmäßig am häufigsten vor. Den Geschmack des Eis definieren über hundert Aromen, die sich je nach Reife verändern: Legefrische Eier haben weniger Geschmack als solche, die drei bis fünf Tage gelagert wurden. Zurzeit liefern sich Start-ups und Lebensmittelgiganten weltweit einen Wettlauf, wer als Erster mit einem vollwertigen vegetarischen oder veganen Ei-Ersatz auf den Markt kommt, den man genauso universell einsetzen kann wie das in seiner Vielseitigkeit unschlagbare Hühnerei. Die meisten setzen dabei auf Fermentation von Proteinen der Ackerbohne, Sojabohne oder genveränderter Pilze, die auf diese Weise Ovalbumin produzieren. In der Namensgebung ihrer Firmen sind die Ei-Ersetzer jedenfalls mindestens so kreativ wie Friseursalons: von *Just Egg* über *Greenforce*, *Veganz*, bis zu *vEGGie* (hinter dem Nestlé steckt), *The VGN* oder *Perfeggt*. Fermentation lässt viele Firmengründer wie *Oatley* aus Schweden oder *Beyond Meat* aus Kalifornien nicht nur von Eiern ohne Hühner träumen, sondern von Milch und Käse ohne Kuh, Schaf und Ziege und nicht zuletzt von Fleisch ohne Tier. Ich persönlich habe dafür in meiner Küche genauso viel Verwendung wie für vegane Wurst, Frikadellen oder Schnitzel. Solche Produkte strahlen für mich eine schwer zu überbietende Hässlichkeit aus. Schwieriger ist es bei der Milch – ich finde eine gute Hafermilch durchaus eine schöne Ergänzung und Geschmacksbereicherung. Wenn ich keine Eier essen möchte, esse ich eben keine Eier. Ein Leben ohne Schnitzel ist möglich. Für das, was unsere Burger- und Dönerbrutzler im Angebot haben, sollte wirklich kein Tier sterben müssen. Hier wären Ersatzprodukte sicher besser. Keine Frage, wir müssen unseren Fleisch- und Fischkonsum drastisch reduzieren – nicht nur wegen des Klimawandels, auch wegen des so oft zitierten Tierwohls, das ja eher ein Euphemismus für den angebrachteren Ausdruck Tierleid ist.

Und dass dabei der Geschmack nicht zu kurz kommt, dafür ist Fermentation ein Königsweg. Der geniale kochende Physiker Thomas Vilgis, der zusammen mit Martin Wurzer-Berger mit dem *Journal Culinaire* die anregendste deutsche Zeitschrift über Kochen herausgibt, hat Fermentation einmal als »molekulares Niedrigtemperatur-Garen« definiert. Während in

der westlichen Welt Bakterien und Hefen bei der Fermentation von Pflanzen die Hauptrolle spielten, bestimmte im asiatischen Raum die Entdeckung des schneeweißen Schimmelpilzes *Aspergillus oryzae* vor rund 2300 Jahren in China die Ernährungsgeschichte. Zur Perfektion gebracht wurde der Umgang mit *Aspergillus oryzae* in Japan, denn mithilfe der Koji genannten Edelschimmelkultur erzeugt man nicht nur Sojasauce und Sake, sondern stellt aus Koji, Reis, Salz und Sojabohnen auch Miso her. Und Miso sorgt für den nicht nur in Japan heiß ersehnten Umami-Geschmack. Je nach Rezeptur wird Miso einem bis zu mehrere Jahre langen Fermentationsprozess unterzogen, an dessen Ende die Paste sehr viele extrem gesunde Milchsäurebakterien und andere Enzyme und Mikroorganismen enthält. Miso ist in der japanischen Mythologie ein Geschenk der Götter an die Menschen. Man kann mit der Wunderpaste einfach würzen, zum Beispiel Suppen, Saucen oder Salate, man kann sie aber auch zum Fermentieren von Gemüse, Fisch oder Fleisch verwenden.

Noch am wenigsten in Europa bekannt ist die neben der

Milchsäure- und der Koji- dritte Fermentationsart in Japan: die Fermentation mit dem *Bacillus natto*. Für europäische Gaumen ist die Natto-Fermentation etwas gewöhnungsbedürftig, da sie Sojabohnen in einen fädenziehenden Schleim verwandelt, bei dessen Konsistenz es vielen graust – nicht zuletzt, weil Natto auch schon gern zum Frühstück verzehrt wird. Sie ist aber kulinarisch schon deshalb sehr spannend, weil sie die einzige Fermentationsart ist, die nicht sauer, sondern alkalisch abläuft.

Seit ich Tsukemono, japanische Mixed Pickles, für mich entdeckt habe, kommt kaum eine Mahlzeit ohne auf diese Weise fermentiertes Gemüse auf den Tisch. Misozuke, einige Tage in Misopaste mit Knoblauch, Ingwer und Kombualge eingelegtes Gemüse, lässt sich kinderleicht in 1-Liter-Gefrierbeuteln fermentieren und im Kühlschrank aufbewahren. Ob Gurke, Rettich oder Radieschen, aber auch Möhren, Petersilienwurzel, Sellerie, Kohlrabi, Spitzkohl, Rote Bete, Kaiserschoten, Schwarzwurzel, Blumenkohl, Rhabarber oder Paprika, selbst Erbsen, Mönchsbart, weißer und grüner Spargel: Everything is better with Miso!

Reste

Kulinarisch kann ich inzwischen recht viel wegstecken. Türkische Schafsaugensuppe? Isländischer Hai im eigenen Urin fermentiert? Französische Kuttelwurst im Naturdarm? Alles kein Problem. Was mir einen Schauder über den Rücken jagt, ist der deutsche Auflauf. Gibt es Schlimmeres als diesen Leichenbrand vergangener Mahlzeiten? Verkochtes Gemüse, labberige alte Pasta, übrig gebliebener Reis, Fleischreste, der Geist zahlloser vergangener Weihnachten und was weiß ich alles noch wird gnadenlos zu einem Scheiterhaufen aufgetürmt, mit Käse oft dubioser Herkunft bestreut, unter einer Béchamelsauce ertränkt und ratzfatz im Ofen zu einem Hartbrikett gebrannt, das wenig Freude auf meiner Zunge auslöst. Gab es in der Geschichte der Menschheit jemals irgendeinen zum Tode Verurteilten, der sich einen Auflauf als Henkersmahlzeit wünschte? Ich glaube nicht.

Aber natürlich bleibt das Problem: Was tun mit den Resten?

Ich habe zwei Standardessen, die mir in endlosen Variationen das Kochen von Übriggebliebenem zum Vergnügen und Genuss machen, das eine stammt aus China, das andere aus Indien: Gebratener Reis und Currys. Für einen guten Gebratenen Reis sollte man idealerweise einen mindestens vor 24 Stunden, besser noch vor 48 oder 72 Stunden gekochten Basmati-Reis zur Verfügung haben. Es gibt aber einen Trick: den frisch gekochten Reis dünn auf ein Backblech verteilen, eine halbe Stunde auskühlen lassen und dann eine halbe Stunde einfrieren. Ein Gebratener Reis ist die ideale Gelegenheit, endlich mal die Gemüsefächer des Kühlschranks aufzuräumen. Entscheidend ist, sämtliche Zutaten wirklich klein zu schneiden, sie separat im Wok auf den Punkt zu garen und das Ganze erst am Schluss zu vermengen. Ob Paprika, Möhren, Auberginen, Lauch, Stangensellerie, Bohnen, Knoblauch, übrig gebliebener Fisch, Meeresfrüchte, Geflügel, Fleisch, Pilze, Sprossen, Nüsse, ja selbst Wurst oder Tofu: Ein Gebratener Reis verträgt alles. Ein Muss sind für mich in jedem Fall Frühlingszwiebeln, Koriander und ein Rührei aus wenigstens einem Ei.

Das erste Curry meines Lebens aß ich bei meinem Englischlehrer, einem urgemütlichen Musterpädagogen namens Herr Dr. Munz. Der grundentspannte – was für eine Seltenheit für einen Lehrer in den 70er-Jahren! –, lebenslustige und eher auf Formlosigkeit haltende Herr Munz war mit einer quirligen Waliserin verheiratet und lud alle an einem Schüleraustausch mit dem englischen Tiverton beteiligten Schüler seiner Klasse zur Vorbereitung zu sich nach Hause zum Abendessen ein. Es sollte gemeinsam gekocht werden, was für mich damals an sich schon ein ungeheuerlicher Vorgang war. Zu Hause hätte meine Großmutter niemals zugelassen, dass eine Horde Fremder ihr Allerheiligstes stürmte und sich an ihren Messern und Töpfen vergriff. Aber das Kochen mit dem Ehepaar Munz und meinen Mitschülern machte Riesenspaß. Und was noch viel unglaublicher war: Obwohl keiner von uns größere kulinarische Vorbildung besaß, die zwei Kilo Rindfleisch aus der Oberschale für eine so große Gruppe recht überschaubar waren und sich auch niemand beim Schnippeln von Zwiebeln und Knoblauch, Möhren, Paprika, Tomaten sonderlich ins Zeug legte – schmeckte das Resultat absolut fantastisch. Was für Aromenwirbel tanzten da zwischen unseren Zungen und Gaumen! Welche Geschmacksblitze entfalteten sich da dank Kurkuma, Galgant, Kardamom, Chili, Bockshornklee, Ingwer, Kreuzkümmel, Tamarinde, Koriander, Nelken, Muskat, schwarzem und weißem Pfeffer und Zimt! Hatten unsere Papillen überhaupt schon einmal eine solche sublime Vielfalt von Aktivierungen erfahren, eine wunderbare Schärfe, die sich durch den separat gereichten Joghurt mit Zitrone individuell abmildern ließ? Wir staunten wie eine Horde Zauberlehrlinge in Hogwarts, denen zum ersten Mal der Schwebezauber *Wingardium Leviosa* gelingt.

Verantwortlich für diesen hinreißenden Geschmack wie aus einer anderen Welt war ein rundes Glas mit einer Currypaste der englischen Marke Sharwoods. Uns kam diese Currypaste vor wie Aladins Wunderlampe – sie verwandelte die uns geläufigen Zutaten auf magisch anmutende Weise in ein Gericht atemverschlagender Exotik. In meiner Küche zu Hause verwende ich Curry-Gewürzmischungen aus dem *Alten Gewürzamt* von Ingo Holland. Weniger als drei, vier davon habe ich eigentlich nie im Haus – das extrem scharfe »Curry Dragon«, das milde »Curry Mumbai«, das besonders gut zu vegetarischen Currys passt, und das fruchtige, sehr schön mit Lamm harmonierende »Curry Annapurna« gehören zur Grundausstattung.

Die Geschichte des Currys reicht sehr viel weiter zurück, als man glauben sollte, und erzählt von Kolonialismus, Ausbeutung und kultureller Appropriation – und von kulinarischer Bereicherung. In Indien unterscheidet man zwischen nassen und trockenen Currys, also Gerichten, bei denen wenig Flüssigkeit im Spiel ist und während des Kochens verdunstet, sodass am Ende die Zutaten mit einer Gewürzschicht überzogen sind, während die nasse Variante mit einer Vielzahl flüssiger Komponenten arbeitet: Joghurt und Kokosmilch, aus Fisch, Meeresfrüchten, Fleisch oder Gemüse gezogene Brühen, Tomatensoße oder Früchte. In den allermeisten Currygerichten spielen pürierte Zwiebeln und Knoblauch eine Rolle. Currypulver wurde von indischen Händlern bereits im 16. Jahrhundert als Handelsprodukt ausschließlich für europäische Kunden hergestellt. Das erste Rezept für ein Curry findet sich bereits 1747 in Hannah Glasses Kochbuch *The Art of Cookery Made Plain And Easy*, das im 18. Jahrhundert über 40 Auflagen erlebte. Glasse empfiehlt Fleisch von Hase oder Huhn für ihr Curry.

Das beste Curry meines Lebens habe ich übrigens einmal im *Benares* in Mayfair gegessen – einem von drei mit einem Michelin-Stern ausgezeichneten Indern in London. Es war ein Batak Curry, also ein Curry von der Ente, bestehend aus einem Stück Filet und Keule, aber mit einer solchen Finesse auf den Punkt gegart und mit cremigen Puy-Linsen kombiniert, dass es ein Geschmacksfeuerwerk auslöste wie bei meiner ersten Bekanntschaft mit Curry im Hause Munz. Längst zählen Currys so wie Fish and Chips, Yorkshire Pudding, Cider oder Scones zu den Stützpfeilern der britischen Landesküche. Eine schöne Pointe ist dabei, dass ausgerechnet das beliebteste aller Currygerichte, das unausweichliche CTM, in Indien unbekannt ist: angeblich bereitete das erste Chicken Tikka Masala ein pakistanischer Koch in Glasgow für einen Busfahrer, der sich darüber beklagt hatte, dass seinem gegrillten marinierten Huhn, einem trockenen Currygericht, die Soße fehlte. Schon 2001 wurde CTM in einer Umfrage in Großbritannien zum beliebtesten Gericht der britischen Küche gewählt – was den damaligen Außenminister Robin Cook veranlasste, eine Eloge auf Chicken Tikka Masala als Symbol gelebten britischen Multikulturalismus anzustimmen: »It is a perfect illustration of the way Britain absorbs and adapts external influences. Chicken Tikka is an Indian dish. The Masala sauce was added to satisfy the desire of British people to have their meat served in gravy. Coming to terms with multiculturalism as a positive force for our economy and society will have significant implications for our understanding of Britishness.«

Gibt es eine vergleichbare Äußerung eines deutschen Politikers zu Döner, Pizza oder Gyros?

Fischmarkt Tokio

Der existenzielle Schrecken überfiel mich auf dem Fischmarkt von Tokio und ließ mich seither nie wieder los. Ich war einmal 72 Stunden in Japan. Es war während einer Drehreise. Mal wieder entpuppte sich alles als schrecklich eng getaktet, und doch schaffte ich es, mir einen Vormittag freizuschaufeln, denn die Neugier des Gastrokritikers in mir trat in Konkurrenz

zur Neugier des Literaturkritikers. Ich wollte unbedingt den legendären Fischmarkt Tokios mit eigenen Augen sehen.

Ein Shogun des 16. Jahrhunderts ist für diesen berühmtesten und umsatzstärksten Fischmarkt der Welt verantwortlich. Tokugawa Ieyasu entschied sich für Edo, so der alte Name Tokios, als seine Hauptstadt und machte einem Fischer aus Osaka namens Mori Magoemon ein lukratives Angebot, seine Burg Edo mit frischem Fisch zu versorgen. Dafür stellte er ihm und seinen Kollegen aus Osaka lukrative Fischrechte und einen eigenen Hafen in der Bucht von Edo in Aussicht. Mori Magoemon akzeptierte unter der Bedingung, dass er und seine Berufsgenossen den nicht vom Shogunat benötigten Fisch an Privatkunden verkaufen dürften. Diese Konzession bildete die Keimzelle des Fischmarkts von Tokio namens Nihonbashi Uogashi, der fast dreihundert Jahre bestand.

1935 zog der Markt ins Stadtviertel Tsukiji um, das ihm seinen neuen Namen gab. Hier in den von der deutschen Bauhaus-Architektur inspirierten und nach modernsten Hygienekonzepten gestalteten riesigen Hallen wurde nun neben Fisch auch Gemüse und Obst umgesetzt. Und in diesen Hallen überfiel mich der Schrecken.

Für die Drehs stand mir eine enorm hilfreiche Dolmetscherin zur Verfügung, die ich privat für meinen freien Vormittag engagierte. Mir war klar, dass ich keine Chance hatte, irgendetwas in Erfahrung zu bringen, wenn ich die Standbesitzerinnen und -besitzer auf dem Fischmarkt nicht in ihrer japanischen Muttersprache befragen konnte. Die Dolmetscherin war eigentlich auf die Betreuung der Dirigenten durchreisender Symphonieorchester spezialisiert und auf Du und Du mit Daniel Barenboim, Sir Simon Rattle und Christian Thielemann. Sie freute sich aber mindestens so sehr auf die berufliche Abwechslung wie ich. Ich erzählte ihr, dass ich unbedingt die in aller Herrgottsfrühe stattfindende legendäre Thunfisch-Auktion auf dem Fischmarkt erleben wolle, zu der immer nur eine strikt limitierte Zahl von Touristen zugelassen ist, und wir verabredeten uns für den nächsten Morgen auf 3 Uhr 30, denn leider lag mein Hotel am anderen Ende der riesigen Stadt. Leicht komatös stieg ich in den Wagen, und so erlebten wir einen wunderschönen Sonnenaufgang an einem Sommermorgen in Tokio.

Als wir ankamen, begann ich Verdacht zu schöpfen. Hier sollten Tausende von Menschen einen Markt veranstalten? Die Hallen wirkten wie ausgestorben. Niemand, wirklich niemand war zu sehen. Auch die Dolmetscherin wunderte sich. Nach einem kurzen Gespräch mit den Pförtnern in einem hölzernen Wächterhäuschen am Haupteingang kehrte sie mit hängenden Schultern in den Wagen zurück. Der Tsukiji-Fischmarkt kennt nur drei Feiertage im Jahr, an denen er geschlossen ist. Wie es der Teufel wollte, hatte ich mir gerade einen davon ausgesucht. Meiner Dolmetscherin war das furchtbar peinlich, sie gab sich die Schuld daran. Immerhin erreichte sie bei den Pförtnern, dass wir die verlassenen Hallen besichtigen durften, in denen eine Handvoll Händler für auf frischestes Sashimi spezialisierte Restaurants dennoch geöffnet hatten.

Vielleicht lag es an der ungewohnten Frühe, dass sich die Bilder so in mir festsetzten. Wir gingen durch riesige kahle Hallen, in denen sich endlose Reihen von offenen Wasserbecken erstreckten. Die schnurgeraden Parallelen schienen sich am Ende unseres Blickfelds doch zu berühren, es war, als hätten wir uns in eine Grafik von M. C. Escher verirrt. Ein Blick in die Becken ließ mich zusammenzucken: In einer seltsamen albtraumartigen Konstruktion gefesselt lagen dort lebende Fische. Sie zuckten unter den mit Bolzen befestigten Metallbändern, mit denen sie am Truhenboden fixiert waren. Ihre signalroten Kiemen öffneten und schlossen sich im künstlichen Wasserstrom, ihre Mäuler schnappten auf und zu. Die meisten Arten kannte ich nicht. Ich glaubte, einen Plattfisch als Butt zu erkennen, große Doraden und einen Seeteufel an seinem monströsen Kopf, war mir aber nicht sicher. In einem Becken hielt man Makrelen gefangen. Es mussten Tausende und Abertausende

Fische in diesen Hallen liegen – vermutlich, um tags darauf geschlachtet zu werden. Mir war bei diesem Anblick, als legte sich mir selbst ein solches Metallband um mein Herz.

Der Evolutionsbiologe Josef H. Reichholf, ein moderner Alexander von Humboldt, hatte mir in München einmal die Zoologische Staatssammlung gezeigt, die er über 30 Jahre lang leitete. Er führte mich in einen Saal mit riesigen Schränken und zog meterlange Schubladen auf, in denen nichts als Sittiche, Sittiche, Sittiche lagen. Gelbe Sittiche mit hellblauem Fleck am Schnabel. Reichholf wurde ans Telefon gerufen und ließ mich mit den Sittichen einige Minuten allein. Ich konnte nicht widerstehen und strich einem Exemplar vorsichtig übers Gefieder. Auf den ersten Blick erschienen sie mir völlig identisch, bis mir schließlich doch ein winziger Unterschied zwischen den Vögeln auffiel: Der Schnabelfleck bei den verschieden Sitticharten fiel mal ein klein wenig heller, mal ein klein wenig dunkler aus.

Derselbe Schwindel, den ich in der Zoologischen Staatssammlung in München empfunden hatte, überfiel mich nun auch jetzt auf dem Fischmarkt in Tokio. Ich kam mir vor, als hätte ich einen Blick in den Übungsraum der Evolution werfen dürfen. Wäre ich gläubig gewesen, hätte ich vielleicht von der Werkstatt Gottes gesprochen. Die in ihren Becken fixierten Fische erschienen mir plötzlich als eine Metapher unserer eigenen Existenz. Wie ein Bühnenbild aus einem Beckett-Stück. Was tun wir einander nur an?, durchfuhr es mich. An diesem Tag, so viel stand fest, würde ich jedenfalls keinen Fisch mehr essen.

Als ich schreckensbleich die Halle verließ, machte mich die Dolmetscherin auf eine kleine Werkstatt jenseits des umzäunten Marktgeländes aufmerksam, die trotz der frühen Stunde schon geöffnet hatte. Die Arbeiter dort tranken gerade Tee und genossen offenbar die ungewohnte Muße, die ihnen der Feiertag auf dem Fischmarkt bescherte. Es war ein seit über hundert Jahren bestehender Messerladen, darauf spezialisiert, Griffrohlinge an die Handform der Köche anzupassen und die Messerklingen entsprechend zuzuschleifen. Das geschah binnen einer Stunde. Ich erwarb zwei Messer dort, eines für Fisch, eines für Gemüse. Sie kosteten ein kleines Vermögen, und doch nehme ich es mir bis heute übel, nicht mehr gekauft zu haben: Es sind Messer, die so gut in der Hand liegen, dass sie die Struktur des zu schneidenden Fischs oder des Gemüses vorauszuahnen scheinen.

Inzwischen ist der Fischmarkt seit Oktober 2018 in ein anderes Stadtviertel umgezogen. Den Messerladen habe ich leider nie mehr wiedergefunden.

Der Trüffelfluch

Neulich, kurz vor Weihnachten, war es wieder mal so weit. Meine letzte schlechte Erfahrung lag offenbar lang genug zurück. Mein Ärger war verflogen. Die Wut im Bauch besänftigt. Mein Groll unter Deckerinnerungen glücklicherer Erlebnisse begraben. Ich wollte Trüffel kaufen.

Anna Sgroi ist eine der besten Köchinnen Deutschlands.

In ihrem Hamburger Restaurant, früher in St. Georg, jetzt in Rotherbaum, pflegt sie einen von allen Moden unbekümmerten, ganz eigenwilligen Stil und stellt die herausragende Qualität der Produkte in den Mittelpunkt ihrer Küche. Anna Sgroi kocht einfach, aber sublim. Ich bin flüchtig mit Anna Sgroi bekannt, und weil ich in Hamburg war, an Weihnachten Gäste erwartete, aber zum Einkaufen in Köln wenig Zeit blieb, rief ich sie einfach an und fragte, wo sie in Hamburg ihre Trüffel beziehe und ob ich als Privatkunde da auch kaufen könne. Anna Sgroi lachte mich am Telefon buchstäblich aus. Sie habe, erzählte sie mir, in diesem Herbst und Winter noch nicht ein einziges Mal Trüffel auf ihre Karte gesetzt. Alle ihre Lieferanten in Italien hätten sie gewarnt. Die Ernte in diesem Jahr sei in Alba sehr gering ausgefallen, und wahnsinnig viel verfälschte Ware aus China sei auf dem Markt. Also habe sie die Konsequenz gezogen und stattdessen Steinpilze gekauft.

Es war mir ein gewisser Trost, dass selbst Profis wie Anna Sgroi mitunter an der Qualität ihrer Trüffel verzweifeln. Anders, als viele glauben, gibt es nicht nur Weiße und Schwarze

Trüffel, sondern Dutzende Trüffelsorten – allerdings bieten die allerwenigsten davon großen kulinarischen Genuss. Zudem sollte man sich etwas Wissen über die saisonale Verfügbarkeit der guten Trüffelsorten aneignen. Périgord-Trüffel haben von Dezember bis März Saison, Alba-Trüffel von Oktober bis Dezember, Bianchetti-Trüffel von März bis April. Aktuell kostet beim Trüffel-Versand tartufo.com ein Kilo Schwarzer Périgord-Trüffel (*Tuber melanosporum*) 1075 €, ein Kilo Weiße Alba-Trüffel (*Tuber magnatum pico*) 4800 €, ein Kilo Bianchetti-Trüffel (*Tuber borchii vittadini*) 1130 €, ein Kilo Schwarzer Sommertrüffel (*Tuber aestivum*) 380 € und ein Kilo Ordinario-Trüffel (*Tuber mesentericum vittadini*) 175 €. Ein Kilo der optisch nur von Fachleuten unterm Mikroskop vom Périgord-Trüffel unterscheidbaren China-Trüffel (*Tuber indicum* oder *Tuber himalayensis*) ist auf dem Markt hingegen schon für 20 oder 30 Euro erhältlich. Nur hat die bisweilen auch Asia-Trüffel genannte China-Trüffel den entscheidenden Nachteil, dass sie so gut wie kein Aroma besitzt und nach absolut nichts schmeckt. Fade ist noch eine Untertreibung. Doch mithilfe eines synthetischen Trüffelöls wie 2,4-Dithiapentan (manchmal auch Bis[methylthio]methan, Formaldehyd dimethyl mercaptal oder Dimethylthiomethan genannt) lassen sich die Knollen mit künstlichen Aromen so pimpen, dass dem Nepp im Restaurant und auf den Märkten keine Grenzen gesetzt sind. Kein Wunder, locken doch Verdienstmargen, wie sie sonst nur im Handel mit harten Drogen zu erzielen sind. Für gefälschte Trüffel interessieren sich deutsche Strafverfolgungsorgane, anders als für Heroin, Kokain, Crack oder Crystal Meth, aber nicht im Geringsten. Und das hat Folgen.

Über kein anderes Lebensmittel habe ich mich so geärgert wie über Trüffel. Wie oft bin ich schon Fälschungen aufgesessen, die köstlich rochen, weil sie im selben Bastkörbchen neben echten Alba-Trüffeln lagen oder mit Trüffelöl bestrichen waren. Zu Hause mit dem Trüffelhobel hauchdünn über Nudeln oder ein Rührei gerieben erwiesen sich diese Blender dann aber als so geschmacklos wie Türstopper. Aber natürlich gilt auch hier Samuel Becketts Erkenntnis aus seinem späten Text *Worstward Ho* von 1983: »Ever tried. Ever failed. No matter. Try again. Fail again. Fail better.« Wieder versuchen. Wieder scheitern. Besser scheitern.

Es gibt einfach zu viele Gerichte, die erst mit einem guten Trüffel zur Perfektion gelangen. Die berühmte Poularde en demi-deuil etwa, bei der ich immer an Arno Schmidts *Kühe in Halbtrauer* denken muss: idealerweise ein Bressehuhn, dem man ganz vorsichtig schwarze runde Trüffelscheiben unter die Haut schiebt, was ich noch mit frischem Kerbel ergänze. Im klassischen Rezept von Eugénie Brazier und ihrem Schüler Paul Bocuse wird das auf diese Weise getrüffelte Bressehuhn in einer Gemüsebrühe eine Stunde pochiert und dann mit Lauch, Möhren, Zucchini und Sellerie serviert, wozu eine Vinaigrette aus gehacktem Périgord-Trüffel, Hühnerbrühe, Balsamicoessig, Oliven- und Erdnussöl gereicht wird. Ich bevorzuge es, das Huhn auf einem Rotisserie-Stab auf dem Gasgrill zuzubereiten, allerdings muss man dabei höllisch aufpassen, dass die Haut nicht verbrennt. Aus Frankreich habe ich auch eine Vorliebe für ein kinderleichtes Vorspeisenrezept: Im Dampfgarer gegarte halbierte Lauchstangen werden mit einer Vinaigrette aus gerösteten Haselnüssen, Schnittlauchröllchen, gehobelten Schwarzen Périgord-Trüffeln, Salz, Pfeffer und Piment d'Espelette beträufelt. Oder das berühmte Schachbrett-Carpaccio mit abwechselnden Feldern aus hauchdünn geschnittenen Jakobsmuscheln und Schwarzen Trüffeln. In Butter frittiertes Kalbsbries mit Weißen Trüffeln. Oder ein Onsen-Ei (eine Stunde bei 64 Grad im Dampfgarer) vorsichtig köpfen, das Eigelb vom Eiweiß trennen und in die Eierschale zurückgleiten lassen, darauf eine Schicht unmittelbar zuvor mit Schnittlauch und kleinen, in Butter angeschwitzten Croûtons vermischtem Schmand setzen (Achtung: Sonst pampen die Croûtons zusammen und verlieren ihre schöne Textur) und dann mit großzügig gehobelten Weißen Trüffeln toppen: ein Gedicht!

Auch in Deutschland wachsen Trüffel. Ihr Aroma ist zwar nicht mit ihren Verwandten aus Alba oder dem Périgord zu vergleichen, aber sie sind durchaus nicht zu verachten. Jean-Marie Dumaine war in seinem zusammen mit seiner Frau Colette seit 1979 in Sinzig betriebenen Restaurant *Vieux Sinzig* nicht nur ein Pionier der Wildkräuterküche. Er entdeckte auch, dass an der Ahr Burgunder-Trüffel (*Tuber uncinatum*) wachsen, und hat mit einigen Gleichgesinnten den Ahr-Trüffelverein gegründet und eine Trüffelplantage angelegt. Unter www.ahrtrueffel.de lässt sich die wirklich spannende Geschichte nachlesen, man kann sich dort sogar mit seinem Hund zur Trüffelsuche anmelden.

Noch während ich diese Zeilen schreibe, erwacht in mir unbändige Trüffellust. Ich weiß, ich werde wieder geneppt werden. Natürlich kann man sich durch gute Lieferanten wie Ralf Bos' *BOS FOOD* oder Stephan Burgers *La Bilancia* einigermaßen dagegen schützen. Aber mit den Trüffeln ist es wie mit der Liebe: Nur wer sich der Gefahr der Enttäuschung aussetzt, kann die Lust der Erfüllung erleben.

Register

Inhalt

»Denis Scheck ist der bekannteste Literaturkritiker der Republik«

taz

Denis Scheck

Schecks Kanon

Die 100 wichtigsten Werke der Weltliteratur – Von »Krieg und Frieden« bis »Tim und Struppi«, von »Krieg und Frieden« bis »Tim und Struppi«

Piper Taschenbuch, 480 Seiten
€ 16,00 [D], € 16,50 [A]*
ISBN 978-3-492-31844-0

* Cover- und Preisänderungen vorbehalten

Die Frage »Was soll ich lesen?« beantwortet Denis Scheck in seinem Kanon. Der bekannteste Literaturkritiker der Republik trennt die Spreu vom Weizen, bietet einen ebenso lehrreichen wie inspirierenden Überblick und weckt mit seiner überraschenden Auswahl der 100 wichtigsten Werke der Weltliteratur die Leselust. Mit diesem Buch finden Sie Zugang zu einem der aufregendsten Abenteuer der Welt: eine Tür ins Reich der Literatur.

Leseproben, E-Books und mehr unter www.piper.de